T0279907

EL MITO DE LAS GENERACIONES

EL MITO DE LAS GENERACIONES

POR QUÉ CUÁNDO NACISTE IMPORTA MENOS DE LO QUE PIENSAS

BOBBY DUFFY

Traducción de Lidia Rosa González Torres

TENDENCIAS

Argentina • Chile • Colombia • España
Estados Unidos • México • Perú • Uruguay

Título original: *Generations*
Editor original: Atlantic Books
Traducción: Lidia Rosa González Torres

1.ª edición: febrero 2022

ISBN: 978-84-92917-00-6
E-ISBN: 978-84-19029-36-2
Depósito legal: B-36-2022

Fotocomposición: Ediciones Urano, S.A.U.

Impreso por: Rodesa, S.A. – Polígono Industrial San Miguel
Parcelas E7-E8 – 31132 Villatuerta (Navarra)

Impreso en España – *Printed in Spain*

Para Jimmy, Birdie, Bobby, Mary, Jim, Anne, Jim, Louise, Bridget y Martha, cuatro generaciones de mi familia que verán doscientos años de historia.

CONTENIDOS

INTRODUCCIÓN. La pregunta de nuestra generación   11

1. La generación del estancamiento   35

2. Una casa por delante   55

3. Apuntando alto y fracasando   77

4. Felices ahora   99

5. ¿Un futuro sano?   129

6. La recesión sexual, el *baby bust* y la muerte del matrimonio. . .   149

7. Elaborando una guerra cultural generacional   181

8. Una crisis detrás de otra.   213

9. Consumiendo el planeta.   239

10. Nosotros y ellos   259

11. ¿El final de la línea?   281

AGRADECIMIENTOS   297

NOTAS FINALES   299

La pregunta de nuestra generación

Estamos al borde de una guerra generacional. Se mire por donde se mire, las batallas y las traiciones entre las generaciones están envenenando las relaciones entre los mayores y los jóvenes. La gente mayor les ha robado el futuro a las generaciones más jóvenes, mientras que la juventud está matando las tradiciones que las generaciones mayores tanto aprecian. Los «guerreros de la justicia social» emergentes se enfrentan a una «guerra contra la cultura *woke*». Los *baby boomers* son unos sociópatas egoístas, mientras que los *millennials* son unos narcisistas que tienen la piel muy fina.

Esto, al menos, es la historia que no deja de repetirse. Pero ¿hay algo que sea cierto?

Comencé la investigación que inspiraría este libro con la intención de separar los mitos sobre las distintas generaciones de la realidad. Parece que, por intuición, entendemos que el concepto de *generaciones* nos ayuda a comprender algo importante en cuanto a quiénes somos y hacia dónde nos dirigimos. Sin embargo, gran parte de lo que pasa a ser debate sobre el tema está basado en estereotipos y en pensar sin ni siquiera cuestionarse las cosas, lo que hace que no sirva para nada o que incluso sea peligroso. Mi argumento es que, si bien podemos aprender algo muy valioso sobre nosotros mediante el estudio de las dinámicas entre las generaciones, no aprenderemos nada de una mezcla de batallas fabricadas y clichés aburridos. En vez de eso, necesitamos desentrañar con cuidado las fuerzas que nos moldean como individuos y como sociedad. La generación en la que nacimos no es más que una parte importante de la historia, que va de la mano con el extraordinario poder de nuestros ciclos vitales y con el impacto de los acontecimientos.

Un pensamiento generacional más sistemático, así como la perspectiva a largo plazo que este fomenta, mostrará que el auténtico problema no es la guerra entre las generaciones, sino la creciente separación entre la gente joven y la gente mayor. Revelará que el resentimiento de las personas hacia otras generaciones tiene más que ver con la naturaleza cambiante de las desigualdades económicas, domésticas y sanitarias. Explicará cómo y por qué nuestra cultura está cambiando, sobre todo con respecto a cuestiones clave como la raza y la identidad de género. Además, nos ayudará a ver cómo se está viendo alterado el apoyo a los partidos políticos y a entender si la democracia se está muriendo de verdad. Puede decirnos bastante sobre muchos de los grandes problemas a los que se enfrenta la humanidad, desde el cambio climático hasta la salud mental.

Por último, pondrá de manifiesto que el progreso social que hemos llegado a esperar como una característica inevitable de las nuevas generaciones está, en realidad, lejos de ser inevitable. Es el producto de una voluntad colectiva intergeneracional, un deseo dedicado a proteger las oportunidades que suponen un futuro mejor para nuestros hijos y nietos. En cambio, ese porvenir parece estar cada vez más amenazado.

* * *

La pandemia causada por el COVID-19 no ha hecho más que aumentar la urgencia de este tipo de perspectiva generacional, entre otras cosas porque el propio virus y las medidas que se han implementado para controlarlo han afectado a diferentes generaciones de maneras sumamente disímiles.

Lo más evidente es que la amenaza sanitaria inmediata dependía en gran medida de la edad. Para quienes nacieron a principios de la Segunda Guerra Mundial o antes, sin vacunas en juego, había una posibilidad entre veinte de morir si se contraía el virus. Si nos vamos al otro extremo del espectro de edad, las probabilidades de morir eran ridículamente bajas. El riesgo de morir se iba duplicando cada ocho años, lo que supone un ejemplo generacional de las espantosas curvas exponenciales que hemos aprendido a temer durante la pandemia.[1]

Al comienzo de la pandemia, esta enorme disparidad dio lugar a una oleada de comentarios en los que se temía que los jóvenes se saltaran las medidas para controlar el virus —«Se está gestando una guerra generacional por el coronavirus», afirmaba el *Wall Street Journal*[2]—. Durante un breve momento, algunos llamaron al virus *boomer remover* —*quitaboomers*—, pero el término no le gustó a nadie, salvo a una pequeña minoría, y rápidamente dejó de usarse.[3] Sin embargo, lo que realmente le sorprendió a la gente fue el nivel de solidaridad que hubo entre generaciones. En todos los países y grupos de edad, el panorama general era el de una conformidad increíble con las insólitas medidas que se impusieron, sobre todo, para proteger a las generaciones mayores.

Esta falta de rebeldía de las generaciones más jóvenes se produjo a pesar de que eran ellas las que sufrían los impactos negativos más grandes a nivel económico y educativo causados por el confinamiento. En el Reino Unido, por ejemplo, los jóvenes tienen dos veces y media más probabilidades de trabajar en los sectores más afectados por las medidas de distanciamiento social, como, por ejemplo, la hostelería.[4] Además de este impacto directo, los economistas también hablan de la «cicatriz» que deja en una economía en la que todo progreso puede perderse para siempre, tanto para los países como para las personas. Si bien todavía no podemos conocer el alcance de dicha pérdida, podemos estar seguros de que los jóvenes sufrirán más que los mayores, puesto que viven con las cicatrices durante más tiempo.[5] Esto es una desgracia increíble para las nuevas generaciones, las cuales ya han sido desproporcionadamente afectadas por la crisis financiera de 2008, considerada como el acontecimiento económico que definió nuestra era. Esta enorme recesión mundial ya había detenido o invertido el progreso económico de una generación de jóvenes en muchos países occidentales.

Una pandemia en la que la enfermedad afecta de manera desproporcionada a los mayores y en la que las medidas cautelares afectan de manera desproporcionada a los jóvenes parece estar diseñada casi para romper los lazos intergeneracionales. No obstante, nos sorprende el resultado real porque hemos estado condicionados a ver a las generaciones como facciones opuestas.

El cambio climático, por ejemplo. A finales de 2019, Greta Thunberg fue nombrada persona del año por la revista *Time*. Con solo dieciséis años, fue la persona más joven en recibir dicho premio. La revista la calificó como una «abanderada de una batalla generacional, un símbolo para los jóvenes activistas de todo el mundo». Sugirió que sus jóvenes coetáneos acudieron a su ejemplo para aplicarlo en sus luchas contra todo, desde el control de armas en Estados Unidos hasta la representación democrática en Hong Kong, pasando por una mayor igualdad económica en Chile.

El premio era claramente merecido, dados los extraordinarios logros de la campaña de Greta Thunberg, pero ¿es correcta la sugerencia de *Time* de que está en la primera línea de una guerra entre mayores y jóvenes? Es cierto que la activista desencadena la ira de un tipo concreto de críticos de mayor edad —y en su mayoría hombres—. Ahí tenemos a Donald Trump, por supuesto, con su sugerencia de que necesitaba trabajar en su «problema a la hora de controlar la ira». Y el presentador de televisión Piers Morgan, que se burló de ella por afirmar que le habían robado la infancia, a pesar de haber cruzado el Atlántico hasta Nueva York en un yate de carrera. No obstante, como veremos, los datos sobre cómo se siente realmente la gente en cuanto al cambio climático no sugieren que se trate de una simple batalla basada en la edad. La campaña contra el cambio climático, por ejemplo, se extiende de un extremo a otro del ciclo vital, desde Thunberg y otros miles de jóvenes activistas en una punta, pasando por Roger Hallam y Gail Bradbrook, fundadores de Extinction Rebellion —de 55 y 48 años—, hasta el escritor y activista climático Bill McKibben —60 años—, el exvicepresidente estadounidense Al Gore —73 años— y David Attenborough —95 años—.

La preocupación por el cambio climático, la creciente desigualdad, el estancamiento del progreso económico y la polarización de la política se relacionan con la forma en la que *todas las generaciones* ven el futuro. Son cuestiones fundamentalmente generacionales, ya que están relacionadas con el deseo que tenemos de ver que a nuestros hijos y a sus hijos les vaya mejor que a nosotros. Nuestra confianza en el progreso generacional ya estaba apagándose antes de la pandemia, sobre todo en muchas economías occidentales, y es una de las razones principales por las que las personas de todas las edades son más propensas a cuestionar si nuestros sistemas económicos y políticos están funcionando.

Si bien no existe una «guerra» simplista entre los grupos de edad, esta sensación de progreso estancado y de amenaza futura es, sin embargo, más fuerte entre los jóvenes. La edad se ha convertido en una de las líneas divisorias políticas más destacadas en varios países, y parece probable que la pandemia acelere dichas tendencias. A lo largo de la historia, influyentes pensadores han afirmado que los tiempos turbulentos despiertan la conciencia generacional. Uno de los padres del pensamiento generacional, el sociólogo húngaro Karl Mannheim, basándose en la agitación de su propia vida, esbozó en la primera mitad del siglo XX una visión convincente de por qué es importante. Para Mannheim, las generaciones no son solo un grupo de personas que nacieron en la misma época, sino que tienen una identidad social formada a partir de experiencias comunes y, a menudo, traumáticas.[6] Tendemos a formar nuestros sistemas de valores y comportamientos durante los últimos años de la infancia y los primeros de la edad adulta, por lo que los acontecimientos importantes tienen un impacto mucho mayor en las personas que los experimentan mientras alcanzan la mayoría de edad. Cuando las generaciones están moldeadas por diferentes contextos y tienen diversas perspectivas de vida, la conexión entre ellas se vuelve tensa.

Tal como lo comprendió Mannheim, los períodos de rápido cambio tecnológico y social también aumentan tanto la importancia como la dificultad de mantener los vínculos intergeneracionales. Debemos tener cuidado cuando valoramos las reivindicaciones de que nuestra época está cambiando con más rapidez que las anteriores, puesto que todas las generaciones tienden a pensar así, pero la velocidad de adopción y el alcance de algunas tecnologías modernas han sido diferentes. Mientras que se tardó décadas en que se aplicaran de forma generalizada los inventos de las revoluciones industriales anteriores, llevó solo trece años la adopción a nivel casi global de la tecnología central de la vida moderna: el *smartphone*.[7] Según el sociólogo alemán Hartmut Rosa, se ha desarrollado un «círculo de aceleración», en el que «la aceleración tecnológica tiende a aumentar el ritmo del cambio social, lo que a su vez incrementa inevitablemente el ritmo de vida experimentado, lo que produce una demanda continua de aceleración tecnológica con la esperanza de ahorrar tiempo».[8] Independientemente de que nuestra época esté experimentando o no una «Gran Aceleración», estos cambios tecnológicos contribuyen a que exista una creciente desconexión entre los grupos de edad. Las generaciones actuales viven cada vez más separadas en espacios físicos y digitales distintos, lo que permite que se generen estereotipos y percepciones erróneas más profundos.

Un progreso económico vacilante, amenazas que pueden resultar existenciales para las generaciones venideras y un ritmo de cambio tecnológico que fragmenta la conexión entre los jóvenes y los mayores; cada uno de estos fenómenos hace que el análisis generacional sea de vital importancia para ayudarnos a entender nuestro futuro.

Adoptar una perspectiva generacional también nos anima a proyectar una visión a largo plazo. La capacidad de prever un futuro lejano y de trabajar para conseguirlo es una de las características que nos definen como humanos, pero en términos evolutivos es una habilidad relativamente nueva. Por lo general, nos preocupa más el futuro inmediato, nos preocupamos vagamente por el medio plazo y olvidamos por completo el largo plazo. Esto es jugársela mucho, teniendo en cuenta las amenazas existenciales, como el cambio climático, y significa que a menudo perdemos la oportunidad de forjar un futuro mejor de manera activa.

No obstante, el análisis generacional de este libro no se centra únicamente en estos enormes retos sociales, económicos y tecnológicos, sino que también nos ayudará a comprender la evolución de nuestras actitudes, creencias y comportamientos en todos los aspectos de la vida. Por ejemplo, las conductas que incluso pueden parecer triviales, como el hecho de que una persona elija tener un coche y utilizarlo, han cambiado de manera significativa en las últimas décadas. ¿Se debe esto a que los jóvenes de hoy tienen una actitud diferente con respecto a los combustibles fósiles, a que tienen menos dinero para gastar, a que llevan un estilo de vida más urbano o a que son menos independientes y crecen más despacio? Entender por qué surgen estos cambios nos ayudará a planificar nuestros futuros probables.

Mi intención no es demostrar que todo se puede explicar mediante las diferencias generacionales o que estas son siempre las divisiones más importantes de la sociedad. De hecho, una parte importante de este libro está dedicada a desmentir los mitos generacionales que nos distraen de lo que efectivamente ocurre. Mi objetivo es averiguar si las sociedades están cambiando de verdad y cómo, además de lo que eso puede significar de cara al futuro.

NUESTRAS VIDAS EN LÍNEAS

La mayoría de las personas sabe que el orden que sigue nuestro plantel de generaciones adultas actual, de la más joven a la más antigua, es el siguiente: generación Z, *millennials*, generación X, *baby boomers* y, por último, la generación viva más antigua, la de la preguerra, es decir, quienes nacieron antes del final de la Segunda Guerra Mundial. Sin embargo, no tenemos por qué saber qué significan estas divisiones. Nuestra principal forma de entender a las generaciones es a través de un discurso superficial y de mala calidad que identifica una multitud de diferencias entre ellas que no existen. Si bien es cierto que estas falsas diferencias pueden, a nivel individual, parecer triviales y a veces incluso divertidas, en su conjunto marcan una pauta que puede infectar las opiniones y las acciones hasta de los escépticos más sensatos. Las afirmaciones de que todos los *millennials* son narcisistas, materialistas o buenos ciudadanos —dependiendo de a quién se escuche— no ayudan a nadie. Esta multimillonaria «industria de la generación» anima a los investigadores a que reduzcan vastas franjas de la población a un puñado de características y comportamientos.

Otra vertiente del pensamiento generacional igualmente poco útil considera a las generaciones como oleadas repetidas de arquetipos predecibles, cada uno de los cuales reacciona al anterior. Desarrollada por los autores estadounidenses William Strauss y Neil Howe en la década de 1990, esta visión a largo plazo sugiere que cada generación puede ser clasificada dentro de uno de los cuatro tipos —idealista, reactiva, cívica o adaptativa— definidos por características comunes. Los autores afirman que estas generaciones han aparecido en el mismo orden a lo largo de la historia de los Estados Unidos en un ciclo de ochenta años de crisis y renovación, lo que a su vez ha impulsado las condiciones sociales dominantes de cada época. Su reflexión es fascinante y convincente, pero refuerza nuestras suposiciones acerca de que las generaciones son irreconciliablemente diferentes entre sí, además de que representa una dudosa lectura de la historia que está más cerca de la astrología que del estudio académico. Su análisis ha sido adoptado por personas como Al Gore y el estratega republicano Steve Bannon —aunque con fines políticos muy distintos—, y puede parecer profético ahora, entre otras cosas porque predijeron que una época de crisis iba a sepultar la mitad de la década del 2000 hasta mediados de la década de 2020. No sería sensato apostar a que este periodo de COVID-19 que estamos viviendo no se considerará más adelante como una crisis reconocida a nivel histórico. Sin embargo, el hecho de que la pandemia haya sido causada por un coronavirus novedoso que se originó en el distrito de Wuhan, en China, solo pone de manifiesto lo absurdo que es pretender que esta crisis sea el resultado de una constelación particular de tipos generacionales y el ciclo de catástrofes de cuatro generaciones que Strauss y Howe afirman haber identificado.

Hemos ido en dos malas direcciones a la vez. Una vertiente de pensamiento inspirada por Strauss y Howe se aleja un millón de kilómetros y nos asegura que las generaciones caen en un ciclo en el que se repiten los tipos antes de ofrecer algo que se parezca a un horóscopo. El otro enfoque afirma que las diferencias banales y exageradas entre las características generacionales son, de hecho, corrientes reales que van cambiando.

Por el contrario, el verdadero pensamiento generacional puede ser una poderosa herramienta que nos ayude a comprender los cambios y desafíos de nuestros tiempos. Comienza con el reconocimiento de un hecho infravalorado, que es que solo hay tres explicaciones acerca de cómo cambian *todas* las actitudes, creencias y comportamientos a lo largo del tiempo:

- efectos de periodo;
- efectos de ciclo vital, y
- efectos de cohorte.

Al estudiar cómo estos tres efectos nos moldean de manera individual y colectiva, podremos desarrollar un entendimiento nuevo y poderoso sobre cómo y por qué cambian las sociedades, así como una capacidad mucho mayor para predecir lo que viene a continuación en relación con los grandes problemas de nuestro tiempo.

Efectos de periodo: las actitudes, las creencias y los comportamientos de una sociedad pueden cambiar de forma consistente en todos los grupos de edad. Estos efectos de periodo suelen producirse en respuesta a un acontecimiento importante que afecta a todos, de manera directa o indirecta, como una pandemia, una guerra o una crisis económica. Cuando se representan en gráficos, a menudo forman el patrón que vemos en la figura 0.1. Este ejemplo mide la inquietud ante el terrorismo en Francia. Pocas personas de cualquier generación estaban preocupadas por el terrorismo antes de 2015 o 2016, cuando se produjo un fuerte pico de inquietud tras una serie de atentados en los que murieron más de doscientas personas. Todas las generaciones de adultos encuestadas respondieron a esta serie de trágicos acontecimientos de la misma manera.

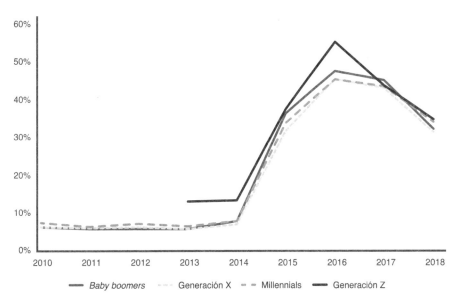

Figura 0.1. Porcentaje de adultos en Francia que dicen que el terrorismo es una de las cuestiones que más preocupan en su país.[9]

Efectos de ciclo vital: las personas también cambian a medida que envejecen o como resultado de acontecimientos importantes que tienen lugar en sus vidas, como independizarse, tener hijos o jubilarse. La figura 0.2 muestra el porcentaje de cada generación de adultos en Inglaterra que han sido catalogados con un «peso saludable» a medida que van envejeciendo. Puedes seguir tu propia línea generacional y ver que, por término medio, la gente engorda a medida que envejece —como yo ya sé de sobra—. Cada generación se va viniendo abajo lentamente como resultado de ingerir calorías en exceso y de no hacer el suficiente ejercicio para mejorar su metabolismo, hasta que, en la mediana edad, solo una cuarta parte de la gente sigue teniendo un peso saludable.

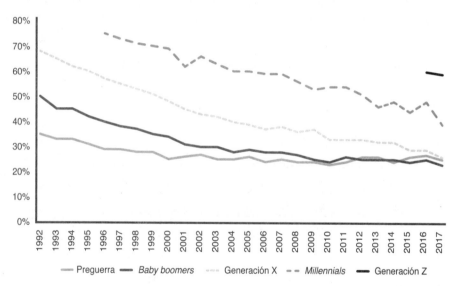

Figura 0.2. Porcentaje de adultos en Inglaterra con un peso saludable (definido por un IMC entre 18,5 y 24,9).[10]

Efectos de cohorte: una generación también puede tener diferentes actitudes, creencias y comportamientos porque las condiciones en las que se produjo su socialización varían en comparación con las de otras generaciones y, por tanto, seguirán difiriendo de otras cohortes incluso cuando envejecen. La figura 0.3 muestra el porcentaje de adultos estadounidenses que dicen asistir a un servicio religioso al menos una vez a la semana. La generación de mayor edad es mucho más propensa a concurrir a servicios religiosos regulares y, si bajamos las escaleras, llegamos a lo que parece ser el fondo, con los *millennials* y la generación Z. Y este patrón de brechas generacionales no ha cambiado mucho desde 1975, lo que demuestra la importancia que tiene la fecha de nacimiento a la hora de determinar tu relación con la religión.

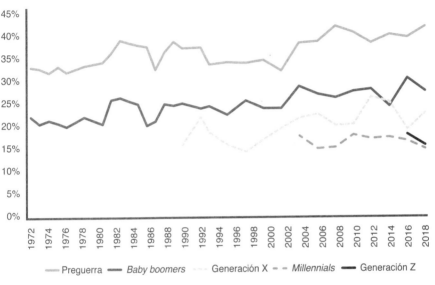

Figura 0.3. Porcentaje de adultos en Estados Unidos que asiste a servicios religiosos al menos una vez a la semana.[11]

Todo cambio en las actitudes, las creencias y los comportamientos de la sociedad puede explicarse por uno de estos tres efectos o, más a menudo, por una combinación de ellos. Así pues, esto pone de manifiesto el problema básico que tiene el «análisis» generacional de la mayoría de los comentarios, o sea, suponer que la época en la que nace una persona explica todas sus actitudes y que los comportamientos se basan únicamente en la identificación de los efectos de cohorte. Asimismo, pierde dos tercios del poder de esta comprensión más completa del cambio social. Este es un enfoque mucho más convincente y útil del pensamiento generacional que las afirmaciones sensacionalistas que a menudo se hacen pasar por él. Una vez que uno se da cuenta de que *todos* los cambios sociales se explican por una combinación de estos tres efectos, se dispone de un marco para comprender con más profundidad la situación actual y lo que probablemente vendrá después. Puede que en algún punto te preguntes *¿Esto es un efecto de cohorte, de periodo o de ciclo vital?*, y esa simple pregunta te ayudará a identificar lo que de verdad es importante.

A lo largo del libro descifraremos tendencias similares mediante la observación de gráficos como estos. Tiene un nombre elegante, «análisis de cohortes sintéticas», pero es totalmente intuitivo. Lo único que hacemos es definir los grupos en función de su fecha de nacimiento y seguir su progreso medio a medida que envejecen. Por supuesto, la mayoría de los patrones no son tan claros como en los ejemplos anteriores y no es posible desentrañar por completo los tres efectos —cohorte, estilo de vida, periodo— en todos los casos.[12] Casi siempre interactúan, pero entender esa interacción es increíblemente valioso.

Para examinar cómo estamos cambiando, he analizado algunas de las mayores encuestas realizadas en el mundo en los últimos cincuenta años. He reunido un conjunto de datos de más de tres millones de entrevistas extraídas de estas encuestas y vinculadas entre sí para ayudar a separar los mitos asociados a la diferencia generacional de la realidad. Esto nos permite acercarnos a los cambios subyacentes que ocurren en las sociedades de todo el mundo. Asimismo, he recurrido a una serie de preguntas de encuestas nuevas, las cuales han sido encargadas especialmente para este libro a través de la empresa de investigación global Ipsos.

Antes de entrar en materia, debemos puntualizar algunos de los conceptos erróneos que se interponen en el camino de la identificación del cambio real. En particular, a menudo se nos presentan análisis que confunden la edad con la generación y que estereotipan tanto a los mayores como a los jóvenes.

NUESTROS DELIRIOS GENERACIONALES

Las personas mayores siempre han tenido problemas con los jóvenes. Según el académico de Cambridge de principios del siglo xx Kenneth John

Freeman, el antiguo filósofo Sócrates acusó a los jóvenes de una gran cantidad de cosas, entre ellas:

… el lujo, sus malos modales, su desprecio hacia la autoridad, su falta de respeto hacia los mayores y su amor por la charla en lugar de por el trabajo. Los niños han empezado a ser los tiranos, no los esclavos de sus hogares. Ya no se ponen de pie cuando un mayor entra en la habitación; contradicen a sus padres, parlotean ante la compañía, devoran los manjares de la mesa y cometen varias ofensas contra el gusto helénico, como cruzar las piernas.[13]

Las quejas extrañas sobre los jóvenes no empezaron ni terminaron en la Antigua Grecia. En 1624, Thomas Barnes, pastor de una iglesia de Londres, se quejaba de que «los jóvenes nunca fueron tan ladinos, sí, nunca tan salvajemente ladinos». En 1771, casi doscientos cincuenta años antes de que el «copo de nieve» se convirtiera en un ataque hacia los jóvenes, una carta de un lector a la revista *Town and Country* se quejaba de que los jóvenes eran «una raza de frívolos afeminados, engreídos y escuálidos». Y, en 1843, el séptimo conde de Shaftesbury se lamentó en la Cámara de los Comunes de que «las jóvenes» de la ciudad comercial de Bilston habían empezado a «conducir carros de carbón, montar a horcajadas en caballos, beber, decir palabrotas, pelear, fumar, silbar, cantar y no preocuparse por nadie».[14] El Bilston del siglo XIX parece un lugar increíble para salir de fiesta.

También se ha considerado siempre que los jóvenes son susceptibles a las últimas modas y tendencias, por lo que están dispuestos a descartar los valores tradicionales en favor de tecnologías y entretenimientos nuevos y peligrosos. En 1906, casi un siglo antes de la aparición de los videojuegos violentos, el *Dawson Daily News* de Yukón, en el noroeste de Canadá, bramó: «LOS CHICOS ESTÁN ARRUINADOS. Las novelas de diez centavos provocan asesinatos entre los chavales».[15] Si retrocedemos un poco más, hasta 1859, un artículo de *Scientific American* advertía que la nueva moda del ajedrez causaba una «excitación perniciosa» entre los niños con un «temperamento muy interior».[16]

Estas repetidas olas de pánico moral proporcionan un contexto histórico a los actuales relatos apócrifos sobre los *millennials* que supuestamente lo «matan» todo, desde los corchos de vino hasta los anillos de boda, pasando por los Juegos Olímpicos y la serendipia.[17] En pocos años, la crítica a los *millennials* se convirtió en un cliché establecido del que se burlaban las redes sociales. @NewCallieAnn, por ejemplo, tuiteó: «Me he cortado el dedo partiendo un aguacate y ahora no puedo arreglarme el moño».[18]

Nuestra incesante crítica hacia los *millennials*, y cada vez más hacia la generación Z también, es el resultado de un conjunto de prejuicios humanos que no tienen nada que ver con el carácter esencial de estas generaciones. La gente tiende a pensar que el pasado fue mejor de lo que realmente fue porque olvidan las partes malas; en estos casos, el comportamiento dudoso durante su propia juventud. A este prejuicio lo llamamos *retrospección rosada*. También nos cuesta seguir el ritmo de las normas sociales que cambian con el tiempo, y las personas mayores miran a los jóvenes a través del marco de los valores que prevalecían cuando ellos mismos eran jóvenes. Los valores, creencias y actitudes de la sociedad cambian, pero nuestras ideas individuales sobre lo que es correcto o aceptable son «adherentes», es decir, permanecen con nosotros, lo que hace que las actitudes y los comportamientos emergentes parezcan extraños y desconcertantes.

Las generaciones mayores no se encuentran en mejor situación que las jóvenes en el imaginario colectivo. Los psicólogos han descubierto que muchas culturas occidentales clasifican a las personas mayores en siete estereotipos básicos, más de la mitad de los cuales son negativos. Estos son: «cascarrabias/arpía», «severamente deteriorado», «desanimado», «solitario», «abuelo perfecto», «en la edad dorada» y «conservador a lo John Wayne».[19] Cuando aparecen en los programas de entretenimiento o en la publicidad, las personas mayores casi siempre son representadas mediante uno de esos siete estereotipos, ya sean zorros plateados que saltan en paracaídas o abuelitas frágiles y asustadas que se agarran con fuerza a sus sillas salvaescaleras mientras se dirigen lentamente a la cama a las ocho de la noche. Y eso cuando aparecen. Los mayores de 60 años suelen estar muy poco representados en los medios de comunicación en comparación con el gran porcentaje de la población mundial que ocupan y con el porcentaje aún mayor de la riqueza que han aportado a dicha población.

Se podría pensar que los ejecutivos publicitarios y su inteligencia se deberían haber dado cuenta de los cambios demográficos hace mucho tiempo, dado el número de análisis de noticias que se han hecho sobre el tema. De hecho, un artículo que salió en la portada de la revista *Time* señaló que algunas agencias de publicidad estaban creando unidades especiales para estudiar y reflejar a las personas mayores como una fuerza de consumo creciente. «Hubo un tiempo en el que los anunciantes se comportaban como si nadie que pasara de la mediana edad comprara algo que durara más que unas medias. Ya no», decía el artículo,[20] que fue publicado en 1988, hace treinta y tres años, pero es increíble lo poco que se ha cambiado desde entonces. El antiguo director ejecutivo de un importante comercio al por menor confesó hace poco que su empresa tenía doce segmentos de clientes dedicados a personas menores de 55 años, pero agrupaba a todos los mayores de 55 en un solo segmento.[21]

La principal generación de personas mayores en la actualidad, los *baby boomers*, también es objeto de ataques. El «OK, *boomer*», el gesto de desaprobación sarcástico y colectivo de la generación Z, se ha asentado e incluso fue utilizado por un joven diputado para desestimar a alguien que lo interrumpió durante un debate sobre el cambio climático en el Parlamento de Nueva Zelanda.[22] Puede que los *boomers* no reciban tantos comentarios mordaces por su comportamiento como los *millennials*, pero los que reciben son de peso. Olvídate de los ejemplos de productos y tradiciones que supuestamente han sido exterminados por los *millennials*; es frecuente que se diga que los *baby boomers* lo han arruinado *todo*.[23] Cuando se intenta aplicar esa prueba contemporánea para verificar cómo la sociedad ve algo, es decir, cuando se lo escribe en Google para ver lo que aparece en la función de autocompletar, los *boomers* no salen muy bien parados. Son «el problema», «egoístas», «egocéntricos» y «la peor generación».

Entre las generaciones jóvenes y mayores de hoy en día está la generación X. Aquí es donde encajo yo. Y, sí, reconozco la ironía de que mi obsesión con las generaciones está en claro contraste con la escasa atención que mi propia generación recibe en la actualidad. Como tuiteó un compi de la generación X, «no soy ni un *millennial* ni un *boomer*. Vengo de una generación tan irrelevante que la gente ni siquiera se molesta en odiarnos».[24]

Todo empezó muy bien. Mi generación recibió su nombre a raíz de la novela *Generación X*, escrita por Douglas Coupland en 1991 y que seguía el supuesto estilo de vida «vago» de los veinteañeros de la época. Coupland sacó el título de un libro de 1990 del crítico cultural Paul Fussell, que trataba sobre el sistema de clases. A medida que disecciona una capa tras otra de clases —desde la más alta (*top out-of-sight*), pasando por la intermedia (*mid-proletarian*) hasta llegar a la más baja (*bottom out-of-sight*)—, Fussell describe cómo algunos jóvenes intentan liberarse por completo de este rígido sistema. «Impulsados por la insolencia, la inteligencia, la ironía y el ánimo, los de la generación X han escapado por la puerta trasera de esos teatros de clase que encierran a otros».[25] Insolente, inteligente, irónica y animada, mi generación es, sin duda, la más guay.

No obstante, la generación X no ha recibido prácticamente ninguna atención desde aquellos días de euforia. Como dice un escritor, son la «generación del "hijo mediano" más pequeño», aplastada entre los *baby boomers* y los *millennials*, los dos pesos pesados demográficos y culturales.[26] La falta de protagonismo de la generación X ha dado lugar a un subgénero de comentarios generacionales que se asemeja a colarse en la foto de una reunión familiar a la que no te han invitado. Algunos afirman que la generación X puede salvar el mundo —o «evitar que todo sea una mierda»[27]—, mientras que otros de sus elementos se inclinan hacia un vergonzoso ataque a los jóvenes: «En los últimos años, los *millennials* han recibido una paliza a su reputación, en parte gratuita, en su mayor parte justificada. Son unos necios dependientes que no saben aceptar una broma»[28]. Esto parece algo indigno de una generación que toma su nombre de una novela en la que el narrador observa lo siguiente: «El coche era del color de la mantequilla y llevaba una pegatina en el parachoques que decía NOS ESTAMOS GASTANDO LA HERENCIA DE NUESTROS HIJOS, un mensaje que supongo que irritó a Dag, que estaba aburrido y de mal humor después de ocho horas de trabajo en su McEmpleo». El hijo mediano olvidado ha olvidado lo que se siente al ser joven.

¿Dónde encajas tú en esta secuencia generacional? La tabla 0.1 resume las definiciones más aceptadas. En Estados Unidos, la generación de la preguerra se divide a veces en «generación grandiosa» —los nacidos antes de 1928— y «generación silenciosa» —los nacidos entre 1928 y 1945—. En este libro las he puesto juntas en parte porque, por lo general, dichas etiquetas no se utilizan fuera de Estados Unidos, pero, sobre todo, porque la generación grandiosa constituye un porcentaje muy pequeño de la población.

Tabla 0.1. Años de nacimiento de las generaciones.

Preguerra	*Baby boomers*	Generación X	Millennials	Generación Z
Nacidos antes de 1945	Nacidos entre 1945 y 1965	Nacidos entre 1966 y 1979	Nacidos entre 1980 y 1995	Varias definiciones: Nacidos entre 1996-2010 Nacidos después de 1997 Nacidos después de 2000
En 2021				
Más de 77 años	Entre 56 y 76 años	Entre 42 y 55 años	Entre 26 y 41 años	Entre alrededor de 11 y 25 años

No hay un acuerdo total sobre dónde termina una generación y dónde empieza otra, sobre todo en lo que respecta a los *millennials* y a la generación Z, cuyos límites apenas están surgiendo. En cualquier caso, el lugar en el que se sitúan los límites es, hasta cierto punto, arbitrario. Aquellos que se encuentren en los límites de cada grupo tenderán a compartir características comunes con sus vecinos de nacimiento, puesto que el cambio social suele ser gradual y no repentino. Sin embargo, esto no devalúa el pensamiento generacional. Como veremos, hay *varias* características distintivas que podemos identificar mediante el uso de estas clasificaciones. Y muchas otras clasificaciones sociales —como la clase y la etnia— también simplifican las realidades subyacentes, y, aun así, siguen diciéndonos cosas útiles sobre la composición y las actitudes de la sociedad.

Algunos investigadores ya están imponiendo un punto final a la generación Z, y empiezan a llamar «generación Alfa» al grupo que vendrá después. En este libro no nos ocuparemos de la generación más joven, puesto que es absurdo hacerlo cuando los mayores tienen alrededor de 10 años y los más jóvenes ni siquiera han nacido.

Este intento desesperado por etiquetar a una generación que consiste en niños pequeños y en aquellos que aún no han sido concebidos demuestra nuestra obsesión por acuñar el nombre de una generación. Casi con seguridad el término *baby boomers* se le ocurrió a la Oficina del Censo de Estados Unidos, mientras que es indudable que Douglas Coupland inventó y popularizó la generación X. A William Strauss y a Neil Howe se les atribuye la acuñación del término *millennials*, mientras que la generación Z es la consecuencia del primer nombre dado a los *millennials*, generación Y. Sin embargo, este resumen esconde innumerables intentos fallidos de nombrar a las generaciones. Generación Yo, generación Nosotros, generación Net, *next boomers*, *centennials*, iGen, e incluso generación K —por Katniss Everdeen, la protagonista de la saga de novelas y de películas *Los juegos del hambre*—, todos han sido probados en un momento u otro.

Como era de esperar, la «generación COVID» ya está apareciendo en los análisis de los medios de comunicación sobre el impacto previsto de la pandemia sobre la generación más joven. Solo sabremos si acabará consolidándose en los próximos años, pero desde luego tiene más fuerza que los nombres basados en personajes de películas. A mí no me interesa especialmente la denominación de las generaciones, puesto que el verdadero valor no es la etiqueta, sino lo que las tendencias nos muestran sobre las experiencias en el pasado de los diferentes grupos y lo que sugieren sobre nuestro futuro.

PODEMOS VER EL FUTURO

El análisis generacional que se recoge en este libro está inevitablemente enfocado en el futuro, pero no requiere esfuerzos falsos a partir de diferencias exageradas o del pensamiento astrológico. Se basa en tres de los pocos —y puede que los únicos— hechos incontrovertibles sobre los seres humanos: nacen, crecen y mueren. Esto se ve en el porcentaje de cada cohorte de la población adulta a lo largo del tiempo, el cual ha sido representado en la figura 0.4. En 1972, alrededor del 80 % de los adultos del Reino Unido habían nacido antes del final de la Segunda Guerra Mundial; ahora solo representan el 12 %. No pasará mucho tiempo hasta que todos desaparezcan, mientras que la generación Z llega a la edad adulta y los «sustituye». No hay forma de entender cómo cambiará la sociedad en su conjunto en el futuro sin comprender qué difiere realmente entre las generaciones.

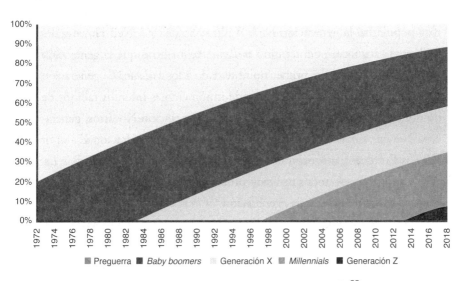

Figura 0.4. Perfil generacional del Reino Unido.[29]

Algunas personas podrían estar en desacuerdo con la idea de que podemos utilizar los cambios generacionales del pasado para predecir el futuro. En *The Black Swan* —*El cisne negro*—, Nassim Nicholas Taleb escribe: «La historia y las sociedades no gatean. Avanzan a saltos». Sostiene que, en gran medida, no vemos estos saltos que se avecinan. En su lugar, el cambio está impulsado por los sucesos que él denomina «cisne negro», como la crisis financiera mundial de 2008, la cual fue el centro del análisis de Taleb, y ahora, incluso con más fuerza, la pandemia de COVID-19. Estos acontecimientos son poco frecuentes, tienen un impacto extremo y solo parecen predecibles en retrospectiva, a pesar de que siempre tendamos a creer *a posteriori* que sabíamos que iban a ocurrir.[30]

Para ilustrar la profunda imprevisibilidad de los resultados futuros, Taleb cita un ejemplo dado por el matemático Michael Berry, quien analizó el desafío de predecir el movimiento de las bolas de billar sobre una mesa. Comienza con bastante facilidad, pero cuando llega el noveno impacto, el resultado está tan equilibrado que hay que tener en cuenta la atracción gravitatoria de la persona que está al lado de la mesa, y, para cuando llega el quincuagésimo sexto, la posición de cada partícula elemental en el universo tiene que estar incluida en tus cálculos. Así pues, ¿cómo podremos tener una comprensión precisa de los posibles futuros de los sistemas humanos complejos, sobre todo cuando experimentamos dichos sucesos inesperados llamados «cisne negro», como la crisis de 2008 o una pandemia, es decir, el equivalente a que alguien llegue y vuelque la mesa?

Mis muchos años de seguimiento de las líneas generacionales han hecho que me volviera menos pesimista en cuanto a nuestra capacidad de ver el futuro. Por supuesto, es posible que, de repente, dejemos de tener más sobrepeso a medida que envejecemos o que la generación Z en masa abrace el cristianismo, pero esas cosas parecen poco probables. Taleb reconoce que hay «periodos largos de calma» en los que no se producen impactos repentinos, y veremos muchos de ellos en nuestros gráficos. Sin embargo, el análisis generacional también ayuda a entender la incidencia de lo inesperado, pues veremos con claridad los diferentes cursos de la vida económica que la crisis financiera de 2008 creó para las generaciones más jóvenes, por ejemplo.

Por supuesto, es fundamental entender que la forma en la que los impactos propios del efecto de periodo, como la crisis financiera y la pandemia, afectan a las personas se ve reforzada por una visión clara de las trayectorias más lentas que ya estamos recorriendo. El impacto de toda crisis viene determinado por el contexto en el que se produce.

Un marco generacional también nos ayuda a entender el rol que desempeñan los principales fenómenos demográficos, como la mayor esperanza de vida y el creciente envejecimiento de las sociedades. Este es uno de los cambios más significativos que hemos visto y tiene enormes implicaciones de cara a entender el futuro. En Japón, la media de edad —la edad de la persona mediana si se alineara toda la población, desde los jóvenes hasta los mayores— era de 46 años en 2015, y para 2050 habrá aumentado a 53 años. Este aumento de siete años puede no parecer un gran cambio, pero refleja una sociedad extremadamente envejecida; el 33 % de la población actual de Japón tiene más de 60 años, pero en 2050 los tendrá el 42 %.

Japón suele ser el ejemplo de la «sociedad envejecida», pero en otros países se están produciendo cambios aún más drásticos. Por ejemplo, la media de edad en Brasil era de tan solo 31 años en 2015, pero habrá aumentado a 45 años para 2050. El porcentaje de personas mayores de 60 años en Brasil se disparará del 13 % correspondiente a 2015 al 30 % para cuando llegue 2050. El cambio en el rango de edades de nuestras poblaciones no solo se debe a la creciente longevidad, sino también a la fuerte caída de las tasas de natalidad en todo el mundo. Una perspectiva generacional muestra que este no es un cambio repentino, sino el final de un largo fenómeno que será sumamente difícil de cambiar.

Examino estos fenómenos en todos los países en lugar de centrarme en uno solo, porque cada vez es más importante tener una visión global. Los pensadores de principios del siglo XX, como Mannheim, tendían a ver a las generaciones como algo limitado a nivel nacional, debido a la importancia de la experiencia compartida a la hora de formar cohortes significativas. No obstante, tras la globalización de tantos aspectos de la vida, los sociólogos han reconocido que las generaciones también podrían estar globalizándose. Las empresas y los productos de consumo ahora son multinacionales por defecto y las nuevas tecnologías de la comunicación ofrecen muchas más formas de compartir experiencias que van más allá de las fronteras nacionales. Incluso antes del COVID-19, los acontecimientos traumáticos y las amenazas, como la emergencia climática, las crisis económicas y la «guerra contra el terrorismo», tenían una perspectiva más global. La pandemia ha vuelto a acelerar este fenómeno, y puso de relieve las increíbles interconexiones mundiales. Mientras escribía esto, doscientos trece países o territorios habían notificado casos del virus, pero las naciones también están mucho más unidas en sus respuestas y en las implicaciones económicas de sus medidas que durante cualquier otra pandemia anterior.[31]

Esto no quiere decir que las diferencias entre países no sean importantes. «El país antes que la cohorte» seguirá siendo un mensaje habitual en este libro. Incluso ahora, *dónde* naciste suele ser más importante que *cuándo*. El verdadero valor de un estudio internacional de las generaciones no consiste en demostrar que existen grupos generacionales globales, sino en permitirnos comprender cuándo y por qué es importante la diferencia generacional.

Incluso antes de la pandemia, la suposición de que nuestros hijos iban a disfrutar de un futuro mejor se había evaporado en varios países desarrollados. Por ejemplo, más de una década después de la crisis financiera de 2008, solo el 13 % de los franceses esperaba que los jóvenes tuvieran una vida mejor, mientras que el 60 % pensaba que el futuro iba a ser peor. El contraste con los países de ingresos más bajos, como China, Indonesia y la India, está muy marcado, y al menos dos tercios de sus habitantes confiaban en que los jóvenes iban a tener un futuro mejor. Sabemos que esto es importante para la gente. En el mismo estudio, el 77 % de las personas estaban de acuerdo en que cada generación debería tener un mejor nivel de vida que la anterior, y solo el 15 % se mostraba en desacuerdo.[32] No obstante, si los habitantes de los países occidentales —de todas las generaciones— mantienen esta visión cada vez más pesimista, esto tendrá profundas repercusiones. No solo nos arriesgaremos a perder el optimismo y el dinamismo de la juventud, sino que, cuando la gente piensa que el progreso se ha detenido, empieza a cuestionar el valor de todo el sistema.

Por lo que sabemos, este pesimismo en cuanto al futuro de las próximas generaciones es un fenómeno nuevo en las economías más desarrolladas, como lo demuestran las siguientes estadísticas dramáticas tanto del

Reino Unido como de Estados Unidos. En estas podemos observar que el porcentaje de británicos que piensan que el futuro será mejor para sus hijos se redujo a la mitad entre 2003 y 2019, mientras el porcentaje de estadounidenses que piensan que es poco probable que sus hijos tengan un futuro mejor casi se ha duplicado.[33]

Cuando veamos cómo se han estancado los ingresos y la riqueza de las últimas generaciones de jóvenes, podremos empezar a entender por qué.

1

La generación del estancamiento

«¿Pueden los *baby boomers* llegar a vivir tan bien como sus padres?». Esta fue la angustiosa pregunta que planteó la revista *Money* en marzo de 1983.[1] La amenaza implícita a la seguridad financiera de la generación se vio seriamente socavada por una sesión de fotos de una pareja real, en la que se veía una casa lujosa y decorada con buen gusto —para los años ochenta—. La frase de la portada ofrecía un *spoiler* más directo, pues la pareja «aún no tenía 30 años», pero tenían «dos carreras sólidas, además de un próspero negocio». Está claro que no son el equivalente a los empleados con salario mínimo que hoy trabajan en un almacén de Amazon con contratos de cero horas y que complementan sus escasos ingresos comerciando en eBay mientras esperan que sus puestos de trabajo sean ocupados por drones.

Por supuesto, la revista *Money* tenía un público objetivo en particular, que eran los gerentes acomodados de nivel medio que estaban interesados en los índices hipotecarios y en los planes de ahorro con ventajas fiscales. Eso hace que la incertidumbre implícita en la pregunta sea aún más sorprendente ahora que sabemos cómo salieron las cosas. La pregunta *¿Pueden llegar a vivir tan bien como sus padres?* refleja la creencia fundamental que estimula el «contrato social» entre generaciones. Como individuos, tenemos un profundo deseo de que nuestros hijos sean mejores que nosotros, y nos hemos acostumbrado a un progreso de generación en generación garantizado por la sociedad en su conjunto.

Es fácil olvidar que el progreso no siempre fue un hecho para los *baby boomers*. Varios economistas importantes plantearon dudas sobre su futuro financiero. En su libro *Birth and Fortune*, publicado en 1980, el profesor Richard Easterlin argumenta que formar parte de una gran cohorte como la de los *baby boomers* es malo para su éxito económico, debido a la competencia por la educación, los recursos y los puestos de trabajo. Ser miembro de una cohorte más pequeña, como la generación de entreguerras, te marca como parte de los «pocos afortunados», ya que los salarios aumentaban a medida que la demanda de trabajadores superaba a la oferta. Por aquel entonces, para muchos esto parecía una suposición perfectamente razonable, pero, como David Willetts señala en su libro *The Pinch*, publicado en 2010, la globalización cambió por completo el cálculo.

Después de que países con costes laborales más bajos, como China, se abrieran al comercio mundial en la década de 1990, las generaciones que siguieron a los *boomers* tuvieron que competir contra mucha más gente, y eso mantuvo los salarios bajos. Como dice Willetts: «Los *boomers* ganan de dos maneras. Cuando se trata de poder político y de todas las decisiones que toman los gobiernos nacionales, son una gran cohorte. Pero cuando se trata del mercado laboral mundial de la posguerra, forman parte de una pequeña cohorte; son un recurso escaso que puede salirse con la suya cobrando un precio más alto por su trabajo».[2]

La tendencia descendente del progreso financiero en muchos países occidentales se produjo después de que los *baby boomers* estuvieran bien establecidos en sus carreras y fueran más capaces de soportar la tormenta. Y entonces llegó la crisis financiera de 2008. Antes de la pandemia del COVID-19, este fue el acontecimiento económico que definió la generación y la causa de una década perdida que afectó con fuerza, en especial, a las generaciones más jóvenes. A finales de la década de 2010 hubo indicios que indicaban que el progreso generacional se estaba recuperando, lo que ha hecho que el momento en el que ha tenido lugar este último impacto que definirá la generación fuera aún más cruel.

El resultado neto ha sido que el crecimiento de los ingresos de las generaciones más jóvenes en muchos países se ha detenido o invertido, mientras que la gran mayoría de los aumentos de riqueza que hemos visto en la última década han ido a parar a las generaciones mayores. Una perspectiva generacional que separe los efectos de periodo, de cohorte y de ciclo vital es esencial para entender cómo estas condiciones económicas cambiantes han alterado por completo el curso de la vida de cohortes enteras. Tu oportunidad de tener éxito económico no es lo único que se ha visto afectado por la casualidad de haber nacido cuando naciste, sino que también depende de los bienes que posean tus padres en un grado cada vez mayor.

MÁS POBRES DURANTE MÁS TIEMPO

El laboratorio de ideas británico Resolution Foundation ha analizado ingresos personales en Estados Unidos, el Reino Unido, España, Italia, Noruega, Finlandia y Dinamarca mediante el uso de datos que se remontan a 1969, cuando el mayor de los *baby boomers* tenía 24 años. El estudio compara las rentas medias reales disponibles —ajustadas para tener en cuenta la inflación y después de restar los costes de la vivienda— durante tres tramos quinquenales de cohortes, con el fin de contrastar a las generaciones cuando tenían la misma edad, es decir, cuando tenían 30 años —*millennials* versus generación X, generación X versus *baby boomers*—, cuando tenían 40 —generación X versus *baby boomers*, *baby boomers* versus preguerra— y cuando tenían 60 —*baby boomers* versus preguerra—.[3] El análisis evidenció una cascada de ganancias cada vez menor para cada generación nueva.

Los *baby boomers* disfrutaron de unos ingresos significativamente mejores durante la mediana edad en comparación con la generación de la preguerra, hasta un 26 % más entre los 45 y los 49 años. A la misma edad, la generación X empezó bien en comparación con los *boomers*, pero sus ingresos se estancaron al toparse con las réplicas de la recesión de 2008, la cual se produjo cuando los mayores tenían 40 años, lo que hizo que acabaran solo un 3 % por delante de los *boomers*. Lo más sorprendente es que la renta real disponible de los *millennials* fue 4 % inferior a la de la generación X cuando cada uno de ellos tenía poco más de 30 años. El progreso no solo se estancó sino que se *invirtió*, impulsado por la crisis financiera.[4]

Estos promedios ocultan variaciones significativas entre los países. Uno de los mejores lugares para ser *millennial* es Noruega. Allí, los *millennials* de 30 a 34 años ganan 13 % *más* que las personas de la misma edad pertenecientes a la generación X. Podrías pensar que no está tan mal —mientras investigas sobre los requisitos para pedir un visado de trabajo noruego—. No obstante, esto sigue representando una ralentización del progreso económico pues, a la misma edad, los de la generación X ganaban 35 % más que los *baby boomers*.

Más típico es el patrón en Estados Unidos. Los de la generación X tenían un 5 % de ingresos reales más bajos que los *boomers* de 45 a 49 años, mientras que los *millennials* ganaban 5 % menos que las personas de la generación X de 30 a 34 años.

Por muy desmoralizadoras que sean las cosas en Estados Unidos, no son nada comparadas con lo que sucede en otros lugares. En Italia, la generación X recibía un 11 % menos de ingresos que los *baby boomers* de 45 a 49 años, mientras que los *millennials* percibían un 17 % menos de ingresos que las personas de la generación X de 30 a 34 años. Esto no es tanto una reducción de los ingresos, sino más bien una caída libre.

Las tendencias en el Reino Unido no han sido tan nefastas, pero siguen representando un estremecedor freno al progreso, sobre todo para los *millennials*. Los datos de 2018 reflejan que los pertenecientes a la generación X estaban ligeramente por delante de donde estaban los *baby boomers* cuando tenían 40 y tantos años, pero los *millennials* estaban ligeramente por detrás de donde se encontraban los de la generación X cuando tenían 30 años.[5]

Estas realidades económicas se reflejan con fuerza en cómo se *sienten* las diferentes generaciones en Gran Bretaña. Esta es una cuestión clave, puesto que, si los grupos se sienten perjudicados, es más probable que cuestionen todo el contrato social. Desde 1983, la encuesta *British Social Attitudes* pregunta a los ciudadanos en qué grupo de ingresos se identifican: alto, medio o bajo. Y cuando observamos en la figura 1.1 el porcentaje relativo a cada generación que se ha situado en el grupo de «bajos ingresos» durante las últimas tres décadas y media, podemos ver enormes biografías que se desarrollan en cinco líneas simples.

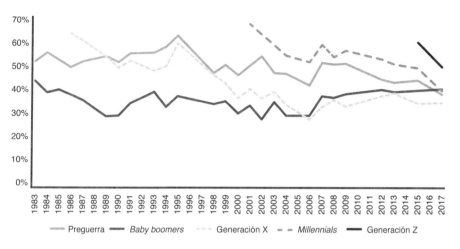

Figura 1.1. Porcentaje de adultos en Gran Bretaña que dicen que tienen «ingresos bajos» cuando les preguntan: *¿En qué grupo te incluirías: ingresos altos, ingresos medios o ingresos bajos?*[6]

Una triste historia adquiere relevancia. Fíjate en la diferencia entre los *millennials* y el resto de las generaciones en los años comprendidos entre 2008 y 2015. No es normal que tantas personas al inicio o a la mitad de su carrera profesional —el *millennial* de mayor edad tenía 35 años en 2015— se sientan durante tanto tiempo más pobres que el resto de la población, incluidas las generaciones jubiladas.

Gran parte de la explicación que se le da a la experiencia relativa a los *millennials* es la notable caída del porcentaje de personas de la cohorte de mayor edad, la generación de la preguerra, quienes consideran que, durante el último par de décadas, han tenido ingresos bajos. Este fenómeno es especialmente inusual si se tiene en cuenta cómo cambia la posición de este grupo en el mercado laboral durante este periodo. En 1983, solo el 26 % de la generación de la preguerra se había jubilado, pero, en 2017, cuando el más joven tenía 72 años, casi todos ya lo habían hecho.

Si bien esto puede deberse en parte a la disminución de las expectativas —por lo general, la gente espera tener menos dinero cuando se jubila—, también refleja que la situación en materia de pensiones es mucho más sólida para muchos de los integrantes de esta generación, si la comparamos con la generación anterior y con las personas en edad de trabajar de hoy día. La Office for National Statistics del Reino Unido estima que la renta real disponible media de los pensionistas aumentó en un 16 % entre 2008 y 2018, mientras que solo se incrementó en un 3 % para los hogares de personas en actividad.[7] Para cuando llegó 2016, los ingresos netos después de los gastos de vivienda eran, en realidad, de 20 libras semanales *más* para los jubilados que para las personas en edad de trabajar tras haber sido de 70 libras semanales *menos* en 2001. Este es un cambio enorme. Además, cabe destacar que el patrón se extiende hasta los extremos más pobres de cada grupo. La quinta parte más pobre de los hogares cuyos integrantes están en edad de trabajar se las arregla con 2000 libras menos al año que la quinta parte más pobre de los jubilados.[8]

El final del gráfico parece prometer un futuro esperanzador para las generaciones más jóvenes, ya que hay un fuerte descenso en el porcentaje de *millennials* que dijeron tener ingresos bajos y la generación Z ha entrado en la edad adulta mucho más cerca de la media general de lo que lo hicieron los *millennials*. Estas siguen siendo las dos generaciones más propensas a sentirse pobres, pero la diferencia es menor que en los últimos años. Es demasiado pronto para evaluar el impacto duradero que tendrá la pandemia del COVID-19 en los ingresos, pero los indicios apuntan a que estos vagos destellos de optimismo se acabarán extinguiendo. Un análisis realizado en China, Corea del Sur, Japón, Italia, Estados Unidos y el Reino Unido muestra que, en todas partes excepto en Corea del Sur, los jóvenes tienen muchas más probabilidades de haber experimentado ya un descenso de sus ingresos que los demás, siendo el Reino Unido el país que ha sufrido uno de los mayores descensos relativos.[9]

CULPAR A LA VÍCTIMA

Estos grandes cambios en los ingresos hacen que el «consejo» dirigido con frecuencia a estas generaciones más jóvenes sea especialmente desquiciante.

Según un comunicado de prensa de Barclays Bank de 2019, «pequeños *swaprifices* podrían ahorrarles a los *millennials* hasta 10 500 millones de libras al año»[10], lo cual supone un ejemplo especialmente espeluznante de este fenómeno. No solo confirma que los horribles intentos de acrónimos pegadizos deberían ser una ofensa y una causa de despido, sino que también tipifica la culpabilización de los jóvenes por sus difíciles circunstancias financieras.

La idea central del «análisis» era un desglose de cómo los jóvenes gastan 3300 libras al año en caprichos diarios, salidas y ropa, seguido de algunos comentarios sobre cómo este grupo podría ahorrar una cantidad «enorme» haciendo «pequeños cambios en sus hábitos de consumo».[11] Por supuesto, 3300 libras no es una cantidad enorme para cubrir esos diferentes tipos de gastos en un año, sobre todo cuando se incluyen cosas como «comida» y «ropa». Incluso los frívolos «caprichos diarios», por ejemplo, solo suman 441 libras al año; es decir, alrededor de 1,10 libras al día.

Esto es algo típico del curioso doble palo que experimentan las cohortes más jóvenes hoy día. No solo lo tienen mucho más difícil desde el punto de vista financiero, sino que también se las critica por la reducción del gasto que consiguen. Asimismo, se trata de un caso en el que nos estamos perdiendo el verdadero cambio en las circunstancias. En el Reino Unido, por ejemplo, los mayores de 50 años representan alrededor de un tercio de la población, pero les corresponde el 47 % del gasto de los consumidores, el cual ha aumentado en ocho puntos porcentuales desde 2003.[12] En Estados Unidos, los mayores de 50 años ya representan más del 50 % del gasto y han sido responsables de un mayor crecimiento del gasto en los últimos años que cualquier otra cohorte.[13] Las cifras son asombrosas: la Asociación Americana de Jubilados —AARP, en inglés— calcula que, en Estados Unidos, los mayores de 50 años gastan casi 8 billones de dólares cada año, más que el PIB combinado de Francia y Alemania.[14]

Se ha abierto una nueva brecha de consumo entre la gente más joven y la de más edad en muchos países. En 1989, en el Reino Unido, las personas de 25 a 34 años y las de 55 a 64 años gastaban unas 260 libras a la semana en bienes de consumo no relacionados con la vivienda, como ropa, ocio, viajes y comer fuera. En 2014, las personas de 55 a 64 años gastaban de media 50 libras a la semana —casi un 20 %— *más* que las de 25 a 34 años.

Si bien esta narrativa de la juventud despilfarradora no entiende nada de lo que está pasando, sigue estando omnipresente. En una encuesta mundial realizada a veinte mil personas, el segundo adjetivo más elegido para describir a los *millennials* fue «materialistas». El estereotipo se mantiene en parte porque se repite sin cesar, tanto para los *millennials* como para la generación Z. Como dice la autora de *Generation Me*, Jean Twenge, «el estilo prepotente [de los *millennials*] también se manifiesta en el materialismo».[15] En su posterior libro sobre la generación Z, *iGen*, Twenge se basa en una larga serie de encuestas a estudiantes de secundaria estadounidenses para llegar a la siguiente conclusión: «A la generación Z le interesa mucho ser rica y está menos centrada en el sentido que las generaciones anteriores».[16]

Para apoyar algunas de estas generalizaciones radicales necesitarías datos irrebatibles. Sin embargo, en cada medición de la encuesta que se presenta como prueba de materialismo —ya sea querer ganar más que los padres, creer que es importante tener una buena posición económica o pensar que no hay nada malo en la publicidad que anima a la gente a comprar productos que no necesita—, el principal cambio se produjo, en realidad, entre los *baby boomers* y la generación X, y no hay nada que sea particularmente nuevo en las actitudes que presentan los *millennials* y la generación Z. Asimismo, también hay muchas contratendencias, como, por ejemplo, que las generaciones recientes se preocupen dos veces menos por lo que tienen sus amigos y familiares.[17]

Estas cifras no indican que exista una tendencia emergente a caer en el materialismo en los *millennials* y en la generación Z, como una característica distintiva. En cambio la generación X abrió el camino, y las cohortes más jóvenes se han ceñido a él. Es posible que los estadounidenses pertenecientes a la generación X se hayan criado en una época de mayor consumismo y exposición a la publicidad que no ha cambiado mucho en los últimos cuarenta años, a pesar de las nuevas tecnologías. O puede ser que estas generaciones hayan alcanzado la mayoría de edad durante un periodo financiero inestable y carguen con las cicatrices de esa experiencia. En Estados Unidos, de hecho, el estancamiento de los ingresos se produjo antes, con la generación X en vez de con los *millennials*.

Es lógico que el dinero se convierta en el centro de atención cuando las perspectivas financieras han disminuido. De hecho, vemos este fenómeno en los estudios de la ciencia del comportamiento sobre la pobreza, que muestran que la falta de recursos induce una «mentalidad de escasez»,[18] en la cual los objetivos inmediatos tienen prioridad por encima de los objetivos secundarios, y es que «la escasez orienta la mente de manera automática y con fuerza hacia las necesidades frustradas».[19] En el caso de los jóvenes de las encuestas de los institutos estadounidenses citadas por Twenge, los datos reflejan el hecho innegable de que el progreso económico era más incierto cuando llegaban a la edad adulta.

Estas caracterizaciones tan contundentes ponen de manifiesto que existe una tendencia a meterse con generaciones más jóvenes por rasgos que son creados por su contexto. Esta interpretación errónea de la causa y el efecto está relacionada con otro prejuicio que los psicólogos sociales denominan *error de atribución fundamental* un término acuñado por Lee Ross, profesor de la Universidad de Stanford. Consiste en la propensión a dar demasiada importancia a las explicaciones basadas en la personalidad y en no prestarle suficiente atención a las explicaciones circunstanciales de los comportamientos que observamos en los demás. Por ejemplo, un conductor que nos corta el paso en el tráfico es un imbécil, pero cuando nosotros hacemos lo mismo es porque llegamos tarde a una cita importantísima. Por eso a menudo culpamos a la víctima de su propia desgracia.

Las encuestas realizadas a estudiantes de secundaria y que he citado con anterioridad son un poderoso recurso, pero no pueden desentrañar lo que los comportamientos tienen realmente de generacional, puesto que siguen al mismo grupo de edad a lo largo del tiempo. No sabemos cómo se comportó cada oleada de estudiantes de secundaria o cómo cambiaron a medida que envejecían; debido a ello, también es útil comprobar estos fenómenos mediante el análisis generacional.

Consideremos el ejemplo de Alemania que aparece en la figura 1.2. En casi cualquier momento entre 2003 y 2012, estos datos podrían resumirse con el siguiente titular: «Los *millennials* materialistas son doblemente propensos a decir que es importante ser rico que sus mayores más sabios». Sin embargo, ese titular también podría haberse repetido entre 2014 y 2016, aplicado a la generación Z. Está claro que centrarse en hacerse rico es, sobre todo, un efecto del ciclo vital, una característica de la juventud que tendemos a perder.

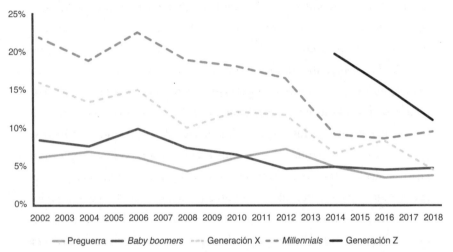

Figura 1.2. Porcentaje de adultos en Alemania que dicen que es cierto que «es importante ser rico».[20]

LA RIQUEZA DE LAS GENERACIONES

En realidad, alcanzar esos sueños infantiles de hacerse rico cada vez tiene más que ver con la riqueza que se tiene y no con los ingresos que se obtienen. En numerosos países, el principal cambio económico de las últimas décadas es la rapidez con la que ha crecido la riqueza en comparación con los ingresos, impulsada en gran medida por el *boom* inmobiliario. Y, como la riqueza está distribuida de forma más desigual que los ingresos, incluso por edad, esto ha dado lugar a mayores concentraciones de riqueza entre los grupos de mayor edad. De hecho, desde 2007, toda la riqueza adicional creada en el Reino Unido ha ido a parar a personas mayores de 45 años, y dos tercios a los mayores de 65.[21] Esto parece menos justo que las diferencias de ingresos, ya que las cantidades son muy grandes y, en nuestras mentes, la riqueza no está vinculada con tanta claridad al mérito o al trabajo duro.

El Reino Unido no está solo en este fenómeno. Credit Suisse, el banco de inversión internacional, produce un informe anual sobre la riqueza mundial, el cual siempre espero con impaciencia para comerme con los ojos a las personas con patrimonios netos elevadísimos. No obstante, su informe de 2017 incluyó una lectura menos agradable para las generaciones más jóvenes, ya que apareció un capítulo entero dedicado a «Los desafortunados *millennials*».[22]

El informe describe cómo la recesión de 2008, las elevadas tasas de desempleo posteriores y el menor crecimiento salarial afectaron la capacidad de ahorro de los más jóvenes, especialmente en los países más ricos. Además del estancamiento de los ingresos, los precios de la vivienda también se mantuvieron altos, ya que la acción gubernamental apoyó a los propietarios de viviendas recortando las tasas de interés e inyectando dinero en el sistema. En varios países, estos factores se unieron al aumento de la deuda de los estudiantes, lo que creó una «tormenta perfecta» para sofocar la acumulación de riqueza. Por el contrario, según los autores, «la riqueza de los *baby boomers* se vio impulsada por una serie de factores que incluían grandes ganancias inesperadas como consecuencia de la propiedad, las pensiones y el aumento del precio de las acciones».

Un análisis distinto realizado en Australia ilustra esta distribución cada vez más desequilibrada de la riqueza. Más de dos tercios de los 2,3 billones de dólares australianos del patrimonio familiar generados en la primera mitad de la década de 2010 fueron para los mayores de 55 años. Quienes tenían entre 65 y 74 años eran, de media y en términos reales, 480 000 dólares australianos más ricos entre 2015 y 2016 que los del mismo grupo de edad doce años antes. Por el contrario, los hogares encabezados por personas de 35 a 44 años eran, de media, solo 120 000 dólares australianos más ricos, y para los de 25 a 34 años la cifra era de unos míseros 40 000 dólares australianos.[23] La figura 1.3 muestra esta increíble curva de riqueza, en la que solo las cohortes de mayor edad se benefician de forma significativa.

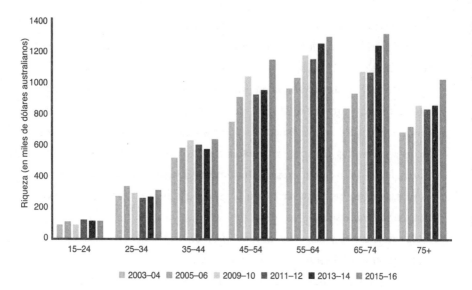

Figura 1.3. Aumento de la riqueza de los hogares australianos entre 2003 y 2016.[24]

Estas ganancias no se deben a los hábitos frugales de las personas mayores, aunque esa es la opinión que sustenta una serie de artículos sobre cómo los jóvenes podrían aprender un par de cosas sobre finanzas de sus mayores. Un artículo de *Forbes*, «Cinco consejos sobre el dinero que los *millennials* pueden aprender de sus abuelos», incluye esta muestra de sabiduría atemporal de un abuelo: «Come en un restaurante económico (...). Todo va a salir igual al día siguiente».[25] Tal como sugiere el informe de Credit Suisse, la mayor riqueza de las generaciones mayores no se debe a estos nauseabundos consejos, sino que es el resultado de inesperadas ganancias financieras.[26]

Los economistas distinguen entre las ganancias «pasivas» de los bienes, es decir, nos beneficiamos del rendimiento general del mercado; y las ganancias «activas», es decir, nuestras decisiones de inversión influyen en los resultados. Casi todas las ganancias en la mayoría de los países occidentales son el resultado de que la gente se cruce de brazos y se beneficie de repetidas oleadas de auges inmobiliarios y subidas de la bolsa.[27]

Puede que pienses que los jóvenes deberían aguantarse por ahora y esperar a que les lleguen sus propias «ganancias pasivas» gracias a la herencia de sus padres podridos en dinero. ¿Seguro que todos esos bienes que se acumulan en la cima de la jerarquía generacional pronto fluirán hacia los jóvenes? Al fin y al cabo, hay mucha más riqueza ahí fuera, y es que el valor de las herencias transmitidas se ha duplicado con creces en el Reino Unido en los últimos veinte años, y volverá a duplicarse en los próximos quince.[28]

Por desgracia, eso no ayudará a que los grupos de mediana edad agobiados superen los tiempos difíciles. En primer lugar, la herencia se está moviendo hacia una edad más avanzada. En el Reino Unido, la edad media prevista para que los jóvenes de 20 a 35 años hereden es de 61 años.[29] Esa es una larga espera para los *millennials* y para los de la generación Z escasos de dinero, y cada vez es más probable que se vea afectada por el coste que supondrá cuidar de sus padres de avanzada edad.[30]

Por supuesto, es posible adelantar parte de esta transferencia de riqueza a través de regalos o préstamos, y muchos lo hacen mediante una mayor dependencia del «Banco de mamá y papá» —conocido en inglés por la sigla BOMAD—. En sus inicios, el BOMAD, como lo describen en una serie de televisión de la BBC de 2004, era el equivalente generacional a una intervención con un alcohólico[31], ya que se recurría a padres y expertos para que les enseñaran a los jóvenes irresponsables el valor del dinero. Hoy en día es un negocio mucho mayor. Por ejemplo, casi dos tercios de los *millennials* estadounidenses dicen que sus padres los ayudaron «mucho» o «algo» cuando estaban empezando su vida laboral, comparado con el 36 % de la generación de sus padres, que recibieron este nivel de ayuda financiera en la misma etapa de la vida.[32] Un estudio realizado por académicos de la Escuela de Economía de Londres —conocida en inglés por la sigla LSE— muestra que, en 2017, alrededor del 34 % de las personas que compraron una vivienda por primera vez en Inglaterra obtuvieron dinero de sus padres para la entrada. La cantidad aportada es considerable, pues, en 2018, el BOMAD dio suficiente dinero como para ocupar el décimo lugar entre los bancos hipotecarios del Reino Unido.[33]

No obstante, el BOMAD no es un banco real, claro está, entre otras cosas porque casi todas las transferencias de riqueza son regalos y no préstamos. Como dijo una de las madres de 67 años encuestadas por la LSE: «Creo que los jóvenes de hoy lo tienen mucho más difícil de lo que lo tuvimos mi marido y yo. Nuestro hijo y nuestra nuera tienen un triple problema, compuesto por la deuda estudiantil, los alquileres terriblemente elevados y los precios disparados de las viviendas. Me alegro mucho de que podamos ayudar». Otra persona, de 75 años, señaló: «¿Acaso no somos afortunados de poder ayudar a nuestros hijos de esta manera? ¿Y no lo son ellos?».

Desde luego, tienen suerte de tener padres que los ayuden, porque el crecimiento medio de la riqueza entre las generaciones mayores esconde enormes variaciones. Muchas personas mayores han adquirido muy poco o nada. Mi propia herencia hasta ahora ha sido un reloj Seiko y la afición al *whisky*, ambos de mi padre, y, aunque significan mucho para mí, no me van a ayudar a pagar la hipoteca. Esta disparidad es uno de los grandes retos de cara al futuro. Si las cohortes más jóvenes y las que las siguen tienen que depender de la herencia para acumular riqueza, se reforzará la desigualdad, lo que a su vez aumentará la brecha entre los de arriba y los de abajo.[34]

Por supuesto, los ricos han transmitido su riqueza a sus hijos a lo largo de la historia. En un estudio, los economistas Gregory Clark y Neil Cummins crearon una base de datos con seiscientos treinta y cuatro apellidos raros —entre los que se encontraban ejemplos maravillosos como «Bigge», «Angerstein» y «Nottidge»— para poder rastrear la herencia a lo largo de cinco generaciones en los registros testamentarios ingleses y galeses entre 1858 y 2012. Siguieron la pista de cada persona que murió en la primera generación, fuera rica o pobre, en función del valor de su patrimonio, y observaron el flujo de la riqueza hasta la actualidad. Incluso después de que se introdujeran elevados impuestos sobre las herencias en el periodo entreguerras, los hijos de los ricos siguieron siendo ricos en una medida bastante notable. Clark y Cummins concluyen: «A los que tienen, se les da más».[35]

Aunque el patrón puede ser antiguo, el aumento de la escala y la concentración generacional de la riqueza es algo nuevo. En el Reino Unido, por ejemplo, en 2016 los *baby boomers* de la clase alta —percentil 75— tenían cada uno alrededor de 600 000 libras de riqueza total, mientras que los que se encontraban en la clase baja —percentil

25— rondaban las 100 000 libras cada uno. En general, el aumento de la riqueza de los *boomers* durante los últimos diez años se debe en gran medida a la aceleración del crecimiento en la clase alta, pues el percentil 75 ganó entre 100 000 y 200 000 libras cada uno entre 2006 y 2016, mientras que el percentil 25 apenas ganó nada.[36] En Estados Unidos se observó el mismo patrón. En 2004, el 5 % de los *baby boomers* estadounidenses pertenecientes a la clase alta poseía el 52 % de todos los activos financieros dentro de su cohorte, cifra que aumentó al 60 % en 2016. Por el contrario, el 50 % de los que pertenecían a la clase baja vio cómo disminuía su ínfima porción de riqueza del 3 % al 2 %.[37]

El enorme crecimiento y la concentración desnivelada de la riqueza se cuecen en la transferencia generacional de la desigualdad, y esto implica mucho más que puro dinero, tal como argumenta de manera convincente el sociólogo Robert D. Putnam en su libro *Our Kids*. Las ventajas se han amontonado para los hijos de los padres adecuados, prácticamente garantizándoles su éxito en la vida, lo que supone un fuerte contraste con los que luchan en la parte inferior de la escala social. Putnam presenta decenas de «gráficos tijera» que muestran cómo los de la clase alta se alejan de los de la clase baja en tipo de factores, como la obesidad, el empleo materno, la monoparentalidad, el estrés financiero, la graduación universitaria y las redes de amistades. Esto tiene cada vez más una dimensión geográfica, con una clasificación económica a nivel de barrio y una clasificación social dentro de las escuelas, las iglesias y los grupos comunitarios. Putnam escribe: «Seamos ricos o pobres, nuestros hijos cada vez crecen más con niños como ellos que tienen padres como nosotros». Esto representa, advierte, «una especie incipiente de *apartheid* de clase».[38]

Estas crecientes brechas entre ricos y pobres tienen consecuencias no solo para los individuos que se quedan atrás, sino para la forma en que la gente ve el sistema en su conjunto. Una de las cuestiones de la *Encuesta Mundial de Valores* —la mayor encuesta social, que abarca cien países— le pregunta a la gente si cree que la riqueza puede crecer de forma que haya suficiente para todos o si la gente se enriquece a costa de los demás. En varias economías avanzadas, las generaciones más jóvenes son las que más desconfían de que el aumento de la riqueza en la cúspide vaya a filtrarse hacia abajo de verdad. En Alemania, por ejemplo, casi dos tercios de la generación de la preguerra estaban de acuerdo en 1997 en que «la riqueza puede crecer para que haya suficiente para todos». A mediados de la década de 2010, solo alrededor de la mitad de esta generación más mayor seguía creyendo que podía pasar, y solo un tercio de los *millennials* pensaba lo mismo. Hay efectos tanto de cohorte como de periodo, ya que todos tienen una perspectiva más sombría que la de quienes nacieron antes del final de la guerra, y se ha producido asimismo una disminución general de la fe en cada generación.

Estas percepciones se basan en la realidad económica. Durante gran parte del periodo de la posguerra, «una marea económica creciente levantó todos los barcos», según el sociólogo Douglas Massey.[39] Y, como dice Putnam, en las primeras décadas de este periodo «los botes subieron un poco más rápido que los yates».[40] De hecho, en Estados Unidos los ingresos de la quinta parte de la clase baja de la sociedad crecieron un poco más cada año en comparación con los ingresos de la quinta parte de la clase alta. Sin embargo, en la década de 1980, la marea empezó a cambiar, pues, primero, los aumentos de ingresos se estancaron y, después, tras la crisis financiera de 2008, se revirtieron en muchos casos.

Como muestra el sentimiento observado en Alemania, la mayor parte de la generación más mayor se aferra a la idea de que el sistema funciona *porque solía hacerlo*, pero esta creencia se está desvaneciendo con ellos.

Entonces, ¿por qué hemos dejado que ocurriera esto? Uno de los motivos principales es el continuo aumento del individualismo en los países, el cual es una marea cultural muy poderosa que sirve de base para muchos de los fenómenos que veremos a lo largo de este libro. Durante décadas, Ronald Inglehart, director de la *Encuesta Mundial de Valores* y profesor emérito de la Universidad de Michigan, y sus compañeros han seguido el cambio que se ha hecho de los «valores de seguridad» —como la importancia del crecimiento económico y el mantenimiento del orden— a los «valores de autoexpresión» —como la valoración de la libertad de expresión y la igualdad de género— en decenas de países.[41] Otros, como Geert Hofstede y Shalom H. Schwartz, han medido factores similares mediante el uso de diferentes modelos.[42] Cada uno de estos pensadores ha aportado puntos de vista distintos a esta investigación, pero todos encuentran una tendencia similar que tiene lugar en muchas naciones: la de un cambio lento, evolutivo y generacional hacia el extremo individualista del espectro en cada medida.

Las tendencias a largo plazo de nuestra política también nos han empujado por el camino del individualismo. El discurso de Margaret Thatcher en la conferencia del Partido Conservador de 1975 es un excelente ejemplo de esta visión política del mundo: «Creemos que [las personas] deben ser individuos. Todos somos desiguales. Nadie, gracias al cielo, es igual a otro, por mucho que los socialistas pretendan lo contrario».[43] Ronald Reagan también era un firme partidario del «individualismo duro». En su famoso discurso «A Time for Choosing» de 1964, describió el resentimiento que sentía ante el hecho de que algunos sectores tendiesen a referirse al pueblo como «las masas» y afirmó que la libertad individual seguía siendo el mejor enfoque que se podía aplicar para resolver los problemas complejos del siglo xx.[44] Las generaciones actuales más jóvenes se encuentran al final de este largo cambio y tienen un sentido particularmente fuerte de la responsabilidad personal por cómo resulta la vida. Tienden a culparse a sí mismas.

¿EL FINAL DEL CONTRATO SOCIAL?

Hace varios años realicé una encuesta sobre las diferencias generacionales, junto con el periódico *The Guardian*.[45] Fue una de las primeras en desvelar el declive de la creencia popular, en los países más ricos del mundo, de que los jóvenes tendrían un futuro mejor. Yo no era el único que estaba preocupado. También lo estaba Ángel Gurría, secretario general de la Organización para la Cooperación y el Desarrollo Económicos —OCDE—. «Lo que sería trágico es que el mismo rasgo con el que contamos para que los jóvenes lo infundan en nuestras sociedades —el optimismo— quedara marcado de forma permanente», dijo en respuesta a la encuesta. «Eso es algo que no nos podemos permitir».[46] Existe un motivo por el cual los líderes de las organizaciones económicas mundiales están alarmados ante el hecho de que las generaciones crean menos en la existencia de un futuro mejor. Si las cosas no van a mejorar, ¿cómo impedir que la gente intente derribar el sistema por completo? Nuestra larga deriva hacia el individualismo y el aumento del sentido de la responsabilidad personal ha disminuido la probabilidad de ese resultado, pero incluso eso tiene un límite. E incluso si no nos dirigimos hacia una revolución, este progreso generacional estancado está detrás de mucha de la tensión explosiva existente en las sociedades contemporáneas.

Entonces, ¿qué debemos hacer? Hay muchos análisis que sugieren que es sencillo: quitarles a los mayores para darles a los jóvenes. El tono lo marcan los medios de comunicación sobre cómo los «egoístas» de la generación del *baby boom* han saqueado la economía y el medio ambiente para disfrutar de una vida de feliz abandono, dejando a las generaciones futuras a su suerte. Así, en los últimos años se han publicado una serie de libros con títulos como *The Theft of a Decade: How the Baby Boomers Stole the Millennials' Economic Future*. Algunos de ellos son análisis bien razonados que señalan la coincidencia que existe en muchos conjuntos convergentes de circunstancias fortuitas y decisiones políticas que han provocado la divergencia generacional actual. Sin embargo, este tipo de encuadre polémico sugiere que toda una generación es la culpable de un fenómeno del que simplemente se ha beneficiado. En uno de estos libros, *A Generation of Sociopaths: How the Baby Boomers Betrayed America*, se califica a esta cohorte con indicadores de sociopatía.

De hecho, varios analistas generacionales llevan tiempo prediciendo la ruptura del contrato intergeneracional. Por ejemplo, en 1992, David Thomson, un académico neozelandés, preguntó: «¿Por qué los jóvenes adultos de los años 90 y posteriores deberían sentirse obligados a pagar por el estado de bienestar de sus predecesores? ¿Qué vínculos, qué obligaciones, qué contrato les exige esto? ¿Por qué no podrían argumentar que ahora no hay contrato entre generaciones, puesto que ha sido anulado por el comportamiento de sus mayores?».[47]

Este puede parecer un argumento convincente, pero resta importancia a algunos «lazos» y «obligaciones» en el seno de las familias, además de que exagera los factores generacionales que nos motivan. De hecho, la gran mayoría de la gente no quiere actuar por rencor contra las generaciones mayores. Por ejemplo, una pregunta de la *Encuesta Social General* de Estados Unidos plantea si el gobierno debería ser el responsable de proporcionarles un nivel de vida decente a las personas mayores. Ante esto, en 1984, alrededor de nueve de cada diez personas estaban de acuerdo, sin diferencia alguna entre las generaciones, y en 2016 la postura era *exactamente* la misma. De hecho, los *millennials* y los de la generación X estadounidenses son ligeramente más propensos a decir que se debería gastar más dinero en las prestaciones por jubilación.[48] Este patrón se ve reflejado en otros países. Por ejemplo, en el Reino Unido, la mayor parte de cada generación siempre selecciona las prestaciones para los jubilados como una prioridad para cualquier gasto gubernamental adicional.[49]

No hay *ningún* país en el que exista un fuerte acuerdo entre cualquier grupo de edad acerca de que las personas mayores reciban más de lo que les corresponde. Por ejemplo, en un estudio llevado a cabo en el Reino Unido sobre cómo podrían los jóvenes conseguir una mejor calidad de vida, las respuestas más frecuentes son acciones que podrían beneficiar a todos, como hacer que los puestos de trabajo sean más seguros, apoyar el crecimiento económico, aumentar la vivienda y mejorar la asistencia sanitaria. Solo una ínfima minoría selecciona inclinar la balanza de los impuestos hacia los mayores o la reducción de las prestaciones sociales para los jubilados.[50]

Más allá de cómo se lo mire, hay pocos indicios que señalen que se avecina una «guerra generacional» basada en el resentimiento económico, y hay varias razones buenas que lo justifican. La más obvia es nuestra relación con la familia, impulsada por factores tanto prácticos como emocionales. No queremos que penalicen a nuestros padres y abuelos, en parte porque los queremos y en parte porque podría costarnos tiempo o dinero. En términos más generales, creemos firmemente en que los que han contribuido deben recibir apoyo, por lo que las personas mayores, al llevar más tiempo, son las que más han contribuido.[51]

Esta falta de tensión generacional también está relacionada con el hecho de que nosotros mismos pasamos inevitablemente por cada rango de edad. A diferencia del género, la raza, la etnia o incluso la clase social o los ingresos, *no podemos evitar* ir cambiando de categoría —excepto si morimos—. En consecuencia, vemos nuestro propio futuro en las personas mayores que tenemos delante, y eso incluye el nivel y la naturaleza de las ayudas que recibiremos por parte del gobierno. En contra de lo que se suele pensar, el principal resultado del sistema tributario y la asistencia social es la redistribución *de por vida* —la transferencia de dinero entre distintos periodos de la vida de una persona— y no la redistribución de dinero entre diversos grupos de ingresos.[52] Y cuando uno ve el sistema en tales términos, la idea de que las generaciones más jóvenes quieran romper el contrato intergeneracional tiene mucho menos sentido. Si una generación inclina la balanza en detrimento de los mayores, es muy probable que ellos mismos salgan perdiendo en una etapa posterior de la vida. En general, no es de extrañar que los jóvenes no estén dispuestos a entrar en guerra con sus abuelos.

No podemos descartar la preocupación que existe de que las actuales generaciones jóvenes tengan un futuro económico más pobre que sus padres. El contrato social entre generaciones está bajo una tensión real. Sin embargo, esto es más bien el resultado de la creciente precariedad económica que afecta a un gran porcentaje de la población, ya que la riqueza se concentra cada vez más en unos pocos. El verdadero problema es este creciente desequilibrio y la consiguiente desigualdad. Y aquí es donde debemos centrarnos para recuperar el optimismo de cara a las generaciones futuras.

2

Una casa por delante

A finales de la década de 1960, cuatro ingleses bien vestidos recuerdan la dura educación que recibieron ante una buena botella de Château de Chasselas. Les ha ido bien, a pesar de que todos crecieron siendo muy pobres. Se podría decir que tuvieron suerte de haberse incorporado al mundo laboral durante el auge de la posguerra, pero también disponían de esa determinación famosa de Yorkshire. El estado de sus viviendas de la infancia, por ejemplo, era impactante:

- Solíamos vivir en una casa vieja, pequeña y destartalada con grandes agujeros en el techo.
- ¿Casa? ¡Tenías suerte de tener una casa! Nosotros solíamos vivir en una habitación, los veintiséis, todos allí, sin muebles; faltaba medio suelo y estábamos todos amontonados en una esquina por miedo a caernos.
- ¿Habitación? ¡Tenías suerte de tener una habitación! Nosotros solíamos vivir en el pasillo.
- ¿Pasillo? ¡Ah, nosotros solíamos soñar con vivir en un pasillo! Eso habría sido un palacio. Acostumbrábamos a vivir en un tanque de agua en un vertedero. Todas las mañanas nos despertaban echándonos un montón de pescado podrido encima. ¿Casa? ¡Bah!
- A ver, con «casa» me refiero a que era solo un agujero en el suelo cubierto por medio metro de lona rota, pero para nosotros era una casa.

- Bueno, nos desalojaron de nuestro agujero en el suelo; tuvimos que irnos a vivir al lago.
- ¡Tuvisteis suerte de tener un lago! Nosotros éramos más de ciento cincuenta viviendo en una pequeña caja de zapatos en mitad de la carretera.
- ¿Una caja de cartón?
- Sí.
- Tuvisteis suerte.[1]

Los hombres de Yorkshire llegan a la conclusión de que si hubieran intentado contarles esto a los jóvenes mimados de su época —la generación *baby boomer*—, «no te habrían creído».

Puedo oír el acento marcado de Yorkshire de Michael Palin en este *sketch* de los Monty Python cada vez que leo las respuestas a los artículos sobre lo difícil que es hoy en día la situación de la vivienda para los jóvenes. Por cada historia de *millennials* y de integrantes de la generación Z a los que los caseros culpan por el moho que hay en los apartamentos que han causado por «respirar por la noche» o por las plagas de ratas debido a que están «almacenando la comida en la despensa»,[2] también hay una corriente de respuestas de las generaciones mayores que cuentan sus propias historias sobre vivir de forma miserable. «El alquiler siempre ha sido una mierda. ¿Por qué os creéis tan especiales?».[3]

Los guerreros tecleadores tienen razón, por supuesto. La realidad es que la vivienda era mucho peor en un pasado relativamente reciente, no solo por los caseros sin escrúpulos, sino también en términos de comodidades básicas. En 1967, alrededor de uno de cada siete hogares estadounidenses y británicos seguía sin tener un retrete con cisterna dentro de casa,[4] y el 22 % de los británicos no tenía agua caliente.[5] En 1970, solo un tercio de los hogares británicos disponía de calefacción central, lo que normalmente significaba que en dos tercios de los hogares solo se calentaba una habitación.[6] Estas condiciones de vida fueron las experiencias de la infancia de muchos *baby boomers*, incluidos mis padres.

No es descabellado esperar mejoras en las condiciones de vida a lo largo de las décadas, pero titulares como «"Las babosas atravesaron las tablas del suelo": cómo es ser un *millennial* que alquila en Gran Bretaña» se pierden la historia.[7] El verdadero problema es que una combinación entre los gastos de vivienda disparados, las normas más estrictas para los préstamos hipotecarios, el estancamiento de los ingresos, el aumento de la deuda y el débil crecimiento económico tras la crisis financiera de 2008 y tras la pandemia del COVID-19 están retrasando el momento en el que los jóvenes abandonan la casa de sus padres, ya que consume más de sus ingresos en vivienda y disminuye sus perspectivas de comprar su propia casa. Estos importantes cambios en las circunstancias están repercutiendo en la vida de los jóvenes, concretamente en su potencial para generar riqueza, en la naturaleza de sus relaciones familiares, en su sentimiento de independencia y en el momento en el que pasan a tener relaciones duraderas y a ser padres. En muchos países, el tiempo en que se nace condiciona las perspectivas en cuanto a la vivienda y los resultados, y es un aspecto crucial de la aparente tendencia a la «adultez retardada» y a ralentizar el curso de la vida.

Incluso sin estos efectos a largo plazo, esta situación de inestabilidad ha cambiado la forma en la que muchos jóvenes viven su juventud, como lo muestra la historia de terror doméstica de Lindi, una *baby boomer* de 63 años.[8] En los años setenta, Lindi vivía en lo que ella y su pareja llamaban «Maison Mierda», situada en el último piso de un bloque londinense en el que las palomas eran los únicos otros inquilinos de los apartamentos abandonados de abajo. Sin embargo, Lindi, en lugar de quejarse de que «los niños de hoy en día no saben que han nacido», reconoce el enorme aumento del coste de la vivienda al que se enfrentan las generaciones jóvenes actuales. Cuando ella tenía 20 años, gastaba alrededor de un cuarto de su salario en el alquiler, mientras que el joven medio que alquila una vivienda privada en Londres gasta actualmente alrededor de la mitad de sus ingresos en alojamiento.[9] «Me duele ver que los veinteañeros no disfrutan de la vida como nosotros», dice. «Mucha gente de mi generación tuvo la suerte de no tener preocupaciones».[10]

La historia de la vivienda, como veremos, tiene poco que ver con la debilidad o la incapacidad de los jóvenes, y mucho que ver con el aumento de las barreras financieras a la propiedad en las últimas décadas. La crisis financiera y sus consecuencias han transformado el ciclo de vida de la vivienda de las generaciones más jóvenes, ilustrando cuán poderosas pueden ser las aspiraciones insatisfechas cuando nos desviamos de lo que vemos como el camino natural hacia el progreso, así como lo difícil que será cumplir o gestionar esas expectativas.

¿FUERA Y SIN LLAVES?

Las diferencias en la acumulación de riqueza entre generaciones que vimos en el capítulo 1 se explican, en gran medida, mediante el enorme auge de los precios de la vivienda en las últimas décadas. En la actualidad, hay una cantidad inimaginable de dinero almacenado en las casas de los ciudadanos, unos 200 billones de dólares, es decir, tres veces más que todas las acciones que cotizan en bolsa a nivel mundial.[11]

En algunos países, los precios de la vivienda se han triplicado con creces entre la década de 1970 y 2019, teniendo en cuenta la inflación. Por ejemplo, los precios han aumentado en términos reales un 256 % en Irlanda, un 227 % en el Reino Unido, un 212 % en Australia y un 197 % en Canadá. Las cifras no son tan dramáticas en Estados Unidos, pero un aumento del 69 % en términos reales ha hecho que ser propietario de una vivienda sea más asequible para muchos, especialmente en el contexto del estancamiento de los ingresos. En 1975, una persona con un salario medio habría tardado nueve años en ahorrar una entrada del 20 % para la vivienda estándar en Estados Unidos, mientras que, hoy en día, le llevaría catorce años a todo el país y hasta cuarenta años en el caso de ciudades caras como San Francisco y Los Ángeles.[12] La situación es aún peor en Gran Bretaña. En la década de 1980, una familia de clase media encabezada por una persona joven de entre 27 y 30 años tardaba solo tres años en ahorrar para una entrada. En 2016, esta cifra se ha disparado a diecinueve años, en parte como resultado del aumento de los precios de la vivienda, así como de unas normas de préstamo más estrictas.[13]

No es de extrañar, pues, que las generaciones más jóvenes se vean cada vez más excluidas de poder ser propietarias de una vivienda. Esto es especialmente evidente en Gran Bretaña —véase la figura 2.1—. En 1984, cuando la media de los *baby boomers* tenía algo más de 20 años, dos tercios de su generación ya poseían una vivienda. Cuando, en 2001, los integrantes de la generación X tenían la misma edad promedio, el 59 % era propietario. No obstante, en 2016, cuando la media de los *millennials* tenía alrededor de 20 años, solo el 37 % de ellos poseía su propia vivienda. Se trata de una caída vertiginosa de la propiedad de viviendas en el espacio de dos generaciones.

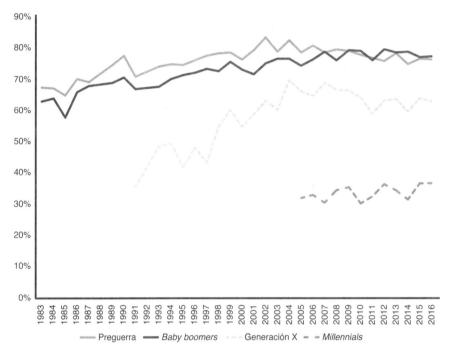

Figura 2.1. Porcentaje de adultos en Gran Bretaña que no viven en casa de sus padres y que poseen su propia casa o han comprado con un préstamo hipotecario.[14]

Podemos ver los tres tipos de cambio social —efecto de periodo, de ciclo de vida y de cohorte— en las líneas generacionales divergentes de este gráfico. El efecto de cohorte es obvio en el caso de los *millennials*, quienes empezaron y se han mantenido en un nivel de propiedad mucho más bajo que el de las generaciones anteriores. Sin embargo, también podemos ver cómo los ciclos de vida de la propiedad se han reconfigurado completamente. Había un patrón claro de aumento de las tasas de propiedad a medida que envejecíamos, como mostraban los pertenecientes a la generación X hasta mediados de la década del 2000, cuando parecía que iban a acabar con un nivel de propiedad similar al de los *baby boomers* y al de la generación de la preguerra. Pero, entonces, el aumento del precio de la vivienda y la posterior crisis crediticia cambiaron por completo su rumbo. La disminución de los integrantes de la generación X que tenían una casa en propiedad desde 2008 muestra el impacto que ese enorme efecto de periodo ha tenido en la vida de estas personas.

Así, pues, no son solo los *millennials* los que han visto cómo se les aleja la oportunidad de acceder a una vivienda. Muchas más personas de esta cohorte de mediana edad se enfrentan ahora a una situación de vida muy diferente a la que podrían haber esperado si tan solo hubieran nacido unos cuantos años antes. Por ejemplo, el número de pisos compartidos entre los británicos de 35 a 44 años casi se duplicó entre 2009 y 2014, y se triplicó para los de 45 a 54 años.[15] El cómico y actor David Mitchell, protagonista de *Peep Show*, una *sitcom* británica que estuvo mucho tiempo en antena, la dio por terminada después de nueve temporadas cuando él tenía 41 años, diciendo: «Es demasiado triste que dos hombres de mediana edad compartan piso así. Tiene que acabar, porque nos hemos hecho mayores».[16] Por desgracia, el actor se habría inclinado más bien por mantenerla en marcha, pues la descripción que hacía de un estilo de vida doméstico claustrofóbico a niveles exasperantes y de la desesperación que conlleva sobrevivir con un presupuesto ajustado —«Untar la tostada, comerse la tostada, cagar la tostada. Dios, la vida es implacable»— se está convirtiendo en un retrato cada vez más familiar de la mediana edad.

Aparte de lo incómodo que puede ser compartir piso, la consecuencia inevitable de la disminución de la propiedad de viviendas entre las generaciones más jóvenes ha sido un enorme aumento del alquiler. Y en un país con viviendas sociales limitadas como Gran Bretaña, los inquilinos acaban en el mercado del alquiler privado, el cual es más caro y está menos regulado. Solo el 11 % de los *baby boomers* británicos alquilaron de forma privada en 1984, cuando tenían una media de 20 años. En 1999, este porcentaje se duplicó en el caso de la generación X con más o menos la misma edad media. Y se ha vuelto a duplicar durante el transcurso de una generación, pues en 2016 el 44 % de los *millennials* alquilaron de forma privada de nuevo cuando se encontraban como promedio a finales de los 20 años, y no hay indicios de que esto vaya a disminuir.

Las implicaciones financieras que esto conlleva suponen un auténtico cambio de vida. De entre todos los tipos de tenencia, los gastos en vivienda han aumentado durante décadas. En el Reino Unido, solo el 9 % de los ingresos medios de la generación de la preguerra se destinaba a la vivienda cuando rondaban los 20 años. Esa cifra es del 24 % en el caso de los *millennials*. No obstante, la situación es peor para los arrendatarios en el sector privado, puesto que ahora gastan más de un tercio de sus ingresos en el alquiler, sin perspectiva de que esta enorme porción de sus ingresos genere riqueza alguna. En cambio, están aumentando con ello la riqueza de los propietarios —principalmente de los más mayores—.[17]

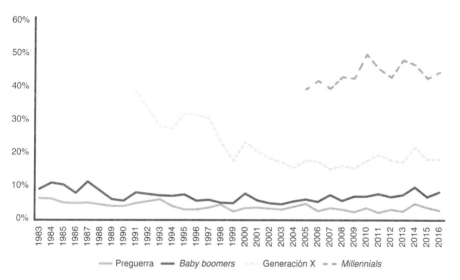

Figura 2.2. Porcentaje de adultos en Gran Bretaña que no viven en casa de sus padres y que alquilan mediante el sector privado.[18]

El patrón de propiedad de la vivienda en Estados Unidos, el cual se muestra en la figura 2.3, es inquietantemente similar al de Gran Bretaña.

En 2004, por ejemplo, el 54 % de los pertenecientes a la generación X era propietario de su propia vivienda cuando tenía, de media, poco más de 30 años, una cifra ligeramente superior a la de los *baby boomers* cuando tenían la misma edad en 1986. La propiedad de la vivienda en el caso de la generación X siguió aumentando hasta la crisis financiera de 2008, y parecía que iba a alcanzar los niveles de los *baby boomers*, quienes se habían estabilizado en aproximadamente el 80 %. No obstante, al igual que en Gran Bretaña, la propiedad de la vivienda de la generación X disminuyó y se estancó. Ahora, la gente que tiene entre 40 y 50 años está muy por detrás de los *baby boomers* cuando estos tenían la misma edad. La crisis inmobiliaria y financiera se produjo cuando los *millennials* estaban en una etapa temprana de sus años potenciales para adquirir una vivienda, y en 2018 alcanzaron una edad media de 30 y tantos años con tan solo un 41 % de las personas que se convirtieron en propietarias de una vivienda, lo cual está significativamente por debajo de lo que ocurría con la generación X cuando sus integrantes tenían la misma edad.

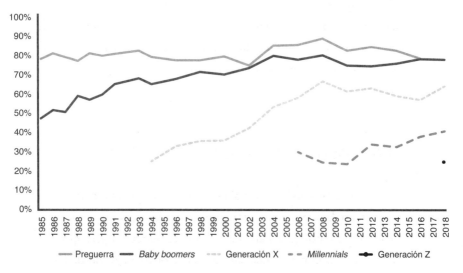

Figura 2.3. Porcentaje de adultos en Estados Unidos que no viven en casa de sus padres y que poseen su propia casa o han comprado con un préstamo hipotecario.[19]

Incluso los países que tienen un mercado mobiliario muy diferente están empezando a mostrar los síntomas de las presiones que sufren las generaciones para obtener la propiedad de una vivienda. En Alemania, por ejemplo, las tasas de propiedad de la vivienda han sido de forma tradicional más bajas que en la mayoría de los demás países, y la adquisición de una vivienda ha tendido a producirse más tarde. Los *baby boomers* alemanes no alcanzaron su máximo nivel de propiedad de la vivienda —66 %— hasta 2012, cuando tenían una edad media de 57 años. Las explicaciones de estas diferencias vienen derivadas de una larga serie de decisiones que se remontan a la reconstrucción del parque de viviendas tras la Segunda Guerra Mundial, incluyendo una regulación más sensible del sector privado de alquiler y el apoyo a dicho sector, una financiación más estricta de las hipotecas y la ausencia de los incentivos fiscales gubernamentales, que empujaron a que la gente se hiciera propietaria de una vivienda en otros lugares.[20] La sociedad alemana optó por el alquiler en lugar de por la propiedad bastante más que en muchos otros países, y, como resultado, las tasas de propiedad y los precios de las viviendas se han vuelto más estables.

Hasta hace poco, cada generación alemana sucesiva parecía recorrer un camino muy similar, con los *millennials* siguiendo la tendencia de la propiedad inmobiliaria de la generación X. Sin embargo, un nuevo análisis muestra que esto está cambiando, ya que solo el 12 % de los jóvenes de 25 a 34 años posee una vivienda, en comparación con el 23 % del mismo grupo de edad a finales de la década de 1990.[21]

UN MERCADO ROTO Y SUEÑOS ROTOS

El hecho de que la propiedad inmobiliaria entre los jóvenes esté disminuyendo incluso en Alemania, país en el que las subidas del precio de la vivienda han sido menos extremas que en otros lugares, sugiere que este suceso tiene que ver con algo más que con el valor de mercado de las viviendas. En lugar de ello, décadas de decisiones políticas ayudaron a las generaciones mayores a comprar casas, y luego, cuando la burbuja inmobiliaria estalló, se impulsó la introducción de una regulación más estricta.

Por ejemplo, las generaciones mayores de Estados Unidos se beneficiaron de una normativa urbanística menos restrictiva y de desgravaciones fiscales en el pago de las hipotecas, mientras que los *baby boomers* británicos de los años ochenta y noventa obtuvieron el «Right to Buy» —derecho de compra— de viviendas municipales, con un descuento de hasta el 50 % del valor de mercado y con una garantía hipotecaria del 100 %.[22] Aunque el régimen de derecho de compra continúa, sus condiciones son mucho menos atractivas y accesibles. Tras la crisis financiera de 2008, los gobiernos ayudaron a los propietarios a evitar los embargos y luego endurecieron las normas de préstamo para los recién llegados al mercado. Esto también ocurrió en otros países.[23] Por ejemplo, en Alemania, la gran dificultad a la hora de que te concedan una hipoteca y que requieran una entrada mayor son dos de las principales razones citadas de la disminución de la propiedad inmobiliaria entre los jóvenes.[24]

En definitiva, es la interacción entre estas políticas y los cambios en las circunstancias económicas lo que impulsa los niveles de propiedad inmobiliaria. Si bien el punto de ruptura generacional fue causado por la crisis de 2008, las presiones llevaban acumulándose durante algún tiempo. Entre ellas, el estancamiento de los ingresos que vimos en el capítulo 1, además de otras cargas financieras que recayeron con más fuerza en las generaciones recientes. Por ejemplo, los investigadores del Banco de la Reserva Federal de Nueva York han descubierto que el aumento de la deuda educativa explica hasta el 35 % del descenso de la propiedad inmobiliaria para los estadounidenses de 28 a 30 años entre 2007 y 2015.[25] Casi la mitad de los *millennials* estadounidenses pidieron dinero prestado para pagar su educación —diez puntos porcentuales más que los de la generación Z y más de veinticinco puntos porcentuales más que los *baby boomers*— y también pidieron prestadas cantidades mucho mayores.[26]

Una vez más, es la interacción entre el momento en el que se nace y otras desigualdades lo que afecta la posibilidad de tener una propiedad. Por ejemplo, en Estados Unidos, la brecha en las tasas de propiedad inmobiliaria entre quienes tienen más y menos educación se ha triplicado entre los años 1990 y 2015.[27] Una cuarta parte de los propietarios de viviendas *millennials* en Estados Unidos ha recibido ayuda de sus padres para pagar la matrícula de la universidad y la entrada de su casa, si bien los propietarios de viviendas constituyen solo el 3 % de toda la población *millennial*.[28] Esto pone de manifiesto cómo ha fluido una acumulación de ventajas por un «embudo de privilegios» en el que solo entran los más afortunados.[29]

La consecuencia es que hay más personas que alquilan en la mediana edad[30] y, dado que la probabilidad de comprar por primera vez disminuye una vez superados los 40 años, más personas alquilarán hasta llegar a su jubilación, lo cual tiene implicaciones extendidas. El académico australiano Alan Morris ha analizado el impacto que tiene en las personas mayores el alquiler privado frente a tener una casa en propiedad. Los mayores costes de la vivienda reducen su pensión, lo que hace que dispongan de menos dinero para socializar y, por tanto, sientan mayor aislamiento y soledad.[31] La idea de que todas las personas mayores se sienten solas es uno de los estereotipos generacionales sobre los que menos se ha meditado, pero para algunos grupos *es* cierto, sobre todo cuando los recursos son escasos o cuando las condiciones de vida son inestables. El análisis de Morris identifica los fenómenos entre un porcentaje relativamente pequeño de personas mayores, pero si los cambios generacionales en la propiedad de la vivienda se mantienen, serán mucho más comunes en las próximas décadas.

Hay muchas razones por las que la gente prefiere ser propietaria, que pueden expresarse en términos de *valor de uso* de la vivienda —el valor que se obtiene de utilizarla—, su *valor de cambio* —su riqueza almacenada— y su *valor simbólico* —incluyendo sentimientos de logro, estatus y pertenencia—.[32] También hay una serie de ventajas de comportamiento específicas, como el hecho de que las hipotecas sean una forma de «ahorro forzoso».[33] Algunos de estos beneficios se aplican dondequiera que se viva, mientras que otros dependen de la economía y de la cultura nacionales. En países como Alemania, muchas de las motivaciones para ser propietario son relativamente débiles, mientras que en el Reino Unido, Estados Unidos y Australia, las motivaciones hacen que tener una vivienda en propiedad sea una aspiración casi universal.

Esto no siempre fue así. Es cierto que, en los últimos veinte años, alrededor del 80 % o más de las personas de todas las generaciones en Gran

Bretaña han dicho que preferirían tener una vivienda en propiedad en lugar de alquilarla, pero antes había mucho menos consenso. A principios de la década de 1990, solo la mitad de la generación de la preguerra decía que lo ideal era comprar. Nos han educado para que pensáramos que la compra es, sin duda, la mejor opción, y esto empezó cuando los precios comenzaron a salir disparados.

Sin embargo, hay una amenaza social real en la brecha existente entre las aspiraciones y la realidad entre los grupos de edad más jóvenes y en el futuro sombrío que se les presenta al creciente número de personas que se quedan fuera del sistema. El geógrafo Joel Kotkin ve estos fenómenos recientes como parte de un retorno a algo parecido a un sistema feudal, en el que «esta brecha generacional existente entre la aspiración y la decepción podría definir nuestro futuro demográfico, político y social».[34]

Lo más probable es que las secuelas de la pandemia del COVID-19 traigan consigo nuevos trastornos. En las primeras etapas de la crisis, en el Reino Unido se centró la atención en la medida en la que los precios de la vivienda se mantenían o incluso aumentaban, reforzados por los enormes paquetes de estímulo del gobierno que apoyaban a las empresas y a los salarios, y por el apoyo directo al mercado de la vivienda, como la exención del impuesto de timbre. Las predicciones de los analistas apuntan a una caída significativa de los precios de la vivienda a medida que se produzca el impacto económico a largo plazo de la pandemia,[35] pero esto, una vez más, podría subestimar los deseos del gobierno de apuntalar los precios de la vivienda. No deberíamos contar con que haya una corrección de los precios para que la vivienda sea más asequible para las generaciones más jóvenes.

Esta cuestión es motivo de preocupación, puesto que las presiones financieras a las que están sometidos los pensionistas que alquilan harán que dependan más de las ayudas estatales. Según un cálculo, en el Reino Unido el coste de las prestaciones de vivienda de los pensionistas podría incrementarse en más de 3000 millones de libras al año.[36] Este futuro coste adicional debería servir de impulso para mejorar ahora la situación de la vivienda.

ATRAPADO EN EL NIDO

Mientras que tener una casa propia sigue siendo una clara aspiración en muchos países, un número cada vez mayor de jóvenes ni siquiera logra salir de las habitaciones en las que han crecido. La visión puede ser la de un elegante apartamento en el centro de la ciudad o una acogedora casa en los suburbios, pero la realidad para una cantidad cada vez mayor de jóvenes adultos es dormir en su vieja cama individual, rodeados de los pósteres raídos de los grupos de música pop de su adolescencia. Como lo dice una joven de 28 años que acaba de volver a vivir con sus padres: «Es difícil sentirse adulto cuando vives con las personas que te lavaban los dientes».[37]

Por supuesto, en muchos países vivir en casa hasta la edad adulta no es algo raro. De hecho, lo que destaca en los datos globales es la increíble variedad de circunstancias que existen en todo el mundo. Por ejemplo, alrededor de la mitad de los italianos de entre 25 y 34 años siguen viviendo con sus padres en comparación con alrededor del 5 % en Noruega y Suecia. Por su parte, el Reino Unido y Estados Unidos se sitúan entre estos dos extremos.[38] Para tratarse de una influencia tan importante en las experiencias de formación, es una gama enorme.

No obstante, es una nueva realidad a la que cada vez tienen que enfrentarse más familias de muchos países. Como muestra la figura 2.4, alrededor del 18 % de los estadounidenses pertenecientes a la generación X vivían en casa en 1999 cuando tenían una edad media de 27 años, pero esta cifra aumentó en 2014 al 31 % en el caso de los *millennials* de la misma edad. Dicha generación se está independizando, por fin, ahora que su edad media supera los 30 años, de manera que solo el 16 % seguía viviendo con sus padres en 2017. Pero este no es el fin de la tendencia, pues parece que los de la generación Z son aún más propensos que las generaciones anteriores a quedarse en la casa familiar.

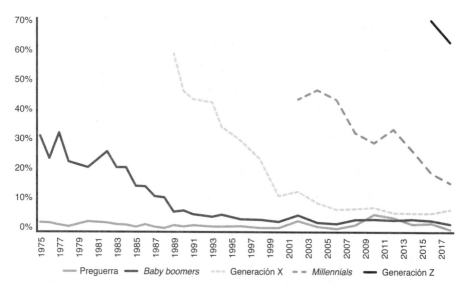

Figura 2.4. Porcentaje de adultos en Estados Unidos que viven en casa de sus padres.[39]

En el Reino Unido, el patrón es casi idéntico. Solo el 20 % de los que pertenecen a la generación X seguían viviendo en casa de sus padres a finales de la veintena, pero en 2014 esta cifra aumentó al 31 % en el caso de los *millennials*. Al igual que en Estados Unidos, los *millennials* británicos han comenzado a independizarse a medida que van llegando a la treintena, y en 2016 el porcentaje se redujo al 19 %. No obstante, la tendencia continúa de nuevo con la generación Z. En total, en el Reino Unido *más de un millón* de jóvenes adultos vivían en casa de sus padres en 2019 respecto de los que lo hacían en 1999, lo que supone un cambio extraordinario en cuanto a cómo vivimos.[40]

Incluso podemos ver una historia similar en Alemania. Según la *Encuesta Mundial de Valores*, el 40 % de los *millennials* alemanes dijo que vivían con sus padres en 2013, en comparación con el 26 % de los de la generación X en 1999. Puede que el nivel básico histórico de los jóvenes adultos que viven con sus padres en Alemania sea más alto, pero la dirección del viaje es la misma.

Es más probable que los hijos y no las hijas vivan con sus padres en la edad adulta, por todo tipo de razones. Las mujeres tienden a formar relaciones con hombres mayores que ellas, y los hombres suelen tener menos acceso a las ayudas a la vivienda porque es menos probable que cuiden de los hijos por sí solos.[41] Sin embargo, al contrario de lo que se suele decir, este fenómeno no es simplemente el resultado de un número creciente de hombres peludos de 34 años que viven felices en el sótano de sus padres jugando a videojuegos. Los grandes cambios se han concentrado en el extremo más joven de la franja de edad, pues en los últimos veinte años se han producido saltos significativos en el porcentaje de jóvenes de 25 a 27 años que viven con sus padres, el cual llegó a ser de un tercio. Por el contrario, solo el 6 % de los británicos de 33 a 34 años seguían viviendo con sus padres en 2018, una cifra que apenas había cambiado desde 1996. Para la gran mayoría de las personas se trata más de una estrategia de afrontamiento a corto plazo que de una elección de estilo de vida permanente.

No obstante, parece ser un cambio duradero en nuestra forma de vivir. Algunos incluso lo consideran una nueva etapa de la vida denominada «adultez emergente», como la designó Jeffrey Jensen Arnett, psicólogo de la Universidad de Clark.[42] Arnett considera que se trata de una fase distinta que tiene lugar entre la adolescencia y la edad adulta plena, una época de exploración de la identidad «en el amor, el trabajo y la visión del mundo» cuando se tiene entre 18 y 29 años. Esta teoría ha suscitado algunas críticas por parte de los psicólogos del desarrollo, en cierta medida porque sugiere que se trata de una elección activa en vez de ser resultado de las circunstancias económicas de una persona.[43] Como lo evidenció un estudio estadounidense, las personas que vivían en hogares con ingresos situados en la mitad inferior de la distribución tenían menos probabilidades de independizarse antes de los 27 años que las de la mitad superior. Asimismo, las que tenían padres propietarios eran más propensas a independizarse que las que no los tenían.[44] «Adultez retardada» es una mejor descripción que «adultez emergente».

La reacción a este cambio, especialmente en los países donde es cada vez más común, no ha sido muy comprensiva. El subtítulo de un infame artículo que apareció en la portada de la revista *Time* de 2013, en el que se calificaba a los *millennials* como la «generación del yo, yo, yo», era el siguiente: «Los *millennials* son unos narcisistas y unos vagos que se creen que tienen privilegios y que siguen viviendo con sus padres».[45] El término *generación boomerang* implica que, por mucho que los padres lo intenten, no son capaces de conseguir que sus hijos se mantengan alejados. Asimismo, una encuesta del Centro de Investigaciones Pew realizada en 2019 sugiere que hay mucha gente que no se está acostumbrando a este cambio, ya que el 64 % de los ciudadanos estadounidenses piensa que deberías dejar de depender económicamente de tus padres a los 22 años cuando, en realidad, solo el 24 % ya no lo hace.[46]

PONIENDO DISTANCIA

El hecho de que los jóvenes vivan más tiempo con sus padres en países como Estados Unidos y el Reino Unido, así como el aumento paralelo del número de hogares multigeneracionales en la última década, no debería ser visto como algo malo. Es una estrategia sensata en tiempos de crisis económica y, en algunas circunstancias, ayuda a reforzar las conexiones entre generaciones.

Sin embargo, este mayor contacto intergeneracional se ve empequeñecido por culpa de fuerzas más potentes que están separando a los jóvenes de los mayores. En el último siglo, Estados Unidos ha pasado de ser una de las sociedades a nivel mundial en las que más se integraba a personas de distintas edades, a ser una de las que más segrega,[47] hasta tal punto que en muchas partes del país la segregación por edad está tan marcada como la étnica.[48] En un estudio, los estadounidenses de más de 60 años afirmaron que solo una cuarta parte de las personas con las que habían discutido sobre «asuntos importantes» durante un periodo de seis meses tenían 35 años o menos. Si no contaban a los familiares, la cifra descendía a solo el 6 %.[49]

La separación de las edades se produjo a raíz de la introducción gradual de todo tipo de reformas. La educación formal se hizo más minuciosa, y pasó de un aula única a etapas diferenciadas; la mano de obra se especializó a través de métodos industriales; los jóvenes se trasladaron a las ciudades, mientras que las personas mayores se dividieron en sus propias comunidades a medida que entraban en los centros para personas mayores, en las residencias y luego en las comunidades de jubilados. Tal como lo señala el autor Marc Freedman, artífice de una serie de programas intergeneracionales, empezamos a «almacenar» a las personas mayores, a quienes «cada vez se las considera más como una carga inútil para la economía, para las familias y para nuestros recursos colectivos».[50]

Esta separación parecía responder a una demanda latente. Cuando, en 1960, el promotor inmobiliario Del Webb abrió Sun City en el desierto de Arizona, la primera comunidad de jubilados independiente a gran escala de Estados Unidos, esta prometía «envejecer mientras se juega», libres de las molestias de las generaciones más jóvenes. Era una forma de prevenir los pensamientos acerca de la muerte, o, como sugiere Freedman, un nostálgico «viaje de vuelta al campamento de verano». Puede que incluso se sintiera como un «intento poco sofisticado de acceder a la fuente de la juventud»; después de todo, «si todo el mundo es viejo, nadie es viejo».[51] El fin de semana en que se inauguró, cien mil personas acudieron a la nueva ciudad, lo que produjo el mayor atasco en la historia de ese Estado.

Esta tendencia se ha extendido tanto que es fácil olvidarse de que se trata de un fenómeno relativamente nuevo, en comparación con siglos en los que las generaciones vivían muy cerca. Como dice Karl Pilleme, profesor de la Universidad Cornell, «estamos en medio de un peligroso experimento. Esta es la sociedad más segregada por edades que haya existido jamás».[52]

Estados Unidos no está solo en este sentido. Un estudio realizado en el Reino Unido muestra que, en 2001, solo quince de las trescientas cuarenta y tres áreas municipales tenían una media de edad que era un 10 % superior a la media nacional, mientras que diecisiete tenían una media de edad que era un 10 % inferior. Sin embargo, en 2018, estas cifras se duplicaron con creces.[53] Como señalaron los autores del informe, tendemos a caracterizar a los países como «jóvenes» o «viejos», pero al hacerlo se oculta la magnitud de la variación que hay dentro de los países. Por ejemplo, en 2015 había sesenta autoridades locales en el Reino Unido —principalmente en zonas rurales y costeras como North Norfolk— que tenían una media de edad superior a la del país más viejo del mundo, Japón —con

46 años—. En el otro extremo de la escala, había veintitrés áreas municipales —incluyendo ciudades universitarias como Oxford— con una edad media inferior a la de Chile —con 34 años—, uno de los países más jóvenes de la OCDE.

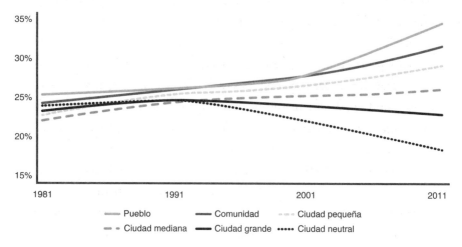

Figura 2.5. Ratios de dependencia de la tercera edad en distintos lugares del Reino Unido.[54]

Un análisis más largo, el cual se remonta a 1981 y ha sido elaborado por el Centre for Towns, un centro de estudios británico, ilustra el carácter novedoso de este fenómeno. La figura 2.5 muestra el índice de dependencia de la tercera edad, lo cual mide el número de personas mayores de 65 años como porcentaje de las que están en edad de trabajar. Hasta 1991 hubo pocos cambios, pero desde entonces distintos tipos de áreas han ido en diversas direcciones, y los pueblos se han vuelto cada vez más viejos y las ciudades cada vez más jóvenes.[55]

¿Cuál es la causa de esta rápida separación entre jóvenes y mayores? La edad media de una zona solo puede verse afectada por unos pocos factores, como las tasas de natalidad, de mortalidad, de inmigración y de emigración, ya sea desde otros países o dentro de un país. Asimismo, el análisis sugiere que una combinación de estos efectos es la responsable en función de la dirección que tome la zona. Las zonas que envejecen con rapidez se ven especialmente afectadas por la falta de inmigración y la menor tasa de natalidad, la cual es el resultado de que haya un menor número de personas en edad de procrear, mientras que la afluencia de inmigrantes más jóvenes procedentes de otras partes del Reino Unido y del extranjero es la causa fundamental del rejuvenecimiento de las ciudades. Esto también se debe a la creciente concentración de oportunidades económicas que hay en las ciudades, junto con una población estudiantil cada vez mayor.[56]

La separación física entre las generaciones está afectando nuestra capacidad de desarrollar relaciones positivas. El psicólogo social estadounidense Gordon Allport fue pionero al formular la «teoría del contacto intergrupal», que sostiene que un contacto bien gestionado entre grupos diferentes —si tienen el mismo estatus en la interacción y objetivos comunes— puede reducir los estereotipos, los prejuicios y la discriminación.[57] Una y otra vez, y en diferentes contextos, los experimentos han demostrado que este tipo de contacto funciona. La familiaridad genera sentimientos positivos, no desprecio. Este enfoque se ha utilizado sobre todo en las divisiones raciales y religiosas, aunque se ha prestado mucha menos atención a la reducción de las diferencias entre grupos de edad. Sin embargo, se aplican los mismos principios, y la separación física cada vez mayor entre los grupos de edad hace que la acción sea cada vez más necesaria.

El contacto entre los distintos grupos de edad es algo que beneficia de manera significativa a todas las personas. Numerosos estudios han demostrado que los ancianos de las residencias se benefician al pasar tiempo leyéndoles a los niños y jugando con ellos, mientras que, por su parte, los jóvenes tienen la oportunidad de absorber sabiduría y experiencia vital.[58] Estas necesidades mutuas de mayores y jóvenes son la base de una serie de excelentes iniciativas que acercan a los distintos grupos de edad. Por ejemplo, en Estados Unidos se tiende a construir las comunidades de jubilados cerca de los campus universitarios, ya que esto permite que los mayores asistan a eventos junto a los estudiantes. Asimismo, en algunas comunidades de jubilados se están construyendo escuelas incorporadas. Un estudio de 2018, impulsado por la Universidad Estatal de Ohio y Generations United, una organización sin ánimo de lucro que promueve el contacto intergeneracional, estableció ciento cinco programas de sitios compartidos en Estados Unidos.[59]

Las pruebas del impacto de estas diversas iniciativas son claras, pero su escala es diminuta en relación con la magnitud de las tendencias que nos separan. Si bien es cierto que hay que aplaudir a estos emprendedores sociales, es deprimente que no haya habido un apoyo más sistemático por parte del gobierno, sobre todo porque conocemos los problemas desde hace mucho tiempo. En el Reino Unido, en un informe de 1949 del National Old People's Welfare Council se afirmaba lo siguiente: «Es esencial que los ancianos no sean segregados del resto de la comunidad, sino que el inmueble sea incluido como parte de la vivienda general. Esto evitará el sentimiento de soledad y de aislamiento que suelen padecer los ancianos». El problema se nos ha venido encima porque no hemos estado prestando atención.

EXPECTATIVAS SIN CUMPLIR

Nuestra memoria colectiva nos juega una mala pasada. No se trata solo de la descarada reimaginación a la que algunos, como «Los cuatro de Yorkshire» —«The Four Yorkshiremen»— de los Monty Python, se entregan para promover una imagen heroica de su propio pasado. En lugar de ello, malinterpretamos lo que es verdaderamente diferente en la actualidad en comparación con el pasado, y tenemos la falsa sensación de que las cosas siempre estuvieron destinadas a acabar como lo han hecho.

Nuestra susceptibilidad a este «prejuicio de retrospectiva» se puso de manifiesto en un artículo fundamental de Amos Tversky y Daniel Kahneman a principios de la década de 1970.[60] Desde entonces se ha demostrado que existe en todo tipo de ámbitos, desde el sector financiero hasta el judicial y el sanitario. Se ha encontrado incluso en Wikipedia, en la que los artículos escritos antes de las catástrofes apenas mencionan la vulnerabilidad de, por ejemplo, el reactor nuclear de Fukushima ante un tsunami, pero, en cambio, los que hicieron aportes posteriores señalan la inevitabilidad del resultado.[61] Lo mismo ha sucedido en el caso de las respuestas de los gobiernos ante la pandemia del COVID-19. En retrospectiva, todos los pasos en falso parecen ridículos y torpes, independientemente de cuán justificados hayan podido parecer en su momento.

Este prejuicio de retrospectiva infecta la visión que tenemos en cuanto a cómo y dónde vivimos. La creciente separación entre mayores y jóvenes en comunidades diferentes parece natural, cuando en realidad es una forma de vida totalmente nueva. La buena suerte que tienen las generaciones mayores, con sus altas tasas de propiedad de la vivienda y la riqueza que esto les ha aportado, ahora parece inevitable. La realidad es que ni lo tuvieron del todo fácil ni sabían la suerte única que estaban destinados a tener en comparación con lo que vendría después. Las presiones de la vivienda cuando eran jóvenes hicieron que se llevaran a cabo medidas extremas que hoy en día llamarían mucho la atención. Por ejemplo, la BBC cuenta la historia de unas parejas jóvenes que, en 1964, acamparon en terrenos llenos de barro durante cuatro días, en un intento por ser los primeros en la cola de una nueva urbanización que se estaba construyendo en Sunbury-on-Thames, cerca del aeropuerto de Heathrow.[62]

Por aquel entonces no había ningún indicio de que fueran a hacerse ricos, a pesar de lo que podría parecer hoy en día. De hecho, hubo momentos en los que ser propietario de una vivienda parecía más una carga que una inversión inteligente. Por ejemplo, entre 1990 y 1996 fueron embargadas casi cuatrocientas mil viviendas en el Reino Unido, después de que los tipos de interés subieran al 15 %.[63] Sin embargo, una vez que ha ocurrido algo es mucho más probable que creamos que «lo sabíamos desde el principio». Nuestro resentimiento por la aparente inevitabilidad de la buena suerte de los *baby boomers* es, en parte, un truco de nuestras mentes.

No obstante, nuestras líneas generacionales demuestran el enorme alcance que tienen los desvíos de las trayectorias de las cohortes anteriores. Las expectativas de llevar una vida independiente y de ser propietario de una vivienda se han elevado mucho más allá de cualquier realidad alcanzable, y esto promete una vida repleta de aspiraciones que no se cumplirán. Dada la importancia de la vivienda, esta regresión es un factor clave que socava nuestra creencia de que estamos progresando. Nuestro propio camino está cada vez más relacionado con los recursos que podemos obtener de nuestras familias. De hecho, es difícil ver cómo los gobiernos son capaces de revitalizar el contrato social entre generaciones sin encontrar una solución al problema de la propiedad de la vivienda.

Si bien es cierto que el enfoque necesario variará de un país a otro, se reduce a elegir entre satisfacer las aspiraciones actuales de propiedad de la vivienda o cambiarlas. Si vemos la buena suerte de las generaciones más mayores, que son propietarias de una vivienda, como una anormalidad que duró décadas y que no podemos mantener, nos espera un difícil periodo de reajuste. Además, dado el mayor coste del alquiler y las diferencias de riqueza que seguirán aumentando entre los propietarios y los demás, estaremos introduciendo más desigualdad intergeneracional en el sistema. En cambio, nuestros planes de recuperación tras el COVID deberían tener como eje central la vivienda si queremos «reconstruir mejor», como lo promueve el plan «Build Back Better» del presidente Joe Biden. Sin embargo, esto no se logrará simplemente ofreciendo más viviendas para comprar, sino que requerirá una amplia gama de medidas. Tenemos que apoyar a los que luchan por salir de la casa en la que se han criado mediante el abastecimiento de un mayor número de viviendas sociales y un sector privado de alquiler mejor regulado. Además, debemos ayudar a los compradores primerizos que intentan acceder a una vivienda, proporcionándoles un apoyo más directo que el que les puede brindar el «Banco de mamá y papá».

3

Apuntando alto y fracasando

«Hay (…) una desconexión entre los jóvenes, sus esperanzas, objetivos y expectativas y lo que las empresas creen que quieren los jóvenes. Considero que mi papel es el de un traductor». Este es el punto de vista de un autodenominado «consultor generacional» que asesora a las grandes empresas sobre cómo relacionarse mejor con los integrantes más jóvenes de su plantilla. La «consultoría generacional» se ha convertido en su propia mini-industria. En 2015, las empresas estadounidenses gastaron hasta 70 millones de dólares en ella, y hay algunos expertos que ganan hasta 20 000 dólares por hora, así como más de cuatrocientos usuarios de LinkedIn que se describen a sí mismos únicamente como «experto en *millennials*» o «consultor *millenial*».[1] Por supuesto, también se lo puede llamar, como sugirió un colaborador de un artículo del *Wall Street Journal* sobre el fenómeno, «un chanchullo» construido sobre «la pseudoexperiencia que juega con la ansiedad de los burócratas de no mantenerse al día».

Es fácil entender este sentimiento cuando ves el conocimiento que venden algunos de los consultores y que las grandes empresas compran con entusiasmo. La cadena de tiendas estadounidense Target entregó a los directivos una hoja de papel con una guía sobre el estilo de trabajo de cada generación, su visión de las figuras autoritarias y su actitud hacia el equilibrio entre trabajo y familia. Por ejemplo, a los directivos se les dijo que a los trabajadores de la generación de la preguerra les gustaba recibir «reconocimiento personal por el trabajo bien hecho», en comparación con los «elogios públicos» que prefieren los *millennials*. Los *baby boomers* eran considerados codiciosos en cuanto a sus expectativas salariales, en comparación con la generación X, de cuyos integrantes se decía que estaban contentos de cambiar dinero por tiempo libre. Como dijo un periodista que consiguió una copia de las directrices: «Consejos de *coaching* para todas las generaciones: ser condescendiente con cada uno a su manera».[2]

En algunos aspectos, no hay nada inusual o especialmente atroz en esta rama particular del asesoramiento. La consultoría a menudo implica darles un toque de rigurosidad a los consejos mediante el uso de contextos que pueden no ser completamente correctos o estar basados en una investigación especialmente rigurosa. Sin embargo, estereotipar de esta manera a las generaciones tiene un poder destructor. El dinero que las empresas están dispuestas a pagar supone un claro incentivo para que se siga exagerando la diferencia entre generaciones, lo cual no solo es un despilfarro, sino que también es perjudicial. Esta consultoría generacional no supone únicamente ciertos «conocimientos» que nos distraen, sino que también excluye el debate sobre algunos de los mayores cambios entre generaciones que han tenido lugar en los tiempos modernos. Nos llegan tópicos sobre que los trabajadores jóvenes de hoy son especialmente perezosos y desleales, que se desmoronan al instante cuando son objeto de escrutinio, pero siguen desviándonos de los cambios reales y drásticos en el mundo de la educación y el trabajo.

Hay dilemas más importantes que el de elogiar por correo electrónico o en grupo. Y al separar con cuidado los efectos de ciclo vital, de cohorte y de periodo en nuestra experiencia laboral y educativa, podemos obtener información sobre cuestiones importantes relativas al progreso social; por ejemplo, si la enseñanza superior sigue siendo rentable, cómo el empleo cada vez más precario afecta tanto a los jóvenes como a los mayores, y cómo la inteligencia artificial —IA— y la automatización van a transformar la naturaleza del trabajo.

LA GENERACIÓN MÁS EDUCADA

Cuando se les pregunta a los británicos qué ámbitos de la vida esperan que sean mejores para los jóvenes que para sus padres, la educación es uno de los cuatro ámbitos en los que todavía hay más gente que espera mejoras. Los únicos ámbitos en los que las perspectivas son más positivas son la libertad de expresión, la posibilidad de viajar al extranjero, y el acceso a la información y el entretenimiento.[3]

Este relativo optimismo se basa en el increíble aumento de los niveles de educación en todo el mundo durante las últimas generaciones, sobre todo en las economías emergentes. Para las generaciones mayores de estos países, el acceso a la educación secundaria —y no digamos a la enseñanza superior— era limitado. China, en especial, es un claro ejemplo de ello. La escolarización en los centros de educación secundaria pasó del 64 % en 2006 al 94 % en 2016, y el aumento del número de estudiantes que completan la educación secundaria ha tenido efectos colaterales. En 1999, solo el 6,4 % de los jóvenes chinos había cursado estudios superiores. Esta cifra se triplicó con creces hasta alcanzar al 21 % en 2006, y casi se duplicó de nuevo al llegar al 39 % en 2014.[4] Las cifras en bruto son asombrosas, pues ocho millones de estudiantes chinos se graduaron en la universidad en 2017, diez veces más que en 1997.[5] Hasta 1998, el número de estudiantes estadounidenses que se matricularon en la enseñanza superior era el doble que el de los chinos, pero, apenas diez años después, la situación se invirtió. La expansión no fue ni mucho menos un accidente. A partir de 1999, el gobierno comunista puso en marcha una serie de reformas para aumentar tanto la tasa de matriculación —en el país y en el extranjero— como la calidad de la enseñanza secundaria y superior en China, y está claro que funcionó.

Otros países también han experimentado un enorme crecimiento de la enseñanza superior, incluso sin este nivel de planificación centralizada.[6] La figura 3.1 muestra el porcentaje de cohortes en función del año de nacimiento con una cualificación de nivel terciario, cuando tenían entre 25 y 34 años. Las barras superiores representan más o menos a la mitad más vieja de la generación X; las barras centrales, a la mitad más joven de la generación X y a los *millennials* más viejos; y las barras inferiores, a un gran porcentaje de *millennials*.

El patrón es el mismo en todos los países. Cada cohorte tiene un nivel de educación más alto que la anterior, y hay algunos cambios notables. Por ejemplo, en Corea del Sur, el 37 % de los nacidos entre 1966 y 1975 tenía una titulación superior a finales de los 20 años o principios de los 30; una generación más tarde, casi el 70 %.

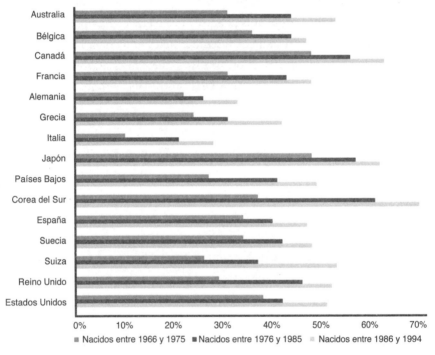

Figura 3.1. Porcentaje de personas de entre 25 y 34 años con cualificaciones académicas de nivel terciario en los países de la OCDE.[7]

En el Reino Unido, el número de graduados se ha multiplicado casi por dos. Cuando la primera mitad de los miembros de la generación X tenía 20 y tantos o 30 y pocos años, alrededor de una cuarta parte tenía un título universitario. En ese momento, el Reino Unido estaba muy por detrás de la mayoría de los países, especialmente de Canadá y Japón, donde más del 40 % de los jóvenes se habían graduado a la misma edad. Sin embargo, cuando la primera oleada de *millennials* del Reino Unido cumplió aquella edad, el porcentaje de personas con estudios superiores se disparó hasta llegar al 50 %. Australia y Suiza han seguido una trayectoria similar.

Dichos fenómenos pueden observarse en la figura 3.2, en la que se analiza qué porcentaje de las diferentes generaciones alcanzó el nivel universitario en Gran Bretaña. La generación *millennial* ya ha superado a la generación X, y la diferencia seguirá aumentando en los próximos años, ya que algunos miembros de la cohorte *millennial* todavía se están abriendo camino en el sistema educativo. Esto es más fácil de ver cuando se compara cada generación a la misma media de edad. Por ejemplo, el 40 % de los *millennials* británicos habían logrado un título en 2018, cuando tenían una media de unos 30 años; mientras que, en 2002, solo el 26 % de la generación X se había graduado a esa misma edad promedio.

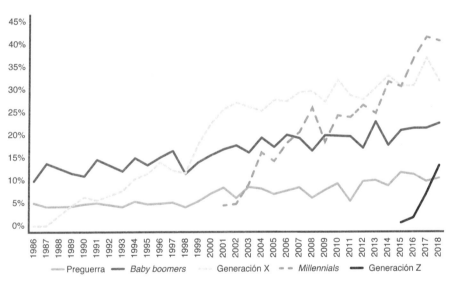

Figura 3.2. Porcentaje de adultos en Gran Bretaña con un título universitario.[8]

Hay un patrón de expansión similar en Estados Unidos con solo algunas variaciones. En el Reino Unido, el auge de la educación universitaria fue mucho más tardío, y hubo diferencias más grandes entre los grupos de la preguerra, de los *baby boomers* y de la generación X que en Estados Unidos. Las generaciones más mayores de estadounidenses tuvieron un acceso mucho más amplio a la universidad que sus coetáneos británicos, y los *baby boomers* estadounidenses están a la par con los de la generación X en lo que respecta a su formación educativa. Parte de esta diferencia entre los países se debe a la Ley GI Bill estadounidense —ley de ayuda a los veteranos—, aprobada en 1944 para facilitarles a los soldados que regresaban de la Segunda Guerra Mundial la obtención de un título universitario. Más de dos millones de miembros de la generación estadounidense de la preguerra —casi la mitad de los que sirvieron en la Segunda Guerra Mundial y cerca del 43 % de los que combatieron en Corea— se acogieron a esta oportunidad en 1956, lo que confirmó que el título universitario forma parte del sueño americano. Después de Vietnam, casi el 80 % de los veteranos disfrutaron de las ventajas educativas.[9] Por otro lado, el posterior auge de la enseñanza superior en el Reino Unido es claramente visible en la línea que representa a la generación X a partir de finales de los años noventa, tras el compromiso del gobierno laborista de Tony Blair de llevar a la mitad de los jóvenes a la universidad.

Otro rasgo que destaca es el lento pero constante aumento del porcentaje de generaciones mayores con títulos universitarios. Por ejemplo, en 1986, cuando el más joven de la generación de la preguerra tenía 42 años, solo el 5 % había completado una carrera; en 2018, era el 10 %. Esto puede parecer una pequeña revolución por continuar formándose, pero sería una interpretación equívoca. Más bien se debe a las diferencias que hay en la esperanza de vida relacionada con la educación, lo cual supone una explicación más significativa. Por ejemplo, los hombres con una educación superior pueden llegar a vivir una media de siete años más que aquellos que no terminaron el instituto, lo cual se debe a una serie de factores que conducen a resultados de salud desiguales para diferentes grupos sociales y económicos.[10] Las cohortes de mayor edad se están volviendo cada vez más educadas, pero, por desgracia, esto obedece principalmente a que los menos educados mueren más jóvenes.

A pesar de estas ventajas a muy largo plazo, cada vez se cuestiona más si el rendimiento de nuestra creciente inversión en la educación superior es rentable, tanto para los individuos como para las naciones. Una plétora de artículos ha preguntado si sigue «valiendo la pena» tras la enorme expansión del número de personas que pasan por la enseñanza superior y el aumento igualmente significativo en el costo. En Estados Unidos, por ejemplo, matricularse en una universidad estatal en los años cuarenta y cincuenta costaba unos 300 dólares, y un año de matrícula, unos 600 dólares[11] —aproximadamente 6000 dólares en dinero actual—. Hoy en día, el coste medio anual de la matrícula es de unos 20 000 dólares. El Banco de la Reserva Federal de Nueva York calcula que la deuda estudiantil media de una persona de 25 años se duplicó con creces entre 2003 y 2015,[12] y la cifra total que deben los graduados estadounidenses asciende a la asombrosa cifra de 1,5 billones de dólares. La promoción del 2017 debe una media de 28 650 dólares por alumno.[13]

Incluso con estos aterradores costes y la reducida rareza de obtener una carrera, a primera vista la universidad sigue siendo rentable. Las personas que cuentan con un título universitario ganan mucho más, por término medio, que sus compañeros no titulados. En el Reino Unido, los hombres titulados pueden llegar a ganar 130 000 libras más a lo largo de su vida, teniendo en cuenta los impuestos y el reembolso de la matrícula, mientras que la cifra para las mujeres es de 100 000 libras.[14] El patrón es el mismo en Estados Unidos. La «tasa media de rentabilidad» de un título universitario en ese país ha bajado ligeramente en los últimos años, pero seguía siendo del 14 % en 2018, casi el doble de la tasa de rentabilidad para el mismo nivel de titulación en 1980.[15] Aunque los estudiantes universitarios suelen renunciar a tres o cuatro años de trabajo a tiempo completo para obtener su título, sus ingresos adicionales amortizan los costes en relativamente poco tiempo en comparación con la duración de la vida laboral. En Estados Unidos, los costes de la educación superior se amortizan, por término medio, cuando los graduados tienen 33 años,[16] una pauta que también se observa en otros países.[17]

No obstante, estos cálculos no reflejan toda la realidad. En primer lugar, este dividendo de los graduados puede reflejar las capacidades o los recursos preexistentes de los graduados, es decir, puede que lo hayan hecho igualmente bien sin su título gracias a sus propias capacidades o al apoyo de sus familias, en general más ricas. Hay pruebas de que esto explica en gran medida la diferencia. Por ejemplo, el Instituto de Estudios

Fiscales —IEF— del Reino Unido calcula que el dividendo de los graduados en el caso de los hombres, una vez que se tienen en cuenta estos factores, es solo del 8 %.[18]

En segundo lugar, hay enormes variaciones en función de dónde y qué se haya estudiado. Otro informe del IEF ha identificado doce instituciones en el Reino Unido en las que los graduados han ganado *menos* al llegar a los 29 años que los que no fueron ni siquiera a la universidad, así como áreas temáticas como las artes creativas en las que el rendimiento relativo es negativo, independientemente de la universidad a la que se asista. En marcado contraste, los hombres que estudian Medicina o Economía pueden llegar a ganar 500 000 libras más a lo largo de su vida.[19] En general, mientras que el 80 % de los graduados obtienen un rendimiento neto, el 20 % no lo hace. Esta variedad de resultados se refleja en Estados Unidos y ayuda a explicar la variada opinión entre los graduados cuando se les pregunta si ha merecido la pena. Una cuarta parte de ellos dice «definitivamente sí», «es probable que sí», «es probable que no» y «definitivamente no».[20]

Por último, se plantea la cuestión de si un título añade valor o competencias o si es más bien un costoso proceso de selección para los empresarios, quienes lo utilizan como señal de características subyacentes deseables. Esto último es lo que sostiene el economista Bryan Caplan en su libro *The Case Against Education*. Cuando se amplía el acceso a la educación superior, algunos buscan otras características distintivas —títulos de niveles superiores o de instituciones concretas— y otros acaban trabajando en empleos que aceptan a personas no tituladas. Caplan establece una analogía con un concierto. Si unos pocos integrantes del público se ponen de pie podrán ver mejor la actuación, pero cuando los que los rodean empiezan a ponerse también de pie, el resultado es que todos están menos cómodos y nadie tiene buena visión. El problema es que resulta muy difícil convencer a la gente de que se siente, sobre todo —para estirar la analogía— a las nuevas generaciones que se van uniendo al final del público.

No es de extrañar entonces que, a pesar de la enorme expansión de la enseñanza superior, siga habiendo un gran apetito por ella, sobre todo entre los jóvenes. Por ejemplo, los niveles de apoyo han disminuido en

Gran Bretaña entre los *baby boomers*, pero alrededor de la mitad de los integrantes de la generación X, de los *millennials* y de los miembros de la generación Z dicen que les gustaría que se incrementara el acceso a la educación superior. Solo unos pocos en cada generación —como mucho alrededor del 16 % tanto de la generación del *baby boom* como la de la preguerra— dicen que les gustaría que se *redujera*.

Seguimos dándole prioridad a la educación universitaria, en parte por el valor que le otorgamos a la experiencia en general, no solo a la recompensa económica. A nivel individual, la educación superior proporciona una exposición a nuevas ideas y personas más allá de las clases y tutorías, además del espacio para explorar nuevos intereses, encontrar nuevos talentos y desarrollar conocimientos más amplios. Es difícil cuantificar los beneficios de esto, pero algunos han intentado medir los beneficios «cognitivos» de asistir a la universidad. Basándose en treinta años de investigación, los psicólogos Ernest Pascarella y Patrick Terenzini indican que quienes asisten a la universidad demuestran un mayor desarrollo del pensamiento crítico que el previsto simplemente en función de su nivel preuniversitario y de las características de su familia. Y lo que importa no solo es lo que ocurre en el aula, sino que las experiencias fuera de ella también contribuyen al aumento de estas capacidades.[21]

Esto no significa que los rendimientos no estén disminuyendo o que sistemas más avanzados no puedan proporcionar beneficios aún mayores. En países como el Reino Unido y Estados Unidos, nos hemos centrado tanto en la educación superior que hemos descuidado el apoyo a la educación y la formación no académica. Como argumenta David Goodhart en *Head, Hand, Heart*, «¿no es mejor ampliar las fuentes de logros y tratar de elevar el estatus de "no universitario" en lugar de enviar a la universidad a tanta gente como sea posible y, en el proceso, aumentar las expectativas de éxito profesional, las cuales es probable que se vean frustradas en muchos casos, mientras se priva a la economía de las competencias técnicas comunes que necesita?».[22] El rápido aumento del número de jóvenes que tienen un título universitario es un éxito que debe celebrarse, pero es difícil realizar un cambio tan fundamental sin que se produzcan efectos en cadena. Una de las principales consecuencias parece ser el abandono de los que no siguen esta vía, lo que en parte explica que los niveles educativos se hayan convertido en una brecha social tan importante.

EL CAMBIO REAL Y LOS MITOS POCO MEDITADOS EN EL TRABAJO

El mercado laboral se ha transformado en pocas generaciones. Uno de los ejemplos más claros puede verse en lo mucho que han aumentado las tasas de empleo de las mujeres en solo tres o cuatro generaciones en casi todos los países.[23] Por ejemplo, en 1941, solo el 22 % de las mujeres canadienses de 15 años o más eran económicamente activas, pero en 2016 la cantidad se disparó al 61 %.

Justo antes de la pandemia del COVID-19, el Reino Unido estaba en niveles récord de empleo entre la población en edad de trabajar, con una cifra de alrededor del 75 %,[24] y esto se vio impulsado en gran medida por el aumento del empleo entre las mujeres. Cada generación de mujeres ha logrado avances, sobre todo entre los 20 y los 30 años, en su mayoría debido a las tasas de empleo más altas durante los años dedicados a criar a los hijos. Por ejemplo, casi el 70 % de las mujeres de la generación del *baby boom* trabajaban cuando tenían alrededor de 20 años, pero esta cifra se redujo al 56 % cuando cumplieron el final de la veintena. Las tasas de empleo de las mujeres de la generación X y de la generación *millennial* alcanzaron el 70 % cuando eran ligeramente mayores, debido a su mayor participación en la educación superior, pero no disminuyeron en absoluto cuando entraron en la maternidad.

En lo que respecta a los factores que apoyan el aumento del empleo de las mujeres, la importancia del cambio de las normas sociales sobre los roles de género, la reducción de las tasas de natalidad, la mejora de la salud materna y la mayor atención que se brinda a los niños hacen evidente el hecho de que casi todos los incrementos generacionales del empleo de las mujeres se concentran en las que están casadas. Por ejemplo, la participación de las mujeres casadas en el mercado laboral estadounidense pasó de alrededor del 30 % en la década de 1950 a casi el 60 % en la de 1990, lo que da una explicación a la gran mayoría del cambio global que se ha producido en las tasas de empleo de las mujeres.

El otro cambio importante que ha tenido lugar en los modelos de empleo recientes es el increíble aumento de los trabajadores de más edad. En Estados Unidos se ha producido un enorme aumento del número total de personas empleadas en las dos últimas décadas: 22 millones desde 1998. Sin embargo, como señalan Lynda Gratton y Andrew Scott, autores de *The 100-Year Life* —*La vida de cien años*—, esto tiene relativamente poco que ver con el dinamismo de Silicon Valley o con la obsesión empresarial —en gran parte inventada— de los jóvenes de hoy.[25] De hecho, el 90 % del aumento se debe a los mayores niveles de empleo de los trabajadores de 55 años o más. Y esto no es gracias únicamente a que haya más personas mayores, sino que el elemento más importante del cambio es el mayor porcentaje de personas de más edad que permanecen o se incorporan a los puestos de trabajo.

La tasa de empleo de este grupo de edad mayor de 55 años se ha duplicado en el Reino Unido y se ha triplicado en Alemania. En Alemania, Japón, el Reino Unido y Estados Unidos, unos 29 millones de puestos de trabajo, de los 33 millones creados, han ido a parar a estos trabajadores de más edad. El cambio es especialmente llamativo entre las mujeres mayores, pues el número de las trabajadoras de entre 55 y 64 años en Alemania ha pasado de una de cada cuatro a dos de cada tres.

No obstante, aunque el empleo se ha repartido de manera más equitativa en función de la edad y del género, el trabajo se ha vuelto menos seguro, y las generaciones más jóvenes suelen ser las víctimas de este fenómeno. El desempleo juvenil es siempre mayor que el desempleo general, pero los jóvenes se vieron especialmente afectados por la recesión que siguió a la crisis financiera de 2008. En el punto más bajo de la recesión, en treinta y cinco países, más del 20 % de los jóvenes estaban desempleados, mientras que el desempleo total se mantenía en torno al 8 %. En algunos países se produjeron fluctuaciones increíblemente drásticas; por ejemplo, el desempleo juvenil en Italia se disparó hasta superar el 40 %, y el desempleo general se situaba en torno al 12 %. Con la crisis del COVID-19 se está reproduciendo el mismo patrón. En Estados Unidos, la increíble cifra del 25 % de los jóvenes perdió su empleo en los tres primeros meses de la crisis, el doble que en otros grupos de edad.[26]

Los trabajadores más jóvenes también tienden a ser los primeros en verse afectados por los cambios estructurales que tienen lugar en la naturaleza del trabajo, ya que no pueden permitirse el lujo de ser exigentes cuando están empezando sus carreras profesionales. Los *millennials*, por ejemplo, son más propensos que las generaciones anteriores a trabajar en empleos «no convencionales» o «inseguros». Una de cada treinta personas de la población activa del Reino Unido se rige por los contratos de «cero horas» —una forma de empleo a la carta que no garantiza el número de horas de trabajo—, aunque, entre los menores de 25 años, la cifra es de uno de cada diez.[27] Estos cambios contribuyen a explicar por qué los ingresos globales se muestran a menudo sin cambios para las generaciones más jóvenes, a pesar de todos los años de educación adicional. En algunos países, como España, Italia, Francia y Estados Unidos, los ingresos están aumentando para la mayoría de las cohortes, pero no tanto como en el pasado. Mientras que en otros, como Grecia y el Reino Unido, los ingresos reales han disminuido para la mayoría de las cohortes, y cada generación sucesiva lo hace peor que la anterior a la misma edad.[28]

Con este aumento de la precariedad laboral y de la escasez de recursos económicos, no es de extrañar que los jóvenes que tienen un empleo fijo se aferren a él con más fuerza que nunca, lo que contrasta con su imagen de ser individuos desleales que cambian de trabajo. En un artículo de 2017 sobre «Los *millennials* y la muerte de la lealtad»,[29] *Forbes* declaró que «los *millennials* están llegando a no tener fe en el concepto de la lealtad. En su lugar, están jugando a la rana saltarina, yendo de aquí para allá y sin dejar de moverse, pensando que, como te quedes quieto, te aplastan». Sin embargo, si bien es cierto que los jóvenes estadounidenses pasan menos tiempo con cada compañía —una media de tres años cuando tienen entre 25 y 34 años— que los empleados de más edad, esto ha sido así al menos desde 1983, cuando los jóvenes eran *baby boomers*.[30]

De hecho, son los trabajadores de más edad los que se han vuelto más móviles, pues se han producido descensos especialmente importantes en la permanencia en el puesto de trabajo de los que tienen entre 55 y 64 años.[31] Estas cifras se refieren a todos los traslados de trabajo, por los que algunos pueden haber sido forzados, pero un análisis similar en el Reino Unido que solo contempla los traslados voluntarios sugiere que el despido no es el factor clave. Los *millennials* tienen entre un 20 % y un 25 % menos de probabilidades de cambiar de trabajo de manera voluntaria que los de la generación X a la misma edad, quienes, a su vez, se trasladaron menos que los *baby boomers*.[32] Lejos de la huida, las generaciones sucesivas permanecen más tiempo en sus puestos de trabajo, en gran parte porque es más difícil conseguir un empleo seguro y, por tanto, la gente se aferra a lo que tiene.

Este mito generacional es aún peor que el de siempre, ese que les echa la culpa a los jóvenes por cómo se ha modificado su situación, lo cual no solo no es cierto, sino que cambiar de trabajo con poca frecuencia reduce los ingresos. Ser fiel no suele ser bueno para la progresión salarial, pues hay que salir para ascender, sobre todo en las primeras etapas de la carrera profesional. En 2016, el aumento salarial medio de una persona que permaneció en su puesto fue de tan solo el 1,7 %, mientras que una persona que cambió de trabajo recibió un aumento medio del 7,8 %.[33]

Cuando a las generaciones más jóvenes no se las acusa injustamente de deslealtad, se las tilda de holgazanas. La holgazanería fue citada en el título de la portada de la revista *Time*: «Me Me Me» —«Yo yo yo»—, y es también uno de los principales adjetivos asociados a las cohortes más jóvenes en nuestro estudio global realizado a la población. Con frecuencia, estos temas se relacionan con el lugar de trabajo en titulares como este: «Si los *millennials* trabajan bastantes menos horas que nuestros padres, ¿por qué estamos mucho más estresados?». Sin embargo, se basan en una lectura parcial de los datos que mezcla los efectos de periodo y de cohorte.[34]

La realidad es que el número de horas trabajadas por semana ha disminuido significativamente para todos los grupos de edad a largo plazo, lo que refleja los cambios producidos en los tipos de empleo y en el aumento de la productividad. Por ejemplo, la media de horas semanales de trabajo en Francia en 1870 era de 66 horas, mientras que en el año 2000 era de 37,5 horas.[35] En el Reino Unido, la semana laboral normal durante la Revolución Industrial era de seis días, y el uso común de las palabras «fin de semana» para referirse a dos días de descanso en lugar de solo a uno no apareció hasta 1878, según el *Oxford English Dictionary*.[36] El gobierno no restringió la jornada laboral a diez horas hasta 1847, y eso solo para las mujeres y los niños. Estas tendencias históricas han continuado en los tiempos modernos. Por ejemplo, la media de horas semanales trabajadas en Alemania ha descendido de 41,5 en 1984 a 39 en 2017. Tal como lo muestra la figura 3.3, *todas* las generaciones trabajan menos horas, por lo que no tiene nada que ver con que los jóvenes más holgazanes arrastren a sus mayores más diligentes. Asimismo, se observan patrones similares en otros países, incluido el Reino Unido.[38]

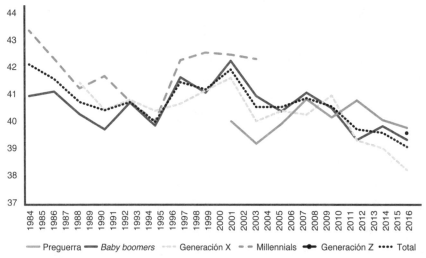

Figura 3.3. Número promedio de horas que los adultos trabajan a la semana en Alemania, incluyendo las horas extra.[37]

De hecho, los más jóvenes dicen que les gustaría trabajar *más* en vez de menos, si eso implicara que pueden ganar más. Noruega ofrece un ejemplo típico, y es que cada generación es más proclive a trabajar más horas cuando son jóvenes, lo cual disminuye a medida que envejecen.[39] Esto parece contradecir las tendencias que Twenge destaca entre los estudiantes de último año de secundaria en Estados Unidos, donde se ha producido un aumento en el porcentaje de los que dicen que «no quieren trabajar duro» de alrededor del 25 % en 1976 a aproximadamente el 40 % en 2015.[40] Sin embargo, los datos de Estados Unidos relativos a la pregunta sobre «trabajar más tiempo para ganar más» indican el mismo patrón que en otros lugares, de manera que son los adultos más jóvenes los que se muestran más entusiasmados ante la idea. Es fácil que los jóvenes de secundaria digan que les gustaría trabajar menos, pero cuando necesitan ganarse la vida, están al menos tan motivados como las generaciones anteriores.

Esto no significa que las generaciones más jóvenes se sientan impulsadas únicamente por la recompensa económica que ofrece el trabajo. De hecho, es mucho menos probable que estén de acuerdo en que «un trabajo es solo una forma de ganar dinero», como lo evidencia el ejemplo de Japón en la figura 3.4. Esto también parece contradecir una tendencia que Twenge identificó en Estados Unidos, en la cual hubo grandes aumentos en el porcentaje de estudiantes de último curso de secundaria que estaban de acuerdo en que el trabajo «no es más que ganarse la vida», entre 1976 —*baby boomers*— y 2015 —generación Z—. Pero, de nuevo, cuando llegan a la edad adulta, el patrón en Estados Unidos es el mismo que en otros lugares, pues los integrantes de la generación Z son los menos propensos a acordar con que el trabajo es solo cuestión de dinero.[41] Esto demuestra el poder de los efectos de ciclo vital que cambian los puntos de vista de cada generación a medida que pasan por las distintas etapas de la vida, así como los peligros de generalizar cómo será una generación de adultos a partir de los puntos de vista que esgrimían cuando eran niños.

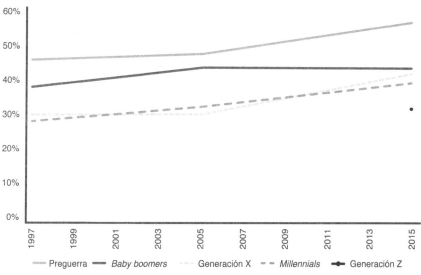

Figura 3.4. Porcentaje de adultos en Japón que dicen que el trabajo solo es una forma de ganar dinero.[42]

91

¿EL FIN DEL TRABAJO?

La cuestión más importante en cuanto a *para qué* sirve el trabajo ocupa cada vez más a los académicos y a los responsables políticos, ya que nos enfrentamos a la perspectiva de un mundo en el que habrá mucho menos que hacer para las próximas generaciones de humanos a causa de la aceleración de la automatización y de la inteligencia artificial. La lista de ocupaciones afectadas ya no incluye únicamente las que antes considerábamos «rutinarias» o fáciles de automatizar, sino funciones altamente especializadas que esperábamos que requirieran juicio o incluso intuición, como los diagnósticos médicos. Por ejemplo, mientras que un dermatólogo muy cualificado puede recurrir a los conocimientos que ha desarrollado a lo largo de muchos años para determinar si un lunar es canceroso, un programa puede buscar entre cientos de miles de casos y llegar a un diagnóstico más preciso.[43]

Claro está, ya hemos estado aquí antes. Ha habido muchas ocasiones en el pasado en las que la gente se ha mostrado inquieta ante los cambios tecnológicos que, al final, han supuesto que se produjera un enorme progreso para el ser humano y que las personas pudieran seguir trabajando. En Alemania, cuando Anton Möller inventó en 1586 el telar para cintas para ahorrar trabajo, el ayuntamiento de Danzig no solo rechazó su solicitud de patente, sino que, al parecer, ¡emitió una orden para que lo estrangularan! Más recientemente, grandes líderes y pensadores, desde John F. Kennedy hasta Albert Einstein, han advertido que la automatización será la causa de una dislocación que puede abrumar a sus creadores. No obstante, hasta ahora, en cada ocasión el crecimiento creado ha superado con creces la pérdida directa de puestos de trabajo. Aunque hay razones para pensar que podría ser diferente en el futuro. En *A World Without Work*, el economista Daniel Susskind describe cómo el impacto de la automatización, tanto en el número como en la naturaleza de los puestos de trabajo, siempre ha sido un equilibrio entre el efecto de «sustitución», según el cual las máquinas le quitan el trabajo a los humanos, y las fuerzas de «complementación».[44] Estas conducen a un aumento de la productividad, que abarata los bienes o servicios, creando a su vez crecimiento y riqueza. Como dice Susskind, estas innovaciones hacen un «pastel más grande», por lo que hay más para los humanos, aunque los robots se lleven una parte. Estos avances también pueden liberar a los humanos para que proporcionen bienes y servicios que no podemos concebir en este momento.

Sin embargo, Susskind cree que es inevitable que lleguemos a un punto de inflexión en el equilibrio entre estos efectos de sustitución y complementación, ya que parece no haber límite en el progreso de la tecnología. Esto no llegará como un *big bang*, sino como un marchitamiento. Es probable que el fin del trabajo se produzca por rachas en las que determinados sectores se vean muy afectados, pero, en general, será algo gradual, aunque implacable. Un estudio de McKinsey & Company examinó las tendencias en unos cincuenta países y en ochocientas profesiones, y estima que cuatrocientos millones, o el 15 % de todos los puestos de trabajo, podrían ser desplazados para 2030.[45] Y, tal como ocurre con muchas otras cosas, es probable que el COVID-19 acelere este fenómeno, ya que las empresas buscan hacer sus operaciones «a prueba de pandemia». Las medidas de distanciamiento social prolongadas, así como el temor a futuros virus nuevos, harán que la inversión en robots sea una propuesta más atractiva.

El consejo para nosotros ahora es incierto, puesto que se desconocen muchas cosas. Decir que una profesión es segura mientras que otra está condenada no reconoce cuán erróneas han sido tales proyecciones en el pasado. Como señala Susskind, a menudo no son trabajos enteros los que se automatizan, sino tareas dentro de ellos. Así, pues, debemos desconfiar de las listas simples y de las tablas de clasificación de los «empleos zombis» en las que se centran los medios de comunicación y los comentaristas. No obstante, tenemos que prepararnos para un enorme reajuste y aprender las lecciones que obtendremos una vez que comprendamos bien el pasado. Si bien es cierto que el impacto global que tuvo el progreso en la Revolución Industrial fue increíble, los efectos a corto plazo sobre los seres humanos fueron a menudo catastróficos, pues los salarios se estancaron durante décadas, la mortalidad infantil aumentó y la esperanza de vida disminuyó. Incluso quienes tienen una visión optimista del futuro reconocen que habrá lo que los economistas llaman «fricciones». Las habilidades de las personas, su conexión con su ocupación actual y su ubicación física significan que no pueden captar nuevas oportunidades de manera instantánea.

A primera vista podría parecer que la automatización tendrá un impacto realmente generacional, en el sentido de que afectará a determinadas cohortes mucho más que a otras. Esto podría ser algo drástico si se produjera como un momento de singularidad en el que las máquinas lanzaran una toma de posesión hostil o nos liberaran de la carga del trabajo. Podríamos hablar entonces de una «generación dorada», con una vida llena de tiempo libre valioso, o de una «generación Terminator», en el caso de que las cosas no salieran tan bien. Sin embargo, dado el carácter gradual del cambio, el impacto se extenderá a lo largo de varias generaciones. Y como ocurre con todos los cambios importantes que se producen en nuestra forma de vida, su impacto dependerá de la etapa vital y de la carrera profesional en la que nos encontremos. Los grupos de mayor edad podrán tener dificultades para adaptarse y reconvertirse, mientras que lo más seguro es que las generaciones más jóvenes vean cómo se agotan esos puestos de trabajo rutinarios basados en tareas que tienen lugar al principio de sus carreras profesionales.

LA ESCANDALOSA ESTAFA DE LA INVESTIGACIÓN GENERACIONAL EN EL LUGAR DE TRABAJO

Con un cambio tan transformador en curso, es difícil creer que el tema central de la discusión sobre las generaciones y el trabajo sea tan a menudo algo tan tonto como las diferencias entre cada ola de nuevos trabajadores. Esto es impulsado por los consultores generacionales que han ayudado a popularizar estereotipos infundados a través de seminarios del tipo: «Tío, ¿cuál es mi trabajo? Cómo gestionar a los *millennials* en la mano de obra actual».[46]

Sus consejos suelen empezar con grandes generalizaciones:

- «La generación X es cínica e independiente. Los *millennials* son optimistas y se centran en sí mismos. La generación Z es de mente abierta y cariñosa, y tiene sentido de la integridad y de la tenacidad».[47] (Estos descriptores funcionan igualmente bien para los signos del zodiaco; por increíble que parezca, Tauro, Aries y Sagitario, respectivamente, tienen los mismos atributos. Puede ser. Solo es una suposición).

A continuación, se refieren a las implicaciones similares en el lugar de trabajo que derivan de estas ideas sobre el carácter:

- «A los *millennials* les gusta un espacio de trabajo colaborativo y puede que no les entusiasme que la generación Z desee trabajar de forma independiente. Los almuerzos en grupo, los espacios de trabajo y los proyectos colaborativos de los *millennials* tal vez no sean lo que muchos de la generación Z prefieran».[48] (¿Por qué los de la generación Z no pueden pasar el rato con los de la generación X, también de mentalidad independiente, y dejar que los *millennials* sigan con sus ejercicios de crear equipos?).
- «Los elogios son lo más importante. Cuando se trata de los *millennials*, estamos hablando de una generación en la que a todo el mundo le han dado un trofeo, a todo el mundo lo han elogiado y a todo el mundo lo han recompensado por aparecer».[49] (A mí también me gustan los elogios).
- «Las encuestas nacionales demostraron que la generación Z no se parecía en nada a los *millennials*. De hecho, eran muy diferentes. Una cosa es segura, y es que la generación Z está preparada y ansiosa por arrasar en el trabajo».[50] (Las encuestas no demostraron esto, sea lo que fuere lo que signifique).
- «Sueña a lo grande con ellos. Los sueños son una parte importante de la vida de los *millennials*. Se los animó a soñar desde que eran niños, y siguen haciéndolo a diario… Como vean que tus sueños no son tan grandes como los suyos, puede resultarles algo desmotivador».[51] (Los consultores generacionales se centran mucho en las esperanzas y en los sueños).
- «La capacidad de atención media de un *millennial* es de doce segundos, mientras que la de los pertenecientes a la generación Z es aún más decepcionante: ocho segundos».[52]

Esta última afirmación es un mito generacional imperecedero que lleva ya muchos años dando vueltas. Se aplicó primero a los *millennials* y luego a la generación Z, y no parece haber ninguna prueba fiable que la respalde. La fuente más citada es un informe de 2015 elaborado por el equipo de *Consumer Insights* de Microsoft Canadá, que a su vez remite al sitio web Statistic Brain y que no ofrece datos reales sobre la capacidad de atención de las generaciones.[53] En la práctica, los «periodos de atención» son conceptos complejos. Las pruebas con las que se suelen medir no son sencillas y no pueden dar una simple media en segundos para cada generación.[54] En definitiva, no hay datos sobre tendencias que nos permitan comparar con precisión la capacidad de atención promedio de los seres humanos de la forma en la que se lo dice.

Cada uno de estos estereotipos es arriesgado y perjudicial, ya que influyen en la visión que tenemos de generaciones enteras. David Costanza y Lisa Finkelstein, profesores estadounidenses de Psicología Organizacional en la universidad, señalan que la «pertenencia generacional» no es una categoría protegida. Mientras que la mayoría de la gente se sentiría incómoda diciendo que las personas mayores no pueden concentrarse, que los negros son unos cínicos o que las mujeres son adictas a los elogios, es aceptable marcar a generaciones enteras con los mismos atributos.[55]

Entonces, ¿qué diferencias generacionales reales hay en el lugar de trabajo? Prácticamente ninguna. Un metaanálisis de veinte estudios centrados en las diferencias existentes en la satisfacción laboral, el compromiso organizativo y la intención de cambiar de trabajo concluye: «El patrón de los resultados indica que las relaciones entre la pertenencia generacional y los resultados relacionados con el trabajo son de moderadas a pequeñas, y básicamente nulas en muchos casos».[56] Según lo que afirmó Jennifer Deal, autora de *Retiring the Generation Gap*, en un pódcast de la revista *Harvard Business Review*: «Fundamentalmente, los *millennials* quieren lo que las generaciones mayores siempre han querido, es decir, un empleo interesante que esté bien pagado en el que trabajen con personas que les caigan bien y en las que confíen, en el que tengan acceso al desarrollo y a la oportunidad de avanzar, en el que se les muestre aprecio de forma regular y del que no tengan que marcharse».

NO TODO ES GENERACIONAL

La separación de los efectos de cohorte, de ciclo de vida y de periodo es la mejor protección que tenemos para no caer en los mitos generacionales. Algunos de los tópicos que se venden como conocimientos generacionales, como aquellos que se centran en cómo se comportan y responden las diferentes cohortes en el lugar de trabajo, son tan gratuitos que son fáciles de desmentir. Por supuesto, las personas buscan cosas diferentes en función de en qué etapa de su carrera profesional se encuentren, pero no hay pruebas que concluyan que estos efectos de ciclo vital hayan cambiado mucho en las últimas décadas.

El peligro de los mitos que existen en cuanto al lugar de trabajo no es solo tiempo y dinero perdidos, sino que también permiten que las empresas culpen a cohortes enteras de los fallos que cometen las propias compañías. Si estas tienen un problema con la motivación y la retención de los más jóvenes o de los mayores, deberían mirarse a sí mismas en lugar de buscar respuestas mágicas basadas en el pensamiento astrológico. Parece extraño que el lugar de trabajo haya sido el contexto de las afirmaciones más triviales; es casi como si se pudiera ganar dinero fabricando y luego solucionando los problemas generacionales.

Los efectos de ciclo vital, sobre todo en los puntos de transición clave de nuestras vidas, como el inicio de nuestras carreras profesionales, hacen que nos vayamos alineando a medida que pasamos por ellos. Esto es importante porque muchos de los mitos sobre la actitud de cada generación hacia el trabajo empiezan pronto, basándose en los hallazgos de cuando las personas aún eran adolescentes. No es de extrañar que estas diferencias se aplanen cuando la gente crece, ya que las personas cambian con la experiencia que adquieren en sus años de formación, y esto suele hacer desaparecer las señales poco fiables de nuestra adolescencia. Puede que Mark Twain no dijera lo siguiente, pero quien lo hizo tenía razón: «Cuando era un niño de 14 años, mi padre era tan ignorante que apenas podía soportar tener al viejo cerca. Pero cuando cumplí 21, me sorprendió lo mucho que él había aprendido en siete años».

Lo penoso de estos mitos es que nos distraen de los extraordinarios cambios que han tenido lugar recientemente en la educación y en el trabajo, muchos de los cuales sí han sido generacionales. Las mujeres nacidas con pocas décadas de diferencia han tenido experiencias enormemente disímiles en el mercado laboral; las personas mayores de hoy día permanecen en la población activa mucho más tiempo que sus padres, y los trabajadores más jóvenes se enfrentan a nuevas formas de precariedad laboral. Los increíbles gradientes en las líneas generacionales de los graduados universitarios deberían ser motivo de celebración, pero un cambio tan rápido está destinado a crear tensiones y a plantear preguntas. Lo más importante es que nos ha distraído de apoyar caminos alternativos en la educación y en la formación. En los próximos años, necesitamos ver una trayectoria de crecimiento similar para los jóvenes que completan aprendizajes de buena calidad y otros tipos de formación profesional, para evitar que se amplíe aún más la diferencia respecto de las oportunidades de vida.

4

Felices ahora

Parece evidente que la felicidad debe ser un objetivo central de la vida. Incluso los gobiernos la consideran ahora parte de su función. Siguiendo el ejemplo de Bután, Francia y el Reino Unido intentaron convertir la «felicidad nacional bruta» en una prioridad nacional, junto con el producto interno bruto —PIB—. En 2019, el gobierno de Nueva Zelanda elaboró su primer «presupuesto de bienestar».[1] Los Emiratos Árabes Unidos ahora tienen un ministro dedicado exclusivamente a implementar su «Programa Nacional para la Felicidad y el Bienestar», y el Reino Unido ha nombrado un «ministro de la soledad».

Estas últimas intervenciones pueden parecer una respuesta lógica a la profunda y constante ambición humana de ser feliz, pero la búsqueda activa de la felicidad es, en realidad, un acontecimiento relativamente reciente. Si miramos atrás, los antiguos pensaban que el sufrimiento era una condición natural. El historiador griego Heródoto plasmó esta idea en el siglo v a. C., cuando dijo: «No hay hombre en el mundo, ni aquí ni en ningún otro lugar, que sea tan feliz que en el transcurso de su vida no desee —una y otra vez— estar muerto en lugar de vivo».[2] Ya tengo mi próximo posteo inspirador para Facebook.

Por lo general, los historiadores están de acuerdo en que la noción de que la felicidad es un estado emocional alcanzable, en vez de un resultado ganado tras una vida virtuosa, se remonta a la Ilustración. Estos cambios se aceleraron en el siglo XX a través de mejoras en los aspectos básicos de la vida, lo que permitió un mayor enfoque emocional y un creciente sentido del derecho individual a la felicidad. En la década de 1920 empezaron a aparecer en Estados Unidos libros con títulos como *Happiness Is a Choice* y *A Thousand Paths to Happiness*.[3] En décadas posteriores, la felicidad se vinculó al creciente consumismo y se formalizó como un método para vender más cosas. Las grandes empresas se subieron al carro, como Disney con su misión de «hacer feliz a la gente», y Coca-Cola, instando a «tomar una Coca-Cola y sonreír». La felicidad también se convirtió en un nuevo objetivo de la paternidad y la maternidad. Hasta entonces, el trabajo y la obediencia habían sido el centro de atención, pero los manuales que enseñaban cómo criar a los hijos comenzaron a incluir el consejo bienintencionado, aunque claramente equivocado, de que la felicidad es «tan esencial como la comida».[4]

Estos cambios reflejan la aceleración del progreso humano en los últimos dos siglos, ya que hemos dejado atrás milenios de subsistencia y hemos pasado de la «supervivencia» a la «autoexpresión». Por supuesto, esto tiene sus inconvenientes, y es que la presión por ser feliz puede producir frustración cuando no se cumplen las expectativas. El estremecedor parón en el progreso generacional ha tenido implicaciones de gran alcance, como la pérdida de esperanza en el futuro de sectores enteros de la sociedad, lo que incluso ha tenido como consecuencia la tragedia del suicidio.

Llevamos desarrollando la comprensión que tenemos de la satisfacción vital desde los años setenta y ochenta, cuando los psicólogos sugerían que los seres humanos están atrapados en una «cinta de correr hedónica»[5] en la que nada de lo que nos ocurra, ni los premios de la lotería ni la pérdida de una extremidad, cambiará nuestros niveles de felicidad individual de forma significativa a largo plazo. Esto parece ahora menos claro y, si bien es cierto que puede haber un componente fijo en nuestra felicidad, un nivel de referencia alrededor del cual cada individuo tenderá a merodear, puede moverse como resultado de lo que nos ocurre. No obstante, la felicidad sigue siendo un tema complejo y misterioso, y muchas cosas en torno a ella siguen discutiéndose y quedan sin explicación. Buscamos constantemente respuestas nuevas y sencillas, pero a menudo estas nos llevan por el camino equivocado.

Los abundantes mitos y estereotipos casuales que hay respecto de las generaciones no ayudan a dicha confusión. Caricaturizamos décadas enteras como si tuvieran una relación diferente con la felicidad, desde los movidos años sesenta hasta los adustos años setenta, los codiciosos años ochenta y los hedonistas años noventa. Superponemos estas épocas con caracterizaciones de cohortes, desde la estoica generación de la preguerra, los despreocupados *baby boomers* y los malhumorados de la generación X, hasta los «copos de nieve» emocionalmente dañados de las generaciones más jóvenes de hoy en día. Tenemos ideas exageradas sobre cómo cambia nuestra relación con la felicidad a lo largo de la vida, ya que se nos incita a ello mediante titulares sensacionalistas sobre la ansiedad entre los jóvenes, la miseria de la mediana edad y la soledad de los mayores.

A veces hay una parte de verdad en estas distintas imágenes que se tienen de los periodos, las cohortes y las etapas de la vida, pero no sabemos separarlas y comprender lo que es realmente importante. Como veremos, las supuestas «epidemias» de suicidio entre los jóvenes o de soledad entre los ancianos dan una mayor sensación de amenaza y cambio de lo que aseguran las tendencias reales. Cuando separamos con más cuidado los distintos efectos, el panorama suele ser menos aterrador de lo que se nos hace creer, pero estos mitos también pueden ocultar realidades importantes, las cuales son a menudo trágicas.

Una de estas verdades ocultas es que muchas de las historias más relevantes en torno a la felicidad no tienen nada que ver con los jóvenes ni con los mayores, sino con los que están en medio.

¿LA MISERIA DE LA MEDIANA EDAD?

«Es el peor día de mi vida», gime Bart Simpson. Antes, Homer lo había incitado a que fuera en monopatín hasta el Krusty Burger y a que volviera «en pelotas». Al principio, Bart se mostró reacio —«las chicas me verán la pilila»—, pero no tuvo más remedio que hacerlo cuando Homer lo amenazó con declararlo «gallina de por vida». Por sorprendente que parezca, la cosa iba bien hasta que la policía lo detuvo «en nombre del puritanismo americano» y lo esposó a una farola antes de ir a por una hamburguesa. Homer, por supuesto, llegó vestido con camiseta y calcetines para rescatar a su hijo, pero, lo que es más importante, sin pantalones ni calzoncillos. No obstante, si bien es cierto que Homer había fracasado en todos los aspectos prácticos, trajo su habitual sabiduría tranquilizadora al corregir a Bart: «El peor día, de momento».

Y Homer tiene razón. Lo más probable es que las cosas para Bart vayan cuesta abajo. Esto no se debe solo a las malas elecciones individuales de la vida o a los desafortunados caminos que le esperan al Bart adulto, el cual sigue gorroneándole a su familia casi siempre o atraviesa un tenso divorcio. Más allá de los futuros imaginados por los personajes de los dibujos animados, hay pruebas significativas proporcionadas por una serie de estudios que demuestran que las personas más jóvenes tienden a ser más felices.

El modelo más conocido es la «curva de la felicidad en forma de U», según la cual empezamos la vida adulta felices, tocamos fondo a finales de los 40 o principios de los 50, y luego volvemos a ser poco a poco más felices.[6] Dos de los principales analistas de la satisfacción ante la vida, Andrew Oswald, académico del Reino Unido, y David Blanchflower, antiguo responsable de la política del Banco de Inglaterra, han examinado esta relación durante décadas en una gran variedad de países a través de una serie de encuestas. En su último estudio,[7] Blanchflower abarcó ciento cuarenta y cinco países y concluyó lo siguiente: «No hay peros que valgan, el bienestar tiene forma de U y está relacionado con la edad».

Blanchflower constata que, en las decenas de países más ricos que incluyó en su estudio, el punto más bajo de la felicidad se sitúa en los 47,2 años. Debo confesar que esta es justo la edad que tengo mientras escribo este capítulo. Puede que ayude a explicar mi malhumor en cuanto al proceso de escritura del libro, pero, mirando el lado bueno, estaré en la curva ascendente para cuando estés leyendo esto. Puedo reconocer muchas de las características que a menudo se consideran una explicación de la infelicidad entre la gente de mediana edad. Es una etapa de la vida que frecuentemente está definida por la presión y en la que tendemos a estar atrapados entre las responsabilidades con los hijos, los padres y la carrera profesional, lo que supone una carga de tiempo para nosotros mismos y nuestras relaciones personales. También es posible que empecemos a replantearnos nuestra vida; hay más cosas detrás de nosotros que delante, y la realidad no siempre está a la altura de lo que soñábamos en nuestra juventud. El cómico irlandés Dylan Moran redujo las siete edades del hombre de Shakespeare a tan solo cuatro, y captó a la perfección el hastío que existe en el medio cuando dijo: «Niño, fracaso, viejo, muerto».[8]

La relativa consistencia del patrón en forma de U de Blanchflower en muchos países plantea la intrigante posibilidad de que se trate de un efecto de la edad que responde a nuestra constitución biológica. Esta explicación se vio reforzada en un estudio realizado por Oswald y otros cuatro expertos, en el que cuidadores de zoológicos y otros animales calificaron el estado de ánimo de chimpancés y orangutanes a lo largo del tiempo en Australia, Canadá, Japón, Singapur y Estados Unidos. El bienestar de los simios tocó fondo a edades que podríamos comparar con el periodo entre 45 y 50 años en los humanos. Como concluyen los autores: «Nuestros resultados implican que la forma curvada del bienestar humano no es exclusivamente humana y que, si bien es cierto que puede explicarse en parte por aspectos de la vida y la sociedad humanas, sus orígenes pueden residir, entre otras cosas, en la biología que compartimos con grandes simios estrechamente emparentados».[9]

La curva de la felicidad en forma de U suscita una gran controversia. Otros estudios encuentran líneas relativamente planas, una U en la que la felicidad vuelve a descender en el grupo de mayor edad o incluso úes *invertidas*.[10] Estos distintos resultados a veces se deben a que los estudios se basan en diferentes medidas de bienestar o se llevan a cabo en países distintos. El patrón de la U se asocia con las naciones occidentales más desarrolladas, mientras que en otras partes del mundo se observan patrones variables. Sin embargo, incluso en los países occidentales, es algo muy discutido. Una revisión exhaustiva de las investigaciones publicadas en economía, psicología y gerontología concluye que no es posible afirmar con certeza si la curva de la felicidad tiene realmente forma de U, puesto que depende de cómo se enfoque el análisis.[11]

Hay tres puntos que nos ayudan a comprender los verdaderos cambios que se producen en la felicidad a medida que envejecemos. En primer lugar, estos análisis no son siempre una simple presentación de los resultados de las encuestas. La mayoría, entre ellos el estudio de Blanchflower que llevó a identificar los 47,2 años como la cima de la miseria, controla otros factores que están relacionados con la satisfacción vital para tratar de identificar el impacto absoluto que tiene la edad en nuestra felicidad.

Por ejemplo, sabemos que existe una relación entre la felicidad y las características como el empleo, la riqueza, la salud y la situación sentimental. También sabemos que el lugar que se ocupa en cada una de estas categorías depende en gran medida de la edad. Por ello, algunos analistas opinan que, si queremos entender cómo *solo nuestra edad* está relacionada con nuestra felicidad, debemos eliminar de los datos el efecto de estos otros factores. Esto suele aumentar la felicidad «ajustada» de las personas mayores, ya que suelen tener peor salud y es más probable que enviuden y vivan solas. Por ejemplo, la figura 4.1 muestra un gráfico del estudio de Blanchflower que utiliza datos del Eurobarómetro de treinta y cinco países europeos, y se puede ver que la U es más pronunciada después de incluir estas limitaciones, pues sin ellas hay un repunte mucho menos drástico en los años posteriores.

Algunos consideran a estos controles como una «manipulación de los datos», ya que significa que los resultados no reflejan los niveles reales de satisfacción vital de los diferentes grupos de edad. Richard Easterlin, otro destacado analista de la felicidad, escribe lo siguiente: «Si uno quiere saber si es probable que una persona sea más feliz durante su época dorada que cuando empieza a formar una familia, no querrá dejar de lado el hecho de que es probable que las personas mayores tengan menos ingresos, estén menos sanas y tengan más probabilidades de vivir solas».[12] Esto es cierto, pero comprender el efecto directo de la edad también es útil. Tal como lo señala Blanchflower, cuando analizamos los riesgos para la salud derivados de fumar tabaco, controlamos otros factores relacionados con el tabaquismo y con la enfermedad, como los ingresos, para hacernos una idea real del impacto que tiene fumar por sí solo. El auténtico problema es la forma en la que se comunican los resultados y el hecho de que se simplifiquen en titulares sobre «la miseria de la mediana edad».[13]

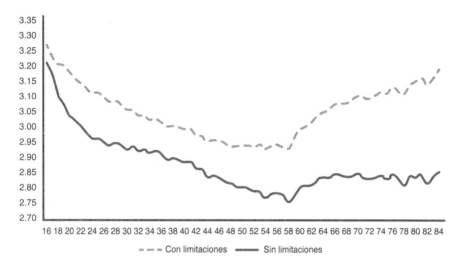

Figura 4.1. Satisfacción vital (sobre un total de 4) en función de la edad en Europa.[14]

El segundo punto importante que debemos entender es la magnitud del descenso de la felicidad en la mediana edad. Las diferencias son estadísticamente significativas, en parte porque las encuestas son enormes, pero también necesitamos saber lo que los estadísticos llaman el «tamaño del efecto».[15] Si observamos la figura 4.1, podremos ver que, a lo largo de la mayor parte de nuestras vidas, tendemos a obtener una puntuación de entre 2,8 y 3,1 sobre un posible 4. Estos pequeños cambios no deben despreciarse, ya que, desde el punto máximo al mínimo, pueden representar el impacto medio de quedarse en paro, por ejemplo. Sin embargo, no debemos interpretar el descenso como una desesperación que se garantiza en la mediana edad; solo es un descenso. La felicidad no varía muchísimo entre la mayoría de las personas, y nuestra propia felicidad individual está bastante bien establecida, independientemente de las circunstancias, además de que solemos ser capaces de adaptarnos cuando las cosas cambian.

El último punto es que parte de la razón atribuida a la contradicción entre los resultados es que hay una enorme variedad de cosas que influyen en nuestros niveles de felicidad. La mayoría de los estudios se centran en los efectos de la edad, pero otros encuentran una relación entre nuestra felicidad y el momento en el que nacimos —efectos de cohorte—, sumado a lo que ocurría en nuestros países en ese momento —efectos de periodo—. Las pruebas de los efectos de cohorte son confusas e incoherentes entre los distintos países, sobre todo porque el momento en el que una persona nace suele tener un impacto bastante pequeño.[16] Como excepción destaca un estudio en el que Blanchflower y Oswald constatan que la satisfacción vital de los hombres estadounidenses disminuye con cada década de nacimiento sucesiva durante el siglo xx. Volveremos a este patrón más adelante, cuando examinemos cómo ha crecido la «desesperación» en Estados Unidos.[17]

Hay pruebas más consistentes que señalan que poblaciones enteras de países son felices o infelices en función de determinados periodos de tiempo. No es de extrañar que el inicio de la crisis del COVID-19 tuviera un impacto particularmente drástico en los niveles de felicidad. Por ejemplo, el porcentaje de personas en el Reino Unido que se daban a sí mismas la puntuación más baja aumentó al 21 % cuando comenzó el confinamiento, en comparación con el 8 % registrado a finales de 2019.[18] Sin embargo, estas puntuaciones también empezaron a recuperarse a las pocas semanas. Nuestra felicidad es resistente, incluso en circunstancias extremas.

No obstante, es poco probable que este sea el final del impacto que ha tenido la pandemia en la felicidad. Está claro que existe una relación entre la marcha de la economía y nuestra satisfacción vital, y que las crisis económicas nos entristecen mucho más que los auges. En un estudio sobre más de ciento cincuenta países, los economistas Jan-Emmanuel De Neve y Michael Norton muestran que los años de recesión están significativamente asociados a pérdidas de bienestar, pero que hay una relación mucho más débil entre los años de crecimiento positivo y el aumento del bienestar.[19] Por ejemplo, cuando se basan en el mismo estudio del Eurobarómetro que Blanchflower, descubren que nuestro bienestar subjetivo es unas seis veces más sensible a los efectos negativos de las recesiones que a los impactos positivos de los auges. Grecia ofrece un ejemplo extremo, pues la satisfacción vital apenas cambió desde los años ochenta hasta gran parte de los 2000, a pesar de que la economía creció más del 50 %. Sin embargo, el bienestar se desplomó hasta alcanzar mínimos históricos tras la recesión de 2008.

Esta asimetría puede explicarse en parte por las tendencias que hemos visto en capítulos anteriores, como que los ciudadanos de a pie no se han beneficiado significativamente del crecimiento económico en las últimas décadas, ya que el crecimiento de los salarios se ha estancado y las recesiones han seguido afectándolos con dureza. Aunque ello también está relacionado en parte con nuestra fuerte «aversión a las pérdidas», lo cual significa que las sentimos con intensidad, mientras que tendemos a acumular ganancias graduales sin apreciarlas de verdad.[20] También tenemos una «tendencia a la queja», es decir, cuando las cosas van bien, nos mantenemos bastante callados al respecto con la esperanza de que continúen o incluso aumenten. Por otro lado, cuando las cosas van mal, tiene sentido dar a conocer nuestros sentimientos para así fomentar el cambio.[21]

Se obtiene una imagen mucho más clara de la importancia relativa de estos efectos contrapuestos de la edad, el periodo y la cohorte cuando se traza nuestra felicidad en líneas generacionales. Para mantener la coherencia con los análisis de Blanchflower, he utilizado los mismos datos del Eurobarómetro; lo que destaca en todos los países no es una gran caída de la satisfacción vital en la mediana edad, sino más bien lo mucho que se ondula en todos los grupos de edad a lo largo del tiempo, ante lo que se muestran diferencias relativamente pequeñas entre generaciones. Solo hay una excepción clara y repetida, y es que cada generación de jóvenes tiende a comenzar su carrera profesional notablemente más feliz que las generaciones anteriores.

España es un país típico en cuanto a estos patrones, como lo demuestra la figura 4.2. Se puede ver la montaña rusa causada por los efectos de periodo entre todas las generaciones españolas, así como caídas significativas alrededor de las recesiones a principios de los noventa y en 2008, y luego una recuperación gradual a partir de 2012. No hay ningún signo claro de un efecto de cohorte en el que las generaciones sean diferentes y se mantengan diferentes a lo largo del tiempo. Tampoco parece haber una gran depresión en la mediana edad. Por ejemplo, la generación X no se ha vuelto notablemente más miserable que otras generaciones en los últimos años al llegar a los 40 y tantos.

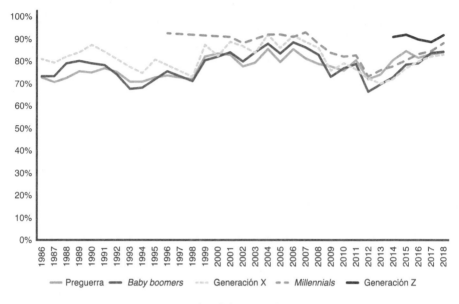

Figura 4.2. Porcentaje de adultos en España que están muy satisfechos o relativamente satisfechos con la vida que llevan.[22]

El único patrón basado en la edad que cabe destacar es que a medida que cada nueva generación entra en los datos, comienza siendo la más feliz de todas las cohortes, antes de que se vean arrastradas hacia abajo. La generación X llegó relativamente llena de vida a finales de la década de 1980, al igual que los *millennials* a principios de la década del 2000 y la generación Z en los últimos años, pero estas olas repetidas de positividad no tardan en disiparse. Vemos el mismo tipo de patrón en los Países Bajos, Italia y el Reino Unido, entre otras naciones.

Así, pues, en general, la gente de mediana edad puede afirmar que es la más desgraciada, pero no tanto como algunos informes de los medios de comunicación dan a entender. Dado que la mayoría de los modelos asumen de manera correcta que lo peor está por venir a medida que envejecemos —en términos de salud y relaciones— y lo controlan, esto contribuye de manera significativa a nuestra relativa infelicidad. Los datos ponen de manifiesto verdades considerables sobre la angustia que siente la mediana edad y la resistencia que caracteriza a la tercera edad, pero las líneas generacionales muestran lo mucho que ocurre, tanto entre grupos como a lo largo del tiempo. Resulta tranquilizador que no haya muchas pruebas de grandes diferencias entre cohortes; en cambio, lo que destaca es la relativa felicidad que se repite entre la juventud, independientemente de la fecha en la que se haya nacido. A pesar de todas las circunstancias difíciles a las que se enfrentan los jóvenes, no hay indicios de que, en la gran mayoría de los países, la felicidad descienda de manera generalizada entre nuestra actual generación de jóvenes en comparación con las anteriores.

¿ESTÁN BIEN LOS NIÑOS?

Este panorama relativamente prometedor puede parecer contrario a la preocupación por la salud mental de las generaciones más jóvenes. Abundan los titulares sobre cómo primero los *millennials* y ahora la generación Z son la «generación con más enfermedades mentales»[23] o «con mucha ansiedad e infeliz».[24]

Sin embargo, este aparente desajuste entre los datos que tenemos sobre la felicidad y el discurso que se expone en los medios de comunicación no es un simple mito generacional. Si bien es cierto que la felicidad y la salud mental están claramente relacionadas, estos son aspectos distintos de la experiencia humana.[25] Por ejemplo, las personas que padecen una enfermedad mental grave pueden seguir teniendo un alto nivel de bienestar si su condición se gestiona bien. E incluso cuando las condiciones relacionadas a la salud mental reducen la felicidad de un individuo, estas siguen afectando solo a un porcentaje relativamente pequeño de la población, y dichos fenómenos pueden no alterar el nivel medio de felicidad de los jóvenes en su conjunto.

Esto parece ser lo que está sucediendo en Estados Unidos. Un estudio de 2019 de Jean Twenge y sus colaboradores[26] muestra que el porcentaje de adolescentes estadounidenses que reportan síntomas acordes con depresión severa en los últimos doce meses aumentó del 8,7 % al 13,2 % entre 2005 y 2017. Los jóvenes adultos experimentaron un fenómeno casi idéntico, tanto en los síntomas de depresión severa como en el malestar psicológico grave. No hubo ningún aumento equivalente entre otros grupos de edad durante este período, por lo que parece un patrón que ha surgido entre la generación de jóvenes actual en lugar de un efecto de periodo más general.

Se trata de grandes aumentos proporcionales de los trastornos mentales graves, pero, como solo afectan a un porcentaje más o menos pequeño de gente joven, no quiere decir que estos sean, por regla general, menos felices que los grupos de mayor edad. De hecho, Twenge muestra en su libro sobre la generación Z que los niveles generales de felicidad se han mantenido relativamente altos entre los jóvenes.[27]

El panorama de los jóvenes en Inglaterra empieza a mostrar un preocupante paralelismo con el de Estados Unidos. La figura 4.3 traza nuestras líneas generacionales desde 1991 hasta 2016 en una medida llamada General Health Questionnaire-12 (GHQ-12), la cual forma parte de la *Health Survey for England*, una encuesta anual que recopila información en materia de salud de la población inglesa. Esta medida, ampliamente utilizada, abarca doce ítems sobre niveles generales de depresión, ansiedad, trastornos del sueño y confianza en uno mismo. La figura 4.3 muestra a las personas con una puntuación total, que indica que hay una alta probabilidad de que padezcan un trastorno mental común.[28]

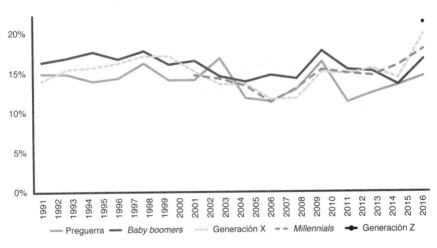

Figura 4.3. Porcentaje de personas jóvenes en Inglaterra con una puntuación de 4 o más en la medida del GHQ-12, que indica un trastorno mental común.[29]

En su mayor parte, las distintas generaciones rondan el mismo nivel a lo largo del periodo, y se producen pocos cambios significativos —a excepción de un notable bache que tuvo lugar en 2009, tras la crisis financiera mundial—. Sin embargo, hay un indicio de que puede que no sea lo mismo con la generación Z. Más de una quinta parte de esta última generación de jóvenes —el 22 %— comienza su vida adulta presentando signos de un trastorno mental común, en comparación con el 15 % de los *millennials* en 1998, cuando estos tenían la misma edad media.

Se trata de un único dato que utiliza una medida basada en una encuesta simple y no clínica, y que se centra en los posibles trastornos mentales, por lo que debemos ser cautos a la hora de hacer demasiado hincapié en sus resultados. No obstante, se ve reforzado por otros estudios británicos que también sugieren que, por debajo de esta tendencia general, existe un patrón especialmente preocupante para las últimas generaciones de mujeres jóvenes y niñas. Por ejemplo, la encuesta *Mental Health of Children and Young People* utiliza una herramienta de diagnóstico detallada para los trastornos mentales, y todos los casos son revisados por profesionales con formación clínica. De nuevo, a primera vista, no es tan preocupante. Los trastornos emocionales, como la ansiedad y la depresión, sí aumentaron entre los niños de 5 a 15 años, pasando de alrededor del 4 % tanto en 1999 como en 2004 a cerca del 6 % en 2017. Pero hay algunas diferencias que sorprenden entre los grupos de edad y los géneros, pues hay un 22 % de niñas y mujeres jóvenes de 17 a 19 años clasificadas con algún trastorno emocional.[30]

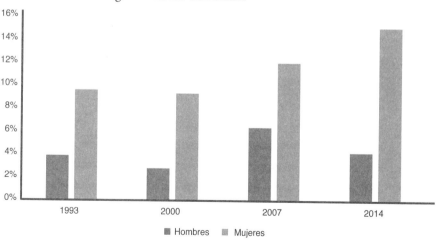

Figura 4.4. Porcentaje de personas en Inglaterra de entre 16 y 24 años que padecen ansiedad y depresión severas.[31]

Según otros estudios en Inglaterra, como la Adult Psychiatric Morbidity Survey, la cual incluye a personas de 16 a 24 años, sugieren que se trata de una tendencia emergente. Como lo revela la figura 4.4, se ha producido un marcado aumento de las chicas y de las mujeres jóvenes clasificadas como personas con ansiedad o depresión severas —la cifra pasó de menos del 10 % en 1993 y 2000 a cerca del 15 % en 2014—, mientras que los porcentajes entre los chicos y los hombres jóvenes apenas han cambiado. Dicho estudio también destaca el increíble aumento en los casos de autolesiones durante el mismo periodo, el cual ha saltado del 6 % de las niñas y mujeres jóvenes a casi el 20 %, mientras que, por su parte, la cifra de niños y hombres jóvenes también ha aumentado, pero a un nivel mucho más bajo, de alrededor del 8 %.[32]

Resulta inquietante cuán similares son estos hallazgos en función del género a los resultados obtenidos en Estados Unidos, donde la prevalencia de episodios depresivos graves se disparó para las adolescentes, ya que pasó de alrededor del 12 % en 2011 a casi el 19 % en 2015, mientras que los chicos se mantuvieron bastante estables en torno al 5 % o 6 %.[33] Las tendencias generales en Gran Bretaña son tal vez menos marcadas, pero es preocupante el hecho de que parecen seguir un camino parecido. Y tampoco es un fenómeno exclusivo del Reino Unido o de Estados Unidos. La Organización Mundial de la Salud ha manifestado su preocupación por la «creciente tasa de problemas de salud mental y de comportamiento» en adolescentes y jóvenes de toda Europa.[34]

Los primeros estudios que se centran en el impacto de la pandemia de COVID-19 sobre la salud mental sugieren que los efectos directos del aislamiento social y las repercusiones que habrá a largo plazo en la economía acentuarán estas preocupantes tendencias. De hecho, varios estudios ya han mostrado un aumento de los trastornos mentales en toda la población.[35] El presidente del Real Colegio de Psiquiatras del Reino Unido cree que será el «mayor golpe a la salud mental desde la Segunda Guerra Mundial», y se piensa que hasta diez millones de personas necesitarán apoyo psicológico nuevo o adicional como resultado directo de la crisis.[36] No obstante, como ocurre con muchas de las repercusiones de la pandemia, esto está afectando de forma desproporcionada a quienes ya eran vulnerables,[37] incluidos los niños y la gente joven. Un estudio de seguimiento realizado en el Reino Unido evidencia que los jóvenes de 18 a 24 años tienen el doble de probabilidades de sentir «desesperanza» como resultado de la pandemia en comparación con la población en general.[38] La forma en la que estas enormes conmociones impactan en las personas está determinada en gran medida por cambios mucho más lentos y de mayor duración.

A menudo se le echa la culpa de este cambio entre la generación joven actual a un culpable en particular: la llegada del *smartphone* y de las redes sociales. Jean Twenge cree que este es el «gusano que hay en el centro de la manzana», y no es la única. En el Reino Unido, Matt Hancock, el secretario de Sanidad, propuso en 2019 una nueva ley que prohíbe a los menores de 13 años usar las redes sociales, alegando el impacto que estas tienen en su salud mental. Asimismo, Simon Stevens, jefe del Servicio Nacional de Salud —NHS—, fue claro al señalar con el dedo a las empresas tecnológicas y a las plataformas de redes sociales por dejar «al Servicio Nacional de Salud para que recoja los platos rotos causados por una epidemia de problemas de salud mental entre nuestros jóvenes».[39]

A primera vista, las pruebas parecen claras. Por ejemplo, mi propio análisis de los datos británicos revela que los niños que pasan tres o más horas en las redes sociales en un día de entre semana tienen más del doble de probabilidades de tener síntomas de algún trastorno mental que los que no gastan tiempo en ellas —el 27 % frente al 12 %—.[40] Otros estudios muestran efectos aún mayores para los usuarios de alto nivel. Por ejemplo, un estudio que analizó a más de diez mil jóvenes de 14 años concluyó que el 12 % de los usuarios no usaban tanto las redes sociales, y que el 38 % que las utilizaban mucho tenían síntomas de depresión.[41] Esta explicación es especialmente tentadora, puesto que también proporciona una razón lógica para la creciente brecha entre chicas y chicos, y es que el 40 % de las chicas usa las redes sociales durante tres o más horas al día, frente a solo el 20 % de los chicos.

Parece que estamos ante un caso cerrado, pero no es así.

En primer lugar, estas asociaciones no tienen en cuenta otros factores que podrían causar un mayor uso de las redes sociales *y* problemas de salud mental. Cuando los investigadores incluyen una gama más amplia de factores en sus modelos, el impacto de las redes sociales y la tecnología se vuelve mucho menos drástico. En un importante estudio que abarcó más de trescientas cincuenta mil entrevistas en el Reino Unido y en Estados Unidos, fumar marihuana y el acoso escolar, por ejemplo, tienen con frecuencia una relación negativa con el bienestar de los adolescentes mucho mayor que el uso de la tecnología.[42] Asimismo, actividades sencillas, como dormir lo suficiente o desayunar con regularidad, tienen una relación mucho más positiva con el bienestar que el impacto medio que puede provocar la reducción del uso de la tecnología.

De hecho, la relación entre el bienestar y *comer patatas* de manera regular era casi tan negativa como el vínculo con el uso de la tecnología, pero es mucho más difícil encontrar artículos que se lamenten de cómo el consumo de patatas está «destruyendo a una generación».[43] Otro estudio del gobierno del Reino Unido, centrado específicamente en el impacto de las redes sociales, también muestra que su uso estaba solo relacionado de manera marginal con la salud psicológica cuando los investigadores registraron otros factores.[44] El efecto positivo que produce dormir lo suficiente y ver a los amigos era unas tres veces mayor, mientras que el efecto negativo de recibir acoso, ya sea *online* o en persona, era unas ocho veces mayor. Cuando los investigadores tuvieron en cuenta estos otros factores, el uso de las redes sociales tenía una relación con la salud mental mínima y única.[45]

Al final, la mejor conclusión es que el uso de las redes sociales está relativamente poco relacionado con el bienestar de los niños y jóvenes en general. Si bien es cierto que puede haber vínculos más fuertes entre las redes sociales y la salud mental entre grupos específicos, como las chicas adolescentes, hay pruebas de que lo más importante son los efectos más amplios que se asocian a un uso intensivo. Por ejemplo, el tiempo que se pasa en las redes sociales está asociado con un comportamiento más sedentario, el cual está relacionado con una serie de resultados que plasman problemas de salud. Las redes sociales también pueden hacer que los jóvenes estén más expuestos a recibir acoso, así como afectar a la higiene del sueño, ambas cosas conectadas con problemas de salud mental, incluida la depresión. Se podría pensar que limitar el uso de las redes sociales es una buena idea si ello mejora los niveles de sueño y actividad y, además, reduce el acoso. Sin embargo, el punto clave es que el uso de las redes sociales ni siquiera es un predictor particularmente bueno de estos factores de mediación, si lo comparamos con otros efectos relacionados con la vida familiar y social de un joven, con su situación financiera, de clase social y educativa, con su genética, etcétera.

Es de vital importancia que lo hagamos bien, ya que equivocarse conlleva riesgos importantes. Los datos actuales no sugieren que animar a los padres a quitar los móviles o a los legisladores a promulgar leyes sobre el uso de las plataformas de redes sociales vaya a reducir el problema de forma significativa. Nuestra tendencia a aceptar una respuesta sencilla que a su vez parezca correcta es un fuerte rasgo humano, pero se trata de cuestiones complejas en las que casi nunca hay una única solución. Incluso con todos los detalles que conocemos sobre los jóvenes a través de estos estudios, solo podemos explicar entre el 30 % y el 40 % de la variación que se produce en los niveles de felicidad. Hay muchas cosas que no sabemos.

Debemos desconfiar, sobre todo, de las respuestas sencillas que se les da a las grandes preguntas cuando se refieren a una tecnología emergente. Los «pánicos morales» derivados de todo tipo de innovaciones se han repetido a lo largo de la historia. Todo, desde la traducción y la impresión masiva de la Biblia hasta las novelas, las bicicletas, la electricidad y los videojuegos violentos, han sido vistos como amenazas al orden social establecido. Desde su raíz, se trata de un fenómeno profundamente generacional. Las nuevas generaciones son más hábiles para adaptarse a la innovación, lo que puede hacer que las generaciones mayores perciban que están perdiendo el control de la cultura que ayudaron a formar.[46]

Me sorprendió la certeza con la que los políticos y los funcionarios de alto nivel llamaron a la acción legislativa en cuanto a las redes sociales, dada la escasez de pruebas, pero es un patrón repetido. En 2005, Hillary

Clinton intentó presentar un proyecto de ley para reforzar las regulaciones sobre los videojuegos violentos, citando pruebas de que «aumentan el comportamiento agresivo en la misma medida que la exposición al plomo disminuye la puntuación del coeficiente intelectual de los niños».[47] Sin embargo, el Tribunal Supremo dictaminó que las pruebas no respaldaban la medida. Clinton no fue ni mucho menos la primera persona en llamar la atención sobre la amenaza que suponían los videojuegos. En 1983, el cirujano general de Estados Unidos sugirió que videojuegos como *Asteroids*, *Space Invaders* y *Centipede* eran una de las principales causas de la violencia familiar.[48] La razón por la que los ejemplos más antiguos de estos miedos nos suenan más ridículos que los más recientes no es que el mundo esté empeorando, sino que nos estamos haciendo viejos, y ya está.

SOLO LOS SOLITARIOS

Es comprensible que el responsable del Servicio Nacional de Salud en el Reino Unido hable de una «epidemia de salud mental» entre los jóvenes, incluso antes de la pandemia del COVID-19, la cual parece que va a acelerar este fenómeno. El aumento de la prevalencia que ya habíamos observado, aunque solo sea de unos pocos puntos porcentuales, representa cientos de miles de jóvenes adicionales que acceden a recibir ayuda, lo que supone que haya una enorme presión sobre unos servicios que ya están muy saturados.

No obstante, los cientos de artículos que han aparecido en los medios de comunicación en los últimos años y que afirman que estamos viviendo una «epidemia de soledad» son más engañosos. Unas veces la epidemia se centraba en los jóvenes[49] y otras en los ancianos[50]; ambas versiones se están convirtiendo en tópicos cada vez más aceptados en muchos países. Esto es extraño, ya que las pruebas están casi ausentes del todo. Me encantaría presentar un gráfico generacional y convincente que midiera la soledad, pero no he sido capaz de encontrar datos de la población general en ningún país durante un largo periodo de tiempo.

Los datos que existen sobre tendencias suelen referirse a sectores específicos de la población y sugieren que ha habido pocos cambios a largo plazo. Por ejemplo, un estudio realizado por un grupo de psicólogos y científicos sociales de Estados Unidos examinó si el sentimiento de soledad es mayor entre los *baby boomers* en relación con una cohorte de la preguerra. Resultado: no encuentran pruebas de que la soledad sea notablemente mayor entre los *baby boomers* o que haya aumentado en la última década.[51] Los estudios efectuados por otros países ricos han arrojado resultados similares. En Suecia, las repetidas encuestas transversales con adultos de 85, 90 y 95 años no han detectado un aumento del sentimiento de soledad en un periodo de diez años.[52] Mediante la utilización de datos del estudio de envejecimiento de Berlín —Berlin Aging Study—, los investigadores han descubierto que los niveles de soledad son notablemente *más bajos* entre las personas de 75 años en las cohortes de nacimiento más recientes, mientras que otro estudio encuentra tasas más bajas de soledad en cohortes de 70 años finlandesas más cercanas a hoy en comparación con las anteriores.[53]

En el otro extremo del espectro de edad, un equipo de psicólogos analizó las tendencias a largo plazo entre los adolescentes de Estados Unidos y no encontró signos de que hubiera aumentado el sentimiento de soledad entre 1976 y 2010. De hecho, notaron un *descenso* de la soledad entre los estudiantes de secundaria, que es significativo desde el punto de vista estadístico, aunque el tamaño del efecto fue pequeño.[54]

La sensación de soledad sí varía entre los grupos de edad, pero estos patrones parecen mostrarse constantes a lo largo del tiempo. Quizá resulte sorprendente que, dada la atención que se ha prestado en los últimos años a la soledad entre los mayores, esté claro que los adultos más jóvenes sean más propensos a sentirse solos, tal como lo confirman los estudios realizados en el Reino Unido, Estados Unidos, Nueva Zelanda y Japón.[55] Esto se puede ver en las líneas generacionales de un estudio que se llevó a cabo en Inglaterra, reflejado en la figura 4.5. Se trata de una serie de datos demasiado corta como para decirnos algo sobre el cambio generacional, pero se puede ver por qué una lectura a la ligera da lugar a titulares sobre el aumento de la soledad entre los jóvenes. Los integrantes de la generación Z son el doble de propensos a afirmar que se sienten solos que los grupos de mayor edad. Sin embargo, las escasas pruebas disponibles sugieren que esta es la norma para los jóvenes.

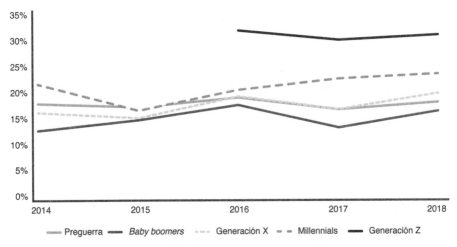

Figura 4.5. Porcentaje de adultos en Inglaterra que dicen que «a veces» o «a menudo» se sienten solos.[56]

A nivel personal, es fácil rememorar los sentimientos de nuestra propia juventud que indican por qué son los jóvenes los que se sienten más solos, y es que se trata de una época de la vida en la que socializar es muy importante para nosotros y el aislamiento duele mucho. La soledad, definida de una forma correcta, es la discrepancia subjetiva entre nuestro nivel real y nuestro nivel deseado de conexión social; así, pues, depende de nuestras expectativas.

Incluso con esta definición más precisa, puede parecer sorprendente que no haya al menos alguna evidencia de que el sentimiento de soledad haya aumentado a largo plazo, dados los enormes cambios en nuestra forma de vida. Según el sociólogo Eric Klinenberg, «nuestra especie se ha embarcado en un notable experimento social». Los humanos viven ahora más separados que en cualquier otro momento de nuestra historia.[57] Por ejemplo, las estimaciones de 2018 de la Oficina del Censo de Estados Unidos muestran que el 28 % de todos los hogares estadounidenses están formados por una sola persona, en comparación con solo el 9 % en 1950.[58] Y este es un patrón común en todos los países. El propio análisis que hice de los datos proporcionados por el Eurobarómetro respecto de más de treinta países indica un aumento del 11 % en 1971 al 24 % en 2019 de los hogares formados por una sola persona.

Sin embargo, la vida en solitario no es un fenómeno totalmente reciente, y ha provocado olas de preocupación similares durante muchas décadas. Como lo explica Julianne Holt-Lunstad, una psicóloga estadounidense que se ha centrado en el impacto de la soledad: «Nos preocupa la soledad desde el surgimiento de la sociedad industrial. Desde que empezamos a alejarnos del pueblo y nos aglomeramos en ciudades donde no conocíamos a tantos vecinos, nos preocupaba la soledad… Nos preocupaba la soledad de quienes habitaban los apartamentos, de la gente que iba en coche, de la gente que iba al cine, de la gente que sacaba el móvil en lugar de hacer vida social».[59]

Basándose en una perspectiva a largo plazo similar, en *A Biography of Loneliness: The History of an Emotion*, la historiadora británica Fay Bound Alberti sugiere que la soledad es un producto de la sociedad industrializada en la que vivimos, y señala que el término apenas aparecía antes de 1800.[60] La soledad moderna, según la opinión de Alberti, es el producto del capitalismo y del secularismo, y está causada por las divisiones entre «el yo y el mundo» que se han desarrollado desde el siglo XVIII. Tanto la política como la economía del individualismo han impulsado el vivir y sentirse solo. Tal como ocurre con muchos otros patrones que hemos visto, las tendencias más importantes son el resultado de evoluciones culturales a largo plazo y no de epidemias que tienen lugar de la noche a la mañana.

Esto no quiere decir que los efectos de la soledad no sean importantes. El psicólogo estadounidense John Cacioppo ha llevado a cabo algunos de los trabajos más importantes para entender sus mecanismos y su impacto, y la compara con un impulso biológico similar al del hambre o la sed. La soledad desempeña un papel que resulta de utilidad para motivarnos a buscar a otros, ya que, a lo largo de nuestra historia, estar rodeados de otros ha sido una forma de protección y un uso más eficaz del esfuerzo. El sentimiento de soledad también puede aumentar la sensación de sentirnos amenazados, lo que a su vez puede provocar respuestas biológicas como el aumento de la presión arterial.

Más allá de estos impactos biológicos directos, algunos investigadores consideran que la soledad está detrás de otros comportamientos destructivos. Vivek Murthy, excirujano general de los Estados Unidos y una de las personas que más ha aumentado la visibilidad del impacto que tiene la soledad, afirma: «Cuando comencé a trabajar como cirujano general, empecé a darme cuenta de que muchas de las historias que escuchaba de los habitantes de pueblos y ciudades de Estados Unidos eran historias de adicción, violencia, depresión y ansiedad. Pero detrás de ellas había toques de soledad».[61]

Ha habido algunos estudios llamativos que parecen confirmar estas nefastas consecuencias de la soledad, incluido uno que sugiere que la soledad tiene tantas probabilidades de matarte como fumar quince cigarrillos al día. Esta afirmación ha sido utilizada por muchas personas que defienden la importancia de la soledad, incluido Murthy. La fuente de esta idea es un metaanálisis de ciento cuarenta y ocho estudios que tuvieron lugar en Norteamérica, Europa, Japón, China y Australia.[62] Se llegó a la conclusión de que las personas que estaban más conectadas a nivel social tenían un 50 % más de probabilidades de sobrevivir a lo largo del tiempo que las que establecían conexiones sociales escasas, una cifra que, de hecho, es comparable a la de dejar de fumar. Sin embargo, los investigadores midieron el impacto que tenían *todas* las relaciones sociales y no el de la soledad en particular. Esto incluía una amplia gama de medidas, como, por ejemplo, si los sujetos recibían apoyo práctico de otras personas y la percepción acerca del grado de apoyo que recibían, así como si estaban casados, el tamaño y la profundidad de su red de amigos, y si vivían solos. También hay que recordar que estos estudios solo pueden demostrar una asociación y no una relación de causalidad. La comparación con fumar tabaco es llamativa, pero es difícil estar tan seguro de la relación causa-efecto.[63]

Aun así, dada su prevalencia y su posible importancia, prestar más atención a la soledad es, en última instancia, algo positivo, incluso si la retórica de la epidemia es a veces exagerada. Darle visibilidad a un problema bastante oculto puede ser un beneficio en sí mismo, y el impacto que ha tenido el COVID-19 puede ser de auténtica ayuda, puesto que saca el debate a relucir. Tracey Crouch, la primera «ministra de la soledad» del Reino Unido, afirma lo siguiente: «Creo que en el tema de la soledad estamos donde estábamos con respecto a la salud mental hace una década. La gente no hablaba de los problemas de salud mental, mientras que ahora estamos eliminando el estigma». Tenemos que aprovechar este incremento en la atención respecto de esta cuestión para tomar medidas que creen conexiones prácticas y emocionales entre las personas. Esto incluye el apoyo a lugares donde la gente pueda reunirse e interactuar, así como la búsqueda de nuevas formas de llegar a las personas adecuadas. Por ejemplo, un porcentaje significativo de las visitas a los médicos tiene su origen en la soledad. Conforme lo sugiere Crouch, la «prescripción social», a través de la cual las personas pueden estar conectadas con organizaciones locales que les proporcionen redes de apoyo, podría ser más eficaz que las pastillas.

NOS ESTAMOS MATANDO LENTAMENTE

Simpatizo mucho menos con las afirmaciones que aseguran que nos enfrentamos a otra «epidemia», es decir, la del suicidio entre los jóvenes. Por ejemplo, un titular del periódico *Sunday Times* publicado en 2019 llamaba «generación suicida» a la generación Z y mencionaba que el número de muertes entre adolescentes en el Reino Unido se había duplicado en los últimos ocho años. Ahora bien, como lo dijo de manera concisa el periodista Tom Chivers, esta lectura de los datos y las afirmaciones más amplias de la existencia de una epidemia son «una completa tontería de pies a cabeza».[64]

El primer punto que hay que tener en cuenta es que el suicidio es algo que rara vez sucede. Menos de siete de cada cien mil jóvenes se suicidan cada año en el Reino Unido, una tasa inferior a la de casi cualquier otro grupo de edad. En cambio, por ejemplo, en torno a dieciocho de cada cien mil personas de entre 45 y 49 años se suicidaron en 2018. La idea falsa y común de que el suicidio es un problema que afecta más a la gente joven se debe, en parte, a que *es* una de las principales causas de muerte entre ellos. Después del cáncer, es la causa de muerte más común en adolescentes en muchos países, como el Reino Unido, Canadá, Estados Unidos y Australia, pero esto responde principalmente a que los jóvenes no mueren con demasiada frecuencia.

Por supuesto, la atención prestada al suicidio juvenil es, en cierto modo, comprensible debido a su rareza y a que cada caso es una tragedia particular, dado el tiempo de vida que cada víctima tenía por delante. Sería realmente preocupante que la tasa se duplicara de forma sistemática, pero el examen de los datos muestra que se trata de un desvío grave de la atención. El artículo del *Sunday Times* eligió el punto más bajo que tenía a mano para comparar las últimas cifras, con la finalidad de mostrar el mayor aumento posible a corto plazo. Cuando se observan las tendencias reales, como en la figura 4.6, el patrón real ha sido el de un descenso prolongado del suicidio entre los más jóvenes desde el máximo que se llegó a alcanzar a finales de la década de 1980 y en la década de 1990.[65]

El peligro que tiene este tipo de información poco rigurosa es que nos distrae del patrón real que albergan los datos. Esto se ve con mucha más claridad en el sorprendente análisis realizado por la Office for National Statistics del Reino Unido —ONS—, el cual traza a largo plazo el suicidio en función de la edad.[66] A principios de la década de 1980, se extendía a todos los grupos de edad de la población de Inglaterra y Gales y, en todo caso, afectaba más a los que tenían entre 60 y 70 años. Sin embargo, a partir de 1986 aproximadamente, comenzó a abrirse paso a través de los rangos de edad una oleada de tasas de suicidio más elevadas, la cual empezó con un pico en las personas de 20 y pocos años, justo cuando quienes nacieron a comienzo de la generación X habrían alcanzado esta edad. En 1998, el pico aparece cuando las personas tienen más de 30 años, y en 2018 se sitúa a caballo entre los 40 y los 50. Cada uno de estos puntos indica a la perfección cómo la generación X se abre camino en la vida. Llevo más de una década tratando de identificar los efectos que tienen las cohortes y, de las que encontré, esta fue una de las más horribles. La generación X, por desgracia, puede describirse con mucha más precisión como «la generación suicida».

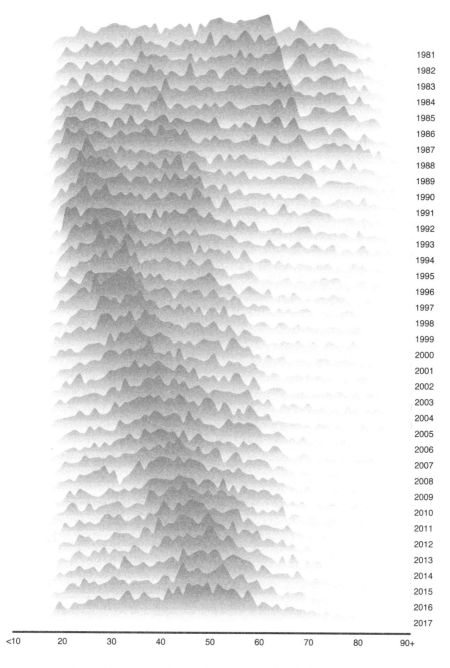

| <10 | 20 | 30 | 40 | 50 | 60 | 70 | 80 | 90+ |

1981
1982
1983
1984
1985
1986
1987
1988
1989
1990
1991
1992
1993
1994
1995
1996
1997
1998
1999
2000
2001
2002
2003
2004
2005
2006
2007
2008
2009
2010
2011
2012
2013
2014
2015
2016
2017

Figura 4.6. Número de suicidios por años de edad en Inglaterra
y Gales.[67]

Por supuesto, sigue siendo un epíteto muy exagerado; incluso entre esta cohorte, el suicidio sigue siendo extremadamente raro, y varía enormemente entre hombres y mujeres y entre ricos y pobres. Por ejemplo, en las últimas cifras de las personas de 45 a 49 años, los hombres representan las tres cuartas partes de los casos. Las tasas de suicidio también son más del doble en las zonas más desfavorecidas del Reino Unido que en las que lo están menos.[68] Parece que nacer hombre en una zona pobre de Gran Bretaña y formar parte de la generación X es una combinación especialmente tóxica.[69]

En cuanto a por qué puede haber una conexión tan fuerte relacionada con la cohorte entre la generación X y el suicidio, existe una teoría que hace referencia al puesto de «hijo mediano» de dicha generación. Los integrantes de esta franja están a caballo entre dos periodos culturales y económicos distintos, y algunos han acabado recibiendo lo malo de ambos. Han soportado más el peso del estancamiento económico y la austeridad que las cohortes británicas más antiguas, pero son más reticentes a buscar ayuda cuando tienen problemas que las cohortes más jóvenes.[70]

Se puede ver otro elemento triste de la historia de la generación X en un análisis posterior encarado por la ONS, el cual lleva a cabo un seguimiento de las muertes que tienen lugar a causa de intoxicación por drogas. El pico de muertes por drogas se desplaza de los veinteañeros en 1992 a las personas con poco más de 40 años en 2017.

Esto podría tener su explicación en la mayor disponibilidad de drogas opiáceas, en particular la heroína, a partir de la década de 1980 en el Reino Unido, justo cuando los miembros de la generación X estaban entrando en la adolescencia. La heroína fue responsable de más de la mitad de las muertes que se produjeron por intoxicación por drogas en 2017.[71] Otro elemento del ciclo vital provoca que esto sea cada vez más trágico conforme avanza el tiempo. Las muertes causadas por intoxicación por drogas en cada cohorte de años dentro de la generación X se han triplicado, pasando de unas cincuenta a principios de la década de 1990 a unas ciento cincuenta en la actualidad. El informe de la ONS especula con que esto podría ser en parte un efecto de ciclo vital, pues los cuerpos más viejos de los consumidores de drogas pertenecientes a esta generación son menos capaces de soportar los efectos a largo plazo del consumo.

Los economistas Anne Case y Angus Deaton han demostrado que, en Estados Unidos, estos fenómenos aparentemente separados de los suicidios y las intoxicaciones por drogas están conectados. Sugieren que la relación entre ellos no es clara, dada la dificultad que supone identificar los motivos tras las muertes causadas por las drogas y la reticencia a clasificar cualquier muerte como suicidio. Su hipótesis es que, junto con las muertes relacionadas con el alcoholismo, deberían considerarse como «muertes por desesperación», las cuales están aumentando significativamente en Estados Unidos.[72] Estas tendencias autodestructivas están teniendo un impacto descomunal en sectores de la sociedad estadounidense, e incluso están afectando los niveles generales de esperanza de vida, que, tras décadas de mejora constante, han empezado a *descender* en ese país. Su análisis muestra que, en lugar de ser un fenómeno propio de toda la población, el retroceso se ha concentrado casi por completo entre las personas blancas con menor nivel educativo.

Case y Deaton muestran que las «muertes por desesperación» entre los hombres y mujeres blancos de entre 45 y 54 años sin título universitario se triplicaron entre 1990 y 2017, mientras que apenas hubo cambios para los blancos estadounidenses de mediana edad que sí tenían un título universitario. Centran su análisis en la mediana edad, pero el efecto de cohorte en Estados Unidos es bastante diferente al que acabo de describir en el Reino Unido, y es que cada cohorte lo va haciendo cada vez peor que la precedente. Por ejemplo, a los 45 años, los estadounidenses blancos sin título universitario de la cohorte nacida en 1960 se enfrentaban a un 50 % más de riesgo de morir por suicidio, drogas y alcohol que los de la cohorte nacida en 1950, mientras que la cohorte de 1970 corría un riesgo que volvía a ser el doble de grande. Se trata de una verdadera tragedia generacional. El momento en el que nacieron los estadounidenses blancos con menor nivel educativo sí ha moldeado quiénes son.

No hay una única explicación aceptada sobre por qué ocurre esto. El principal argumento de Case y Deaton es que las muertes por desesperación reflejan la pérdida a largo plazo de una forma de vida para la clase trabajadora blanca. No se trata únicamente de la pobreza, la desigualdad o la crisis financiera de 2008, aunque cada una de ellas ha desempeñado un papel. Por ejemplo, ambos economistas se hacen eco de Robert D. Putnam al sugerir que, después de la gran recesión, «el capitalismo empezó a parecerse más a una estafa para volver a distribuir hacia arriba que a una fuerza impulsora de la prosperidad general».

El análisis de Case y Deaton es sumamente generacional, y no solo en el sentido del implacable declive de las oportunidades de vida que han sufrido las cohortes sucesivas. También destacan cuán arraigada estaba la expectativa en cuanto al progreso generacional y cómo, cuando no aparecía, esto contribuía a la desesperación: «El progreso que ha tenido la salud y el nivel de vida en el siglo xx fue lo suficientemente prolongado como para que, al final del siglo, la gente tuviera razones para esperar que continuara y que bendijera las vidas de sus hijos de la misma manera que había bendecido las suyas… No solo eso, sino que el ritmo de mejora desde el final de la Segunda Guerra Mundial había sido tan constante y prolongado que parecía obvio que las generaciones futuras estarían aún mejor». Junto a la tragedia inmediata de tantas vidas que se han visto acortadas, la sensación de traición causada por este impactante retroceso ha amenazado la fe que la sociedad había depositado en el sistema.

La pregunta clave es si se trata de un fenómeno típico estadounidense. Tal vez el problema sí sea el capitalismo contemporáneo y Estados Unidos esté marcando un camino que otros países pronto seguirán. No obstante, de todas formas, no cabe duda de que hay factores que contribuyen a ello y que son propios de Estados Unidos. Así pues, Case y Deaton sostienen que la historia de tensiones y prejuicios raciales, los niveles más bajos de protección social y un sistema sanitario muy particular son elementos relevantes.

Como concluyen estos economistas, es posible que se trate tanto de una tendencia particular de Estados Unidos como de una tendencia que podría observarse en otros lugares en el futuro. Señalan el hecho de que, mientras que Estados Unidos actualmente empequeñece a otros países en su número total de muertes por desesperación, naciones como Canadá, Irlanda, Australia y Gran Bretaña —y especialmente Escocia— están mostrando un incremento. Lo más alentador es que nuestro análisis de los datos británicos sugiere que se está produciendo una tragedia específica en el caso de la generación X, y que todavía no estamos notando los mismos aumentos que ocurren generación tras generación en las muertes por desesperación que los que hemos visto en Estados Unidos. Todavía se puede evitar que Gran Bretaña siga el ejemplo de Estados Unidos.

LAS RESPUESTAS SIMPLES SON ERRÓNEAS

Estamos programados para buscar patrones y explicaciones. Los innumerables ejemplos de personas que ven la cara de Jesús en una tortilla o a la Virgen María en un sándwich de queso a la plancha dan fe de la necesidad que sentimos de dar sentido a todo lo que es aleatorio. Esto está relacionado con la «ilusión de agrupación» explicada por Thomas Gilovich, profesor de Psicología de la Universidad de Cornell. En un estudio, presentó la secuencia «oxxxoxxxoxxoooxooxxoo» a cientos de personas y les preguntó si pensaban que era aleatoria. La mayoría creyó que había un patrón planificado, porque cuando vemos agrupaciones tendemos a pensar que hay un diseño o un significado detrás —pista: es aleatorio—.[73]

Hace falta muy poco para convencernos de que hay una razón tras los patrones, sobre todo si esa razón parece sencilla. Queremos conocer *la* causa única, pero esta preferencia por la simplicidad no es solo producto de pensar sin cuestionarse las cosas, sino que también nos da un objetivo claro para actuar. Por ejemplo, los europeos de la Edad Media creían que los piojos eran buenos para la salud, ya que rara vez los encontraban en personas enfermas. Por ello, cuando se ponían malos, intentaban atrapar piojos a propósito. El razonamiento era que la gente enfermaba cuando los piojos se iban, cuando la verdadera explicación era que se iban cuando la gente enfermaba. Los piojos son extremadamente sensibles a la temperatura corporal, por lo que un pequeño aumento de la fiebre hace que busquen un nuevo huésped. El termómetro aún no se había inventado, con lo cual rara vez se notaba cuando aumentaba la temperatura, lo que daba la impresión de que los piojos se habían ido *antes* de que la persona enfermara. La causa y el efecto se habían invertido, pero era bueno tener una fuente del problema a la cual culpar y un objetivo fácil de alcanzar.[74]

Hemos visto algunos cambios claros en este capítulo. Por ejemplo, hay pruebas fehacientes de que, durante los últimos años, los trastornos mentales han aumentado entre sectores de gente joven en algunos países. Sin embargo, solo hay pruebas superficiales que confirmen que los móviles o las redes sociales son la causa, y hay buenas razones para pensar que hay cosas más importantes y complejas. Es vital que nos resistamos a la atracción que nos provocan estas respuestas simples, ya que es probable que nos distraigan de las acciones necesarias. El periodista estadounidense H. L. Mencken captó el riesgo de esta inclinación cuando dijo: «Para cada problema complejo hay una respuesta simple, y no es la correcta».[75]

Las causas también pueden tardar en revelar su verdadera naturaleza. La oleada de suicidios entre los jóvenes británicos en la década de 1980 habrá figurado como un bache en su momento, pero el panorama a más largo plazo sugiere que es algo más bien generacional que afecta a un subconjunto concreto de la generación X. Es importante que nuestras respuestas reflejen la realidad y no se vean impulsadas por nuestra búsqueda de una respuesta simple e inmediata. Comprender esta visión a largo plazo supone que deberíamos trabajar más para dar a esa cohorte concreta el apoyo que necesita.

La importancia de estos patrones generacionales debería llevarnos a cuestionar la visión de que la historia salta en lugar de arrastrarse. Como sugieren los trabajos de Case y Deaton, incluso cuando los saltos son de vital importancia, como la recesión mundial de 2008 y ahora el COVID-19, las consecuencias dependen del conjunto particular de circunstancias que se han desarrollado para los diferentes grupos durante un periodo mucho más largo. Comprender las tendencias a largo plazo es tan vital en los momentos sometidos a un cambio rápido como en los periodos de calma que hay entre ellos.

5

¿Un futuro sano?

Las mejoras en la salud y en la longevidad se desarrollan como una serie de batallas duras entre el proceso de envejecimiento, por un lado, y los avances médicos y sociales, por el otro. Nuestros ciclos vitales ejercen una poderosa fuerza, ya que nuestro riesgo de morir es bastante alto cuando somos bebés y niños pequeños, desciende a un mínimo en la adolescencia y luego aumenta cada año durante el resto de nuestra vida. Aquí tenéis un dato alegre: a partir de la treintena, la probabilidad de morir se duplica cada década —lo siento si esto se te suma a la miseria de la mediana edad—.[1]

Sin embargo, la esperanza de vida también depende en gran medida de la época en la que se nace. En 1800, por ejemplo, la vida tenía una duración media de 30 años en todo el mundo; incluso en las naciones más desarrolladas solo rondaba los 40 años. A pesar del enorme crecimiento económico que provocó la Revolución Industrial, este panorama no cambió mucho hasta el comienzo del siglo XX, cuando el progreso económico se combinó con los avances de la ciencia médica, el incremento de la prestación de asistencia sanitaria y la mejora del saneamiento, para crear así un aumento prolongado de la esperanza de vida. Y esta notable subida ha continuado a lo largo de nuestro pasado más reciente. En 1950, la esperanza de vida era aún de tan solo 63 años en España, 66 años en Francia y 68 años en Canadá, pero en 2015 era de al menos 82 años en cada uno de esos países.[2]

Esta ha sido también una tendencia global, y los países menos desarrollados han experimentado mejoras aún más increíbles. Por ejemplo, a principios del siglo xx, la esperanza de vida en la India era solo de unos 25 años, pero en 2019 era de 70 años. En la actualidad, la mayor parte del mundo puede llegar a vivir tanto como los habitantes de los países más ricos en 1950, y han sido las regiones más pobres las que han mejorado con más rapidez en los últimos tiempos.

Los efectos de ciclo vital y de cohorte son, por lo tanto, fundamentales para nuestra salud, la cual no deja de cambiar. La salud colectiva de países enteros rara vez se ve afectada de forma directa por grandes conmociones, como la clase de efecto de periodo repentino que asociamos con una crisis económica o a un ataque terrorista. Pero la pandemia de CO-VID-19 es una excepción insólita. Ha tenido un enorme impacto en la salud mundial, a pesar de las medidas sin precedentes que se han introducido para contener su propagación. Parece que se convertirá en un hito que definirá a las generaciones y que tendrá efectos posteriores que marcarán el futuro de cohortes enteras. Esto tardará algún tiempo en producirse, pero ver la pandemia desde una perspectiva generacional también puede ayudar a entender cómo nos está afectando *ahora*.

En primer lugar, la probabilidad de morir a causa del COVID-19 está fundamentalmente relacionada con la fecha de nacimiento. En Italia, por ejemplo, durante la pandemia las personas mayores de 75 años o más representaban alrededor del 12 % de la población, pero equivalían al 70 % de las muertes. El gradiente de edad de las víctimas mortales es excepcionalmente pronunciado, y es que más del 70 % de los italianos tienen menos de 60 años, pero solo representan el 3 % de las muertes relacionadas con el COVID-19.

El curso de la pandemia también se ha visto condicionado por el periodo de la historia en el que se produjo. Si bien es cierto que el COVID-19 es un «salto» histórico arquetípico, como lo define Nassim Nicholas Taleb, su impacto se ha visto influido por evoluciones más lentas de la economía, la sociedad y las tecnologías médicas que han configurado cómo respondemos. Esto queda especialmente claro cuando se comparan las repercusiones sanitarias directas que ha tenido el COVID-19 con las de la pandemia de gripe española de 1918. Las estimaciones sobre el número de muertos por la gripe española alcanzan los cincuenta millones, es decir, alrededor del 3 % de los mil setecientos millones de habitantes del mundo en aquel momento.[3]

El enorme impacto de la pandemia de gripe española refleja cuán diferente era aquella época, en la cual la pobreza, la desnutrición, el hacinamiento y las malas condiciones sanitarias estaban muy extendidos. Muchas de las muertes causadas por la enfermedad se debieron a infecciones bacterianas secundarias y no a la infección vírica inicial.[4] Los antibióticos podrían haber reducido significativamente las tasas de mortalidad si hubieran estado ampliamente disponibles. También hemos asistido a una transformación en la comunicación global, lo que ha supuesto una respuesta más rápida y coherente a nivel internacional. Las acciones de muchos gobiernos en respuesta al COVID-19 han estado a menudo muy lejos de ser perfectas, pero la supresión de información que existía durante la pandemia de gripe española simplemente no es posible hoy en día.[5]

Sin embargo, los cambios que se han producido en nuestra salud han estado lejos de ser del todo positivos. Si bien es cierto que nuestras condiciones de vida han mejorado con creces y que los avances médicos han sido extraordinarios, otros motores de la enfermedad relacionados con el estilo de vida han ido en la dirección opuesta. También estamos viendo interacciones nuevas entre nuestra salud y las desigualdades que no existían hace unas décadas. Si separamos los efectos de cohorte, de periodo y de ciclo vital, podemos ver nuevos patrones que muestran que las posibilidades de tener una vida larga y saludable ya no aumentan de manera automática si se nace en algunos de los grupos menos acomodados de los países ricos, como, por ejemplo, el Reino Unido.

Pero empecemos con el consumo de tabaco, que es uno de los auténticos casos de éxito en el que una perspectiva a largo plazo ha sido vital para nuestro progreso.

FUMAR MATA

Fumar ha matado en cantidades casi inimaginables. Una estimación sugiere que más de cien millones de personas han muerto de manera prematura durante el siglo xx a causa del tabaco.[6] Este sigue siendo responsable de unos ocho millones de muertes al año, lo que supone un 15 % de todas las muertes. En los países más desarrollados, el porcentaje de muertes por fumar tabaco es aún mayor. En Estados Unidos, por ejemplo, es la causa de más de cuatrocientas ochenta mil muertes al año; en otras palabras, una de cada cinco aproximadamente.[7]

Estas horribles cifras habrían sido mucho peores si no hubiera tenido lugar un descenso constante de los niveles de personas que fuman tabaco. Por ejemplo, en 2018 solo el 14 % de los adultos fumaba en Inglaterra,[8] frente al 46 % que lo hacía en 1976.[9] Asimismo, dichas cifras también han descendido hasta el 14 % en Estados Unidos desde un máximo similar.[10]

Por supuesto, esta tendencia no es universal, ya que países tan diversos como Croacia, Egipto o Indonesia han visto cómo se ha incrementado el porcentaje de personas que fuman durante la última década. El crecimiento de la población mundial también ha hecho que el número total de fumadores se mantuviera, impulsado por el aumento en los países en desarrollo. Sin embargo, en los últimos años, incluso el número total de cigarrillos que se vendieron —la terrorífica cantidad de 5,7 billones en 2016— ha empezado, por fin, a descender.[11]

Dentro de este descenso general, los patrones generacionales sobre el consumo de tabaco son otro ejemplo de efectos combinados de ciclo vital, cohorte y periodo. Si tomamos el ejemplo de Inglaterra, en la figura 5.1 queda claro que cada generación va fumando menos a medida que pasa el tiempo y que cada línea se desplaza hacia abajo. No obstante, cada generación tiene su historia propia. La de la preguerra tiene el nivel de consumo de tabaco más bajo, a pesar de que sus integrantes crecieron antes de que se demostrara de manera inequívoca la relación que existe entre el tabaquismo y el cáncer. Por desgracia, esto refleja en parte las mayores tasas de mortalidad que hay entre los que siguieron fumando, pero también es el resultado de la alta inclinación que tenía esta generación mayor a abandonar el hábito. Un estudio sugiere que más del 40 % de la generación de la preguerra corresponde a antiguos fumadores.[12]

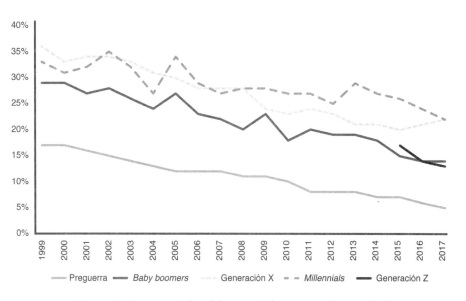

—— Preguerra	—— *Baby boomers*	···· Generación X	– – *Millennials*	—— Generación Z

Figura 5.1. Porcentaje de adultos en Inglaterra que siguen siendo fumadores.[13]

Las posiciones relativas de las líneas que representan a la generación X y a los *millennials* en el gráfico son fascinantes. Al principio del ciclo, los de la generación X eran ligeramente más propensos a ser fumadores que los *millennials*, pero luego vemos cómo las líneas se cruzan y, durante gran parte de este periodo, sobre todo desde 2009 hasta los dos últimos años, los *millennials* pasaron a fumar más. Esta última generación seguía dejando de fumar durante este periodo, pues en 1999 fumaba el 33 % en comparación con el 22 % de la actualidad. Aun así, han ido dejando de fumar más despacio, por lo que su línea muestra menos cambios que las del resto de las generaciones hasta los últimos años. Esto encaja con el tema de la «adultez retardada» que ya hemos visto. Algunos de los estímulos que incitan a que la gente deje de fumar tabaco —casarse y tener hijos, por ejemplo— se producen más tarde o no se producen. Los *millennials* actúan como «jóvenes» durante más tiempo.

El patrón de consumo de tabaco que sigue Estados Unidos es considerablemente similar al observado en Inglaterra, pues tiene lugar el mismo descenso lento en todas las generaciones, así como la misma jerarquía entre ellas. Los *millennials* estadounidenses comenzaron con una tasa de tabaquismo similar a la de la generación X en el año 2000, pero luego esta aumentó ligeramente y se mantuvo por encima de la tasa de la generación X durante varios años antes de ajustarse. La tendencia a retrasar la edad adulta parece haberse reproducido también en Estados Unidos.

No obstante, el patrón más importante —y alentador— tanto en Estados Unidos como en Inglaterra es el punto de partida tan diferente de la generación Z. En ambos países, esta cohorte es mucho menos propensa a fumar tabaco, ya que solo lo hace alrededor del 12 % o 13 %, lo que supone una increíble ruptura generacional respecto del hábito.

Por supuesto, esta tendencia puede explicarse en parte por el exorbitante aumento de los cigarrillos electrónicos. Estos productos relativamente nuevos contienen nicotina y aromas y crean un vapor de agua que los usuarios inhalan. El vapeo se ha disparado en Estados Unidos en particular, y un estudio realizado en 2019 muestra que el 27 % de los jóvenes estadounidenses de 17 y 18 años habían usado cigarrillos electrónicos en los últimos treinta días. La preocupación por este rápido aumento en el uso, combinado con una avalancha de afecciones pulmonares y muertes entre sus consumidores hacia finales de 2019, llevó a un feroz debate sobre la seguridad de dicha práctica. Como resultado, la administración Trump elevó la edad a la que es legal comprar productos derivados del tabaco, incluidos los cigarrillos electrónicos, a 21 años y prohibió algunos productos con sabor considerados particularmente atractivos para los jóvenes.

Se trata de una línea relacionada con la salud pública complicada de seguir, y es en parte un compromiso generacional. Los beneficios para la salud que ganan los actuales fumadores al pasarse a los cigarrillos electrónicos son evidentes —un estudio independiente concluye que son un 95 % más seguros que los cigarrillos normales[14]—, pero el riesgo que se contrapone es que algunas personas que no habrían fumado de otro modo desarrollen una adicción a la nicotina a través del vapeo que acabe llevándolas al tabaco. Estas preocupaciones han hecho reflexionar a muchos en Estados Unidos, incluido el secretario de Salud y Servicios Humanos, Alex Azar, quien ha declarado lo siguiente: «No nos quedaremos de brazos cruzados mientras estos productos se convierten en una rampa para una generación de jóvenes que les permita acceder a los cigarrillos tradicionales o a la adicción a la nicotina».[15]

La edad es clave en este caso, ya que el consumo de tabaco evidencia cómo se forman las actitudes y los comportamientos en la adolescencia y en los primeros años de la vida adulta: alrededor del 90 % de los fumadores diarios consumieron cigarrillos por primera vez antes de los 19 años.[16] El vapeo presenta una elección generacional entre promover un producto que haga que los fumadores de más edad adopten un comportamiento menos dañino y proteger a las generaciones más jóvenes de ser más propensas a empezar a fumar.

Hay mucho en juego, precisamente porque parece que podemos estar dándole un giro a la situación relacionada con el consumo de tabaco en el caso de la generación Z. Este éxito se ha construido sobre una serie de medidas sólidas a largo plazo, como el aumento de la edad legal para fumar, la subida de precios, las prohibiciones en espacios públicos y los cambios en el empaquetado, en el patrocinio y en la publicidad del tabaco. Algunas de estas medidas han sido inversiones generacionales deliberadas, como la introducción de advertencias sanitarias basadas en imágenes que aparecieron en los paquetes de tabaco en Canadá en el año 2000 y el empaquetado totalmente en blanco en Australia en 2012, medidas que han sido adoptadas también en otros países. David Hammond, profesor de Salud Pública especializado en el control del tabaco, explica que estas medidas *no* fueron diseñadas principalmente para conseguir que los fumadores actuales dejaran el hábito, sino que «la expectativa es que el beneficio se acumule y aumente con el tiempo a medida que los niños crezcan sin la imagen positiva de la marca que aparece en los paquetes».[17] Como exfumador desde hace unos veinte años que todavía tengo asociaciones fuertes con el diseño de «mi» marca, para mí esto tiene sentido. En cambio, esta idea les resultará completamente ajena a mis hijos, que nunca habrán visto un paquete de tabaco que haya sido diseñado con un fin específico. La inversión generacional está dando sus frutos.

¿LAS ÚLTIMAS CENAS?

Nuestra relación con el alcohol también está muy relacionada con el momento en el que nacimos. De hecho, el consumo habitual de alcohol es uno de los ejemplos más claros de efecto de cohorte que veremos en este libro. La figura 5.2 muestra el porcentaje de cohortes en Inglaterra que han declarado beber alcohol cinco o más días a la semana durante los últimos veinte años. Es increíble lo poco que varían las líneas, y se puede apreciar una estricta jerarquía generacional y unas brechas extremadamente consistentes entre cada una.

Alrededor de tres de cada diez miembros de la generación de la preguerra beben alcohol cinco o más días a la semana; hasta donde sabemos, siempre lo han hecho y siempre lo harán. Sé que no debería impresionarme, pero no puedo evitar pensar que es mucho esfuerzo para una cohorte en la que el más joven tiene ahora 75 años. Los *baby boomers* no están tan alejados, en torno a una quinta parte. La tasa desciende a entre 10 % y 15 % en el caso de la generación X, y luego vuelve a bajar hasta los *millennials*, con una cifra de alrededor del 5 %. Y se ha convertido en un comportamiento casi extinto entre la generación Z, ya que menos del 1 % bebe alcohol con regularidad.

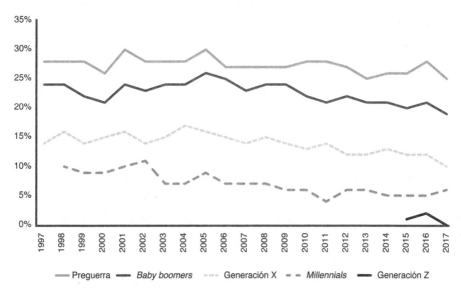

Figura 5.2. Porcentaje de adultos en Inglaterra que beben alcohol cinco días o más a la semana.[18]

Como pertenezco a una cohorte que se encuentra en medio de este rango, me siento un poco perplejo por ambos extremos de este espectro. No puedo imaginarme lo que debe ser formar parte de una cohorte en la que muchos de mis compañeros tienen la dedicación necesaria como para beber casi todos los días, pero tampoco puedo imaginarme un mundo en el que *nadie* lo haga.

Asimismo, me sorprendió observar los patrones generacionales de los que han «probado alguna vez» el alcohol cuando eran adolescentes. Si observamos a los *millennials*, cuando tenían entre 13 y 15 años, en el año 2000, alrededor de siete de cada diez dijeron que habían probado el alcohol. Sin embargo, en 2016 esta cifra se había reducido *a la mitad*, hasta el 36 % de los jóvenes de 13 a 15 años pertenecientes a la generación Z. Se trata de un cambio increíble de una sola generación a otra, y esto no solo se observa en el Reino Unido. El estudio Youth Risk Behavior de los Centros para el Control y la Prevención de Enfermedades —CDC— ha realizado un seguimiento del consumo de alcohol entre los jóvenes de Estados Unidos desde 1991, y muestra una tendencia similar. En ese primer año del estudio, que abarcaba el extremo final de la generación X, el 82 % de los estudiantes de secundaria dijeron que habían probado el alcohol, pero en 2017 esa cifra se redujo al 60 % en el caso de los adolescentes de la generación Z —una cantidad más alta que en el Reino Unido, porque incluye a los chicos de más edad—.

Por supuesto, «haberlo probado alguna vez» y beber con mucha regularidad representan las medidas extremas del consumo de alcohol. El seguimiento del volumen total consumido por cada cohorte a lo largo de un periodo prolongado es algo más complicado, en parte porque la definición de «unidad» de alcohol es relativamente nueva, aunque los datos sugieren que las cohortes más jóvenes están bebiendo menos en general. Por ejemplo, en 2014 solo una cuarta parte de los *millennials* bebía más de catorce unidades de alcohol a la semana, en comparación con el 31 % de los *baby boomers* y el 30 % de la generación X.[19]

El Reino Unido y Estados Unidos están lejos de ser los únicos países en los que tiene lugar esta tendencia, ya que el consumo total de alcohol entre las actuales generaciones más jóvenes está disminuyendo en Suecia,

Alemania, Australia y la mayor parte del grupo de países más ricos de la OCDE.[20] No hay ninguna explicación definitiva de por qué ha sucedido esto en tantos contextos nacionales diferentes; lo que sí es casi seguro es que se trata de una combinación de varios factores. Por ejemplo, muchos países han reforzado la aplicación de las leyes sobre el consumo en el caso de los menores, y muchos han aumentado considerablemente los impuestos sobre el alcohol. En combinación con las circunstancias económicas más estrictas a las que se enfrenta la juventud en muchos países, este aumento del gasto ha hecho que el alcohol fuera menos asequible para los jóvenes.

Una antigua teoría académica sostiene que la popularidad del alcohol fluye y refluye en «largas olas».[21] Puede parecer algo que está fijo en nuestra cultura, pero en realidad los niveles de consumo varían de manera significativa a medida que pasa el tiempo. Por ejemplo, el consumo per cápita de alcohol en el Reino Unido se duplicó entre los años sesenta y el 2000, pero desde entonces ha disminuido. Esto encaja con la opinión de que, a partir de un determinado nivel, la sociedad alcanza el «punto de saturación», en el que los daños derivados del alcohol suscitan una mayor preocupación tanto entre los individuos como entre los políticos. El consumo disminuye entonces, junto con políticas gubernamentales cada vez más restrictivas que recogen y refuerzan este cambio cultural. Finalmente, el consumo se reprime hasta un punto en el que la preocupación anterior parece exagerada, lo que lleva a una relajación de las actitudes y a un aumento de la ingesta, y el ciclo se repite.

Esto también encaja con lo que hemos visto en cuanto al cambio de percepción del riesgo entre los jóvenes. En su conjunto, los miembros de la generación Z tienen fama de ser «más apacibles que salvajes», lo cual se ve reflejado en que consumen menos tabaco y alcohol, tienen menos comportamientos delictivos y, como veremos en el próximo capítulo, practican menos sexo. Sin embargo, en su mayor parte no ha habido grandes aumentos en cómo perciben el peligro de fumar, del sexo o de las drogas ilegales. La única excepción en el Reino Unido es el alcohol. En 2018, el 70 % de los adolescentes de la generación Z consideraba que beber en exceso era muy arriesgado, en comparación con el 56 % de los adolescentes *millennials* en 2004. En la actualidad, una cuarta parte de los adolescentes de la generación Z dice que incluso el simple hecho de *beber* algo que contenga alcohol es arriesgado. Que esta no fuera una pregunta que mereciera la pena hacerse en 2004 es una clara señal de hasta qué punto se han modificado las normas culturales.

Por supuesto, esto es bueno para nuestra salud colectiva. El alcohol estuvo implicado en el 5,3 % de las muertes que tuvieron lugar a nivel mundial en 2016.[22] Adoptar una actitud más comedida ante el alcohol es un cambio positivo, sobre todo cuando parece ser un giro cultural largo y constante, y no una moda.

SIMPLEMENTE DI QUE NO

Mientras que las tendencias generacionales a la baja tanto en el consumo de tabaco como de alcohol están muy claras, los cambios surgidos en los patrones de consumo de drogas son tan turbios como el líquido de la pipa de agua en una fiesta universitaria. Los escritores de titulares, hambrientos de un mensaje simple, deben encontrar frustrante esta complejidad, pero aun así prueban suerte. Como dice un artículo de la revista *Vice*: «Ser un adolescente hoy en día es lo mismo que unirse a una secta de monjes mojigatos obsesionados con la comida orgánica y el yoga extremo. Sin embargo, al pasar la página las muertes por éxtasis entre los adolescentes se disparan, y el gas de la risa y el Spice están por todo el patio del recreo».[23]

La imagen real depende de adónde se mire y de lo que se mida. Hay patrones diferentes, y a menudo contradictorios, tanto dentro de los países como entre ellos. Más allá de la reciente crisis de los opioides, concentrada en determinadas poblaciones de Estados Unidos, y de los terribles estragos que la adicción a las drogas parece estar causando en algunos integrantes de la generación X en el Reino Unido, hay pocos patrones claros y ningún signo real de un cambio generacional consistente en uno u otro sentido. En conjunto, se han producido pequeños descensos en el consumo de drogas más fuertes entre las últimas generaciones de jóvenes, mientras que el uso de la marihuana se mantiene bastante estable o desciende en algunos países.

Por ejemplo, la medición «haber probado alguna vez», relativa al consumo de un conjunto de drogas ilegales —marihuana, cocaína, metanfetaminas y heroína— en Estados Unidos durante los últimos diez años, pone de manifiesto un patrón bastante estable entre las generaciones. Hay algunas diferencias entre las cohortes y en el transcurso del tiempo, pero todas se sitúan en un rango porcentual entre principios de los cincuenta y finales de los sesenta, y no hay una dirección clara de desplazamiento.

Si nos fijamos solo en el consumo de marihuana entre los adolescentes estadounidenses durante un periodo más largo, podemos ver por qué hay tanta confusión en la información que dan los medios de comunicación sobre las tendencias generacionales respecto de las drogas. Por ejemplo, el porcentaje de jóvenes estadounidenses de 17 y 18 años que, en los últimos doce meses, han probado alguna droga ha pasado de un máximo de alrededor del 50 %, a finales de la década de 1970, a un descenso sostenido que ha llevado hasta un mínimo del 20 % a finales de la década de 1980 y principios de la década de 1990, antes de recuperarse y oscilar en torno al 35 % desde alrededor del año 2000 hasta hoy. En realidad, lo que destaca es el profundo descenso de finales de los ochenta y principios de los noventa, y los comentaristas ahora parecen exagerar los cambios a corto plazo relativamente pequeños.[24]

El nivel más bajo de consumo de marihuana en Estados Unidos en la década de 1980 se ve reflejado en un fuerte descenso del apoyo a su legalización, como se ve en la figura 5.3. Dichas tendencias en el uso y en las actitudes coincidieron con el apogeo de la «guerra contra las drogas» en ese país, un punto clave de la administración Reagan, y con la campaña «Just Say No» —«Simplemente di que no»— que duró una década desde principios de los ochenta. El apoyo a la legalización comenzó a aumentar de nuevo casi inmediatamente después de estos intentos, lo cual ilustra cómo las actitudes pueden plasmar una interacción entre las tendencias culturales generales y el tono establecido por los líderes políticos.

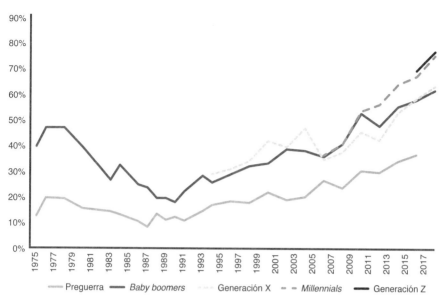

Figura 5.3. Porcentaje de adultos en Estados Unidos que aprueban
la legalización de la marihuana.[25]

Después de ese periodo en el que hubo más tensión, en Estados Unidos se produjo un aumento muy significativo del apoyo a la legalización de la marihuana entre todas las franjas etarias, y es que más del 60 % de todas las generaciones, excepto la de la preguerra, estaban a favor en 2018. Desde 2012, once estados de Estados Unidos la han legalizado por completo, y muchos otros la han despenalizado y permiten su uso médico. Hay pocas pruebas que indiquen que esto haya alterado el número de personas que la consumen, y algunos estudios efectuados en los estados que han legalizado la marihuana han concluido que se ha reducido tanto el consumo de opioides como las muertes relacionadas con estos.[26] Tras observar lo que tienden a opinar las generaciones, parece que la relajación en más estados es una apuesta segura.

Del mismo modo, seis de cada diez británicos pensaban que el consumo de cannabis era «moralmente incorrecto» en 1989, pero esto cayó al 29 % en 2019. Este descenso fue impulsado por un cambio generacional, y la preocupación sufrió una caída más pronunciada entre los mayores de 55 años o más en ambos puntos temporales. Queda en evidencia, así, el hecho de que a lo largo de este periodo de treinta años se han estado comparando dos generaciones muy diferentes de personas mayores, las cuales tienen experiencias formativas muy distintas, pues una nació en 1934 o antes, mientras que la otra nació en 1964 o antes.[27]

Estos cambios de opinión sobre la moralidad en cuanto a la marihuana también se ven reflejados en cómo ha cambiado la percepción del riesgo asociado a la droga. En marcado contraste con el aumento de la probabilidad de que los jóvenes vean el alcohol como algo arriesgado, se han producido fuertes caídas en cómo valoran la amenaza que supone la marihuana. Por ejemplo, a finales de la década de 1980, casi el 80 % de los jóvenes estadounidenses de 17 y 18 años pensaban que consumir marihuana con regularidad suponía un gran riesgo. Dicha cifra se había reducido a menos del 30 % en 2019,[28] y se han producido descensos similares en muchos otros países, incluidos el Reino Unido y Nueva Zelanda.[29] Los jóvenes de hoy en día no son una generación que tema especialmente a las drogas.

EL GROSOR DE LAS NACIONES

Mientras que las rupturas generacionales en el consumo de tabaco y de alcohol son muy buenas noticias de cara a nuestra salud, las tendencias en cuanto a los niveles de obesidad no lo son tanto. El patrón más llamativo se relaciona con los efectos de ciclo vital. La figura 5.4 muestra cómo cada generación en Inglaterra va descendiendo lentamente a medida que envejece. Puedo ver cómo mi propia generación ha ido progresando hasta alcanzar la gordura, si sigo la línea que representa la generación X. En 1992, el 70 % de nosotros tenía un peso saludable, pero ahora que estamos en la mediana edad solo una cuarta parte ha conseguido mantenerlo.

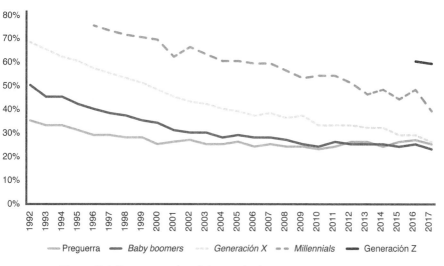

Figura 5.4. Porcentaje de adultos en Inglaterra que tienen un peso saludable (definido por un IMC entre 18,5 y 24,9).[30]

Nuestro descenso significa que nos hemos unido a las dos cohortes anteriores, de manera que hemos acabado en un punto final notablemente similar al de los *baby boomers* y al de la generación de la preguerra. Me parece un pensamiento ligeramente motivador, ya que, si yo puedo llegar a los 50 años con un peso saludable, cabe la gran posibilidad de que me quede ahí. Por supuesto, la realidad es más compleja y menos reconfortante, pues el gráfico solo exhibe una media con personas que entran y salen, lo que incluye la muerte. La cruda realidad es que muchos de nosotros seguiremos adelgazando, aunque el porcentaje de quienes tienen un peso saludable dentro de cada generación mayor parece mantenerse estable, puesto que las personas que tienen sobrepeso tienden a morir más jóvenes.

A pesar del predominio de los efectos de ciclo vital, también podemos observar diferencias generacionales significativas en nuestras posibilidades de tener un peso saludable. Si comparamos la generación X con los *millennials* en Inglaterra, cuando en ambas franjas la edad media era de 26 años, el 53 % de la generación X tenía un peso saludable frente al 48 % de los *millennials*. Esos últimos son la primera cohorte en Inglaterra que llega a la mitad de los 20 años con una minoría de peso saludable, y la tendencia parece continuar, pues en los últimos datos de 2017 el 62 % de la generación Z tenía un peso saludable, en comparación con alrededor del 70 % de los *millennials* a su misma edad. Esto es algo que tenemos que tratar con cierta precaución, ya que representa solo una primera porción de la generación Z, pero parece que no hemos llegado al fondo de la caída generacional en cuanto a los problemas de peso.

Existe un patrón similar entre los adultos de Estados Unidos cuando observamos el porcentaje que se considera obeso, lo cual significa que tienen un índice de masa corporal —IMC— de al menos 30. Por ejemplo, el 40 % de los *millennials* estadounidenses eran obesos en 2018, en comparación con alrededor del 30 % de los de la generación X en 2004, cuando tenían una edad media similar. Es demasiado pronto para sacar conclusiones respecto de la generación Z, pero los datos actuales sugieren que sus niveles de obesidad están aumentando incluso más rápido que en el caso de los *millennials*.

Sin embargo, uno no llegaría a pensar que se tiende a esto si observara el gran número de artículos falsos que afirman que los *millennials* o la generación Z son la «generación del bienestar». Algunos son divertidos sin proponérselo. Un artículo llamaba a los *millennials* estadounidenses «la nueva generación saludable», simplemente porque ven muchos vídeos sobre «cómo consumir cúrcuma (…), vinagre de manzana, arroz de coliflor, caldo de huesos y aceite de aguacate».[31] Otro artículo, inexplicablemente, señalaba el hecho de que «el 54 % de los *millennials* (…) esperan que los cereales antiguos formen parte de su dieta». Sin embargo, este tipo de pensamiento también contamina los análisis más serios, incluidos los de una de las empresas de inversión financiera más famosas del mundo. Goldman Sachs sugiere lo siguiente: «Para los *millennials*, el bienestar es una búsqueda diaria y activa (…) y "saludable" no significa simplemente "no estar enfermo". Es un compromiso diario que supone comer bien y hacer ejercicio».[32]

Estas generalizaciones falsas son perjudiciales, puesto que nos distraen del impacto que tiene el aumento de peso de generación en generación, lo cual se ha convertido en un problema internacional. En todo el mundo, la obesidad se ha triplicado desde 1975, y en 2016, seiscientos cincuenta millones de adultos eran obesos y otros mil doscientos cincuenta millones tenían sobrepeso.[33] Esto tiene graves consecuencias en nuestra esperanza de vida colectiva; según un informe de la Organización Mundial de la Salud, «tiene el potencial de anular muchos de los beneficios para la salud que han contribuido al aumento de la longevidad observado en el mundo».[34]

También hay una creciente variación dentro de las poblaciones, especialmente en los países más desarrollados como Estados Unidos y el Reino Unido, y es que el peso en la infancia está cada vez más entrelazado con la desigualdad. Por ejemplo, un estudio se basa en una serie de encuestas de cohortes que les hacen un seguimiento a los residentes del Reino Unido nacidos en un año concreto a lo largo de su vida. Compara partes de la población nacida en 1946, 1958, 1970 y 2001, lo que proporciona un recurso de vital importancia para entender cómo está cambiando realmente la vida entre generaciones. Dicho estudio confirma que los niños de la última cohorte de 2001 pesan más que los de las cohortes anteriores. Sin embargo, también muestra una nueva pauta de divergencia creciente entre los nacidos en las clases sociales más altas y más bajas, ya que, en 2001, estos últimos tenían un IMC significativamente más alto que los primeros, a diferencia de las cohortes anteriores, en las que había poca diferencia entre clases.[35] Ahora, nacer en las clases sociales más bajas es más perjudicial para las probabilidades de llegar a la infancia con un peso saludable de lo que lo era en el pasado.

Este patrón no se limita al Reino Unido, sino que en Europa y Norteamérica los ingresos y la clase social son algunos de los elementos que guardan una estrecha relación con la obesidad infantil, y la disparidad parece estar aumentando. Una encuesta realizada a niños de treinta y cuatro países de Europa y Norteamérica ha demostrado que se ha duplicado entre 2002 y 2010 el impacto que tiene en el peso la clase social en la que se ha nacido. Parece que las diferencias socioeconómicas están influyendo más en la obesidad infantil.[36]

Por un lado, la causa del aumento generacional de la obesidad y su creciente relación con la desigualdad es sencilla, y es que cada vez consumimos más calorías de las que quemamos, y los menos pudientes se han visto más afectados por esto. No obstante, el empecinamiento de los niveles de obesidad infantil frente a un sinfín de iniciativas, así como el hecho de que estén cada vez más sesgados entre los distintos grupos sociales, refleja cuán estrechamente ligados están los resultados a determinadas condiciones sociales que son difíciles de cambiar. Estos factores «obesogénicos» pueden encontrarse en todos los aspectos de la vida de los jóvenes y a menudo se transfieren entre generaciones. En la actualidad, los niños se relacionan con muchos más adultos que son obesos o tienen sobrepeso, y también hay factores ambientales importantes, como la accesibilidad a lugares seguros para hacer ejercicio y los alimentos disponibles en la escuela y en casa. Estas condiciones moldean a nuestros jóvenes y están más orientadas a promover la obesidad que las que experimentaron sus abuelos; además, muchas son peores para los pobres.[37]

El momento en el que naces interactúa cada vez más con las circunstancias socioeconómicas en las que lo hiciste. Ya hemos señalado que, en Estados Unidos, por ejemplo, la esperanza de vida ha empezado a descender de nuevo en los últimos años, lo que ha supuesto la caída más larga desde la gripe española.[38] Case y Deaton han demostrado que esto se debe por completo a los descensos entre subconjuntos de la población, en particular a los estadounidenses blancos sin título universitario. Mientras que en el Reino Unido no se ha producido un retroceso real en la esperanza de vida, el progreso se ha estancado por primera vez en cien años.[39] Las trayectorias de las diferentes comunidades son sorprendentes y explican gran parte de la desaceleración. Por ejemplo, hemos visto descensos en la esperanza de vida entre las mujeres de las zonas más desfavorecidas de Inglaterra, así como para ambos géneros en las zonas desfavorecidas de algunas regiones, como el noreste del país.[40] Mientras tanto, los habitantes de las zonas más prósperas siguen experimentando mejoras en la esperanza de vida. En Estados Unidos e Inglaterra, así como en el resto de Europa, nacer en un entorno más pobre condiciona la vida de forma más negativa que en los últimos años.

¿SEGUIRÍAS ELIGIENDO NACER AHORA?

Los increíbles avances médicos y sociales del último siglo han conseguido numerosas victorias en las constantes batallas contra la enfermedad y la vejez. Veremos nuevos adelantos en el futuro a medida que las innovaciones médicas continúen a buen ritmo y que siga dando sus frutos nuestra inversión para acabar con el hábito de fumar, la mayor causa reciente de muerte que es evitable.

Hacia el final de su presidencia, Barack Obama retomó con regularidad este tema relativo a nuestro progreso y a la resistencia que conlleva. En el artículo de introducción que hizo para un número de la revista *Wired*, en la cual fue jefe de redacción para un ejemplar en 2016, destacó la fe que tenía en las innovaciones científicas y sociales, y dijo lo siguiente: «Estamos mucho mejor equipados que nunca para afrontar los retos que se nos presentan».[41] Más adelante amplió su creencia en los beneficios que derivan de nacer hoy. En palabras del expresidente: «Si tuvieras que elegir un momento de la historia en el que nacer y no supieras de antemano quién serías —no supieras si ibas a nacer en una familia rica o pobre, en qué país nacerías, si serías hombre o mujer—, si tuvieras que elegir a ciegas en qué momento querrías nacer, elegirías la actualidad».[42]

Incluso mientas escribo este libro, en un mundo que está en gran medida «confinado» durante una pandemia mundial, Obama sigue teniendo razón. A pesar de los riesgos inmediatos que tiene para la salud y del desconocido impacto a largo plazo que tendrá la pandemia, ha sido tal la magnitud de la mejora en todo el mundo que elegir la actualidad seguiría siendo una apuesta inteligente.

No obstante, los cálculos han ido cambiando de manera gradual. En primer lugar, los avances en materia de salud que han tenido lugar en la sociedad como conjunto han flaqueado, pues se han producido tendencias como el aumento de la obesidad, lo cual ha supuesto un lastre para nuestros logros. En segundo lugar, hemos asistido a retrocesos más marcados en materia de salud y esperanza de vida entre determinados subconjuntos de la población. Si alguien está destinado a ser una persona blanca sin estudios en Estados Unidos o una mujer que vive en una zona desfavorecida del norte de Inglaterra, no está tan claro que nacer en la actualidad sea la mejor opción. Es un pensamiento impactante, sobre todo cuando hemos crecido dando por sentado que hemos progresado. Las desigualdades sanitarias siempre han existido, por supuesto, pero sorprenden más y son más difíciles de aceptar cuando van acompañadas de retrocesos reales que afectan a un porcentaje significativo de la población en países ricos como el Reino Unido o Estados Unidos.

Si bien es cierto que los avances médicos y sociales nos permiten hacer frente a la pandemia del COVID-19 con más eficacia que en cualquier otro momento de la historia, incluso los países que están mejor preparados presentan enormes desigualdades en términos de vulnerabilidad, tanto respecto de la amenaza directa del virus como del impacto a largo plazo de las medidas adoptadas para controlar su propagación. Esto ha provocado consecuencias trágicas que fueron claras desde que empezó la pandemia, y es que las muertes por COVID-19 fueron dos veces más altas en las zonas más desfavorecidas de Inglaterra que en regiones más florecientes, lo que supone una brecha mayor en las tasas de mortalidad que en tiempos normales.[43]

Esperamos disfrutar de una vida más sana y larga que la de nuestros padres, y deseamos que nuestros hijos disfruten de lo mismo. Pero la tendencia real ha puesto de manifiesto que, en lo que respecta a la salud, el progreso generacional está cada vez más reservado a quienes pueden permitírselo.

6

La recesión sexual, el *baby bust* y la muerte del matrimonio

En *Everybody Lies* —*Todo el mundo miente*— Seth Stephens-Davidowitz se basa en las vastas franjas de pensamientos que compartimos alegremente con Google en nuestras búsquedas en internet, pero con nadie más. Como era de esperar, el sexo ocupa un lugar destacado en el libro, que contiene datos como estos: «La primera pregunta que buscan los hombres en Google sobre los cambios de su cuerpo o su mente con la edad es si su pene se volverá más pequeño» o «Los hombres hacen más o menos el mismo número de búsquedas sobre cómo practicarse sexo oral que sobre cómo hacer para que una mujer tenga un orgasmo».[1]

Aunque estos datos son desalentadores y predecibles a partes iguales, solo ofrecen una imagen parcial. Para entender realmente nuestra vida sexual, necesitamos que se haga una evaluación cuidadosa en encuestas que sean rigurosas y comprensivas, y para entender cómo están cambiando las generaciones hace falta que estas se remonten mucho tiempo atrás. También debemos tener en cuenta que la gente no siempre dice toda la verdad en las encuestas, especialmente en temas tan delicados como el sexo, pero los estudios serios proporcionan una visión que no podemos obtener en ningún otro lugar.

Por desgracia, hoy en día los estudios de alta calidad sobre actitudes y comportamientos sexuales declarados son escasos, y eran aún más raros hace treinta años. En su lugar, tendemos a obtener un torrente interminable de encuestas falsas y de titulares que buscan llamar la atención, los cuales a menudo tratan de condensar la experiencia de generaciones enteras de forma engañosa. A veces se basan en estudios serios que señalan cambios importantes, pero que se extralimiten con frecuencia es un reflejo del enfoque sensacionalista que solemos adoptar en lo relativo al sexo. Si tomamos cada generación por separado, estos son algunos de los mensajes clave que se pueden extraer de una lectura casual de los artículos:

- **Generación Z:** «Los chicos follan menos».[2] No hace falta que explique este artículo, y la tendencia que describe se basa en un patrón real en Estados Unidos, tal como lo veremos.
- *Millennials:* aquí la cosa se pone confusa, ya que hay dos grupos de artículos contradictorios que, de alguna manera, se las arreglan para echarles la culpa a los *millennials* de haber matado algo. El primero hace hincapié en el aumento de la cultura del «polvo», ayudada por las nuevas tecnologías, y afirma que está acabando con las relaciones serias.[3] El segundo acusa a los *millennials* de haberse cargado al sexo, porque están demasiado absortos en sus dispositivos como para tomarse la molestia. «Netflix and chill» se ha convertido aparentemente en una descripción literal en lugar de en un eufemismo.[4]
- *Baby boomers:* «Promiscuos se arriesgan a contraer una ETS».[5] Estos artículos recogen una auténtica tendencia relacionada con el aumento de las tasas de enfermedades de transmisión sexual entre los *baby boomers*. Sin embargo, dicha tendencia representa un comportamiento muy específico, que dista mucho de la ola de orgías entre viejos y sin protección que dan a entender los titulares.

El lector que tenga ojo de águila habrá detectado la laguna existente en la enumeración anterior, y es que la generación X apenas aparece en las discusiones generacionales que se tienen sobre el sexo, por lo que se mantiene fiel a su estatus de hijo mediano olvidado. Hay muchos artículos sobre la dificultad de mantener el interés por el sexo durante la mediana edad, pero muy poco sobre el carácter peculiar de esta cohorte. El único artículo que he encontrado no es el más riguroso, pero se basa en el análisis de un académico estadounidense que sugiere lo siguiente: «La generación X (…) se vio influenciada por la revolución sexual y se rigió por la mamada, mientras que los *millennials* abrazaron el sexo anal (…) y la generación Z está metida de lleno en el *pegging* (…). Lo más seguro es que la próxima generación sea la de la masturbación».[6] Supongo que «regirse por las mamadas» o «abrazar el sexo anal» son clichés generacionales más pintorescos que ser narcisista o materialista.

Cómo no, es fácil burlarse, sobre todo cuando todavía mostramos una actitud ligeramente vergonzosa en lo que al sexo se refiere. Sin embargo, es un aspecto literalmente existencial de la vida humana que revela diferencias significativas a lo largo del tiempo y entre generaciones, y que a veces puede perderse entre todo el ruido. Uno de los mayores retos a los que se enfrentarán muchos países en las próximas décadas es la baja o decreciente tasa de natalidad, la cual creará poblaciones cada vez más desequilibradas, con muchas más personas mayores y menos en edad de trabajar. En algunos comentarios se tiende a echarles la culpa de ello a las recientes generaciones de gente joven, por su supuesta falta de interés en el sexo y en tener hijos. No obstante, es un grave error a la hora de interpretar el descenso a largo plazo que han sufrido las tasas de fertilidad, así como una simplificación de un patrón mucho más complejo.

Un futuro con menos hijos no es el único reto que plantea nuestra cambiante vida familiar. El escritor David Brooks considera que la «familia nuclear» de dos padres y 2,5 hijos —o *2point4 Children* [2.4 niños], como en el título de una comedia británica que estuvo mucho tiempo en antena— parece el orden natural, «aunque no era la forma en la que la mayoría de los seres humanos vivían durante las decenas de miles de años anteriores a 1950, y no es la forma en la que la mayoría de los seres humanos han vivido durante los cincuenta y cinco años que han pasado desde 1965». Este modelo de vida familiar despojado ha funcionado bien para algunos, pero no para los que tienen menos recursos, y esto acarrea todo tipo de efectos.

Sin embargo, no hay que subestimar la resiliencia del propio matrimonio. Stephanie Coontz, autora de *The Way We Never Were: American*

Families and the Nostalgia Trap, señala que la gente lleva décadas prediciendo sin éxito la muerte del matrimonio.[7] En 1928, John B. Watson, un destacado psicólogo infantil, vaticinó que el matrimonio estaría acabado en 1977. Y, en 1977, el sociólogo Amitai Etzioni sugirió que, si las tendencias contemporáneas continuaban, en la década de 1990 «no quedaría ni una sola familia estadounidense».[8] Más recientemente, y como era de esperar, los titulares han acusado a los *millennials* de «matar el matrimonio».[9] La realidad es que la historia del matrimonio siempre ha sido una mezcla de continuidad y cambio.

¿UNA RECESIÓN SEXUAL?

Empecemos por el principio. Un estudio realizado en Estados Unidos a estudiantes de instituto analiza las tendencias relativas a las primeras experiencias sexuales.[10] Revela un claro descenso en el porcentaje de jóvenes de entre 15 y 18 años que han perdido la virginidad, desde el 54 % de la generación X en 1991 hasta el 40 % de la generación Z en 2017. Hay dos pasos descendentes en la tendencia que coinciden perfectamente con los periodos en los que las diferentes generaciones estaban llegando a los últimos años de la adolescencia, y se trata de los *millennials* más jóvenes a finales de la década de 1990 y de los de la generación Z a mediados de la década de 2010. Según esta medición, parece perfectamente razonable creer que «los chicos están follando menos».

En el Reino Unido no contamos con el mismo tipo de estudios, pero hay indicios de que estamos viendo un patrón similar en el que se aprecia cómo un mayor porcentaje de jóvenes adultos pertenecientes a las generaciones recientes retrasan el sexo durante más tiempo. Por ejemplo, un estudio que hace un seguimiento de una cohorte de personas nacidas en 1989 y 1990, y las entrevista en varios momentos de su crecimiento, muestra que, a los 25 años, el 12 % de estos *millennials* tardíos seguían siendo vírgenes. Esta cifra es significativamente más alta que los niveles observados en las generaciones anteriores, en las que solía rondar el 5 % a mediados de los 20 años.[11]

¿Se trata de una tendencia universal en todos los países o es solo un fenómeno británico y estadounidense? Son escasas las encuestas sólidas y a largo plazo sobre el comportamiento sexual de los adolescentes, pero un estudio que abarca seis países africanos, por ejemplo, indica un aumento lento pero constante de la edad a la que se ha tenido la primera experiencia sexual en las últimas décadas, lo que ha traído aparejados efectos especialmente significativos en Uganda, Kenia y Ghana.[12] Sin embargo, el país considerado más arquetípico de la tendencia es Japón, donde el nivel y la durabilidad de la virginidad son de un orden bastante diferente. En 2015, el 26 % de los hombres y el 25 % de las mujeres de entre 18 y 39 años no habían tenido ninguna experiencia sexual heterosexual —lamentablemente, las encuestas japonesas sobre el sexo no miden las experiencias entre personas del mismo género—. Al igual que en el caso de los adolescentes estadounidenses, se trata de una evolución lenta más que de un cambio repentino, pues las cifras ya eran del 20 % para los hombres y del 22 % para las mujeres en 1992. Como reflejo de ello, la virginidad prolongada está afectando cada vez más a los grupos de mayor edad que aparecen en la encuesta. Por ejemplo, el porcentaje de personas de 35 a 39 años que no han mantenido relaciones heterosexuales se duplicó aproximadamente entre 1992 y 2015, hasta alcanzar casi el 10 %.

El aumento gradual de la edad a la que se pierde la virginidad es una medida relativamente limitada, que indica la disminución de la actividad sexual. Nos dice muy poco sobre la vida sexual de la mayoría de las personas; después de todo, la virginidad sigue siendo poco frecuente al llegar a la treintena, incluso en Japón.

Contar el número de parejas sexuales que la gente ha tenido en el último mo año ofrece una perspectiva más representativa de las tendencias respecto de la actividad sexual, y empezaremos con los que no han tenido ninguna en Estados Unidos —figura 6.1—. Podemos ver que el punto de partida de cada línea indica un mayor porcentaje de jóvenes adultos que dicen no haber tenido ninguna pareja sexual en el último año mientras se va avanzando de una generación a otra, desde la generación X —12 %— hasta los *millennials* —21 %— y la generación Z —34 %—. Se trata de aumentos muy importantes en el transcurso de solo tres generaciones.

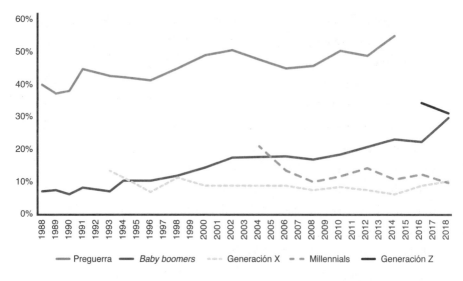

Figura 6.1. Porcentaje de adultos en Estados Unidos que dicen
que no han tenido ninguna pareja sexual en el último año.[13]

No obstante, a diferencia de las tendencias existentes entre los adolescentes, ahora podemos adoptar una perspectiva generacional más completa. En particular, podemos seguir a los *millennials* aún más a lo largo de su
ciclo vital, con los más mayores en torno a los 38 años en el momento en
que se realizó la última encuesta en 2018. Nos haremos una idea diferente
de sus vidas sexuales si adoptamos esta perspectiva más amplia; después
de años de retraso, ahora los *millennials* están en perfecta concordancia
con la generación X, ya que solo el 10 % no ha tenido ninguna pareja sexual en el último año. Una vez más, la historia de su desarrollo es la de un
camino retrasado más que la de un destino diferente, pues empezaron
más tarde y tardaron más en ponerse en marcha, pero llegaron al mismo
lugar.

Sin embargo, el gráfico también deja claro que los miembros de la
generación Z tienen una gran brecha que cerrar, si quieren volver a tener
niveles de actividad sexual similares a los de las cohortes anteriores. Si
bien es cierto que la trayectoria de los *millennials* ha demostrado el poder
que tienen los ciclos vitales humanos para hacernos retroceder, parece más
probable que la generación Z se tope con dificultades para cerrar la brecha

por completo. Puede que nos estemos dirigiendo a un nivel de abstinencia sexual mayor entre los jóvenes adultos en los Estados Unidos.

El panorama es similar cuando observamos la frecuencia con la que las distintas generaciones mantienen relaciones sexuales. La figura 6.2 muestra los datos de Estados Unidos en cuanto a quiénes han mantenido relaciones sexuales al menos una vez a la semana durante el último año. Cada una de estas líneas contendrá a un grupo bastante contento de personas, ya que una vez a la semana parece ser la frecuencia perfecta para practicar sexo, y así disfrutar de una relación feliz. Los estudios demuestran que las parejas que tienen relaciones sexuales menos de una vez a la semana están menos contentas, pero no se verifica un aumento real de la felicidad en el caso de las relaciones sexuales más frecuentes, y esto parece aplicarse por igual a hombres y mujeres, jóvenes y mayores.[14]

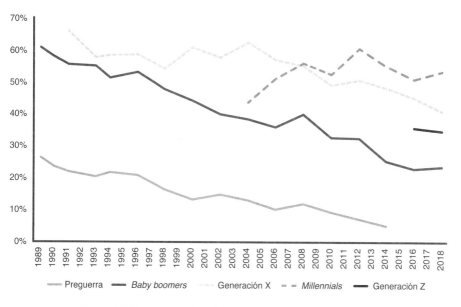

Figura 6.2. Porcentaje de adultos en Estados Unidos que dicen que han mantenido relaciones sexuales al menos una vez a la semana durante el último año.[15]

El gráfico muestra fascinantes patrones de cambio, que ilustran cuán ligada está nuestra vida sexual a los efectos de ciclo vital, de periodo y de cohorte. En particular, cuando se midió por primera vez a los estadounidenses de la generación X en 1992 —con una edad media de 20 años—, el 66 % mantenía relaciones sexuales al menos una vez a la semana. Cuando los *millennials* tenían la misma media de edad en 2006, solo el 50 % lo hacía con esta frecuencia, lo que en aquel momento habría parecido un desplome de la actividad sexual. Sin embargo, la forma de la línea que representa a los *millennials* es totalmente diferente, pues, en lugar de caer en estos primeros años de la vida adulta, aumenta hasta llegar a alrededor del 60 % antes de estabilizarse. En 2018, el 53 % de los *millennials* tenía relaciones sexuales al menos una vez a la semana, lo que no difiere demasiado del 58 % de los de la generación X cuando tenían una edad media similar de unos 30 años en 2002. Después de un comienzo más lento, el sexo regular entre los *millennials* es un poco más bajo que el de la generación X, pero no mucho. Una vez más, la historia de los *millennials* es principalmente la de un ciclo vital retrasado: llegaron más tarde al sexo regular, pero terminaron en un lugar no muy diferente al de la generación X.

Al igual que con la abstinencia sexual, la generación Z ha dado un paso hacia atrás, ya que solo el 35 % tiene relaciones sexuales al menos una vez a la semana. Así, pues, la probabilidad de que mantengan relaciones sexuales semanales es casi la mitad de la de los miembros de la generación X cuando eran jóvenes adultos. Una vez más, dado el ciclo de vida sexual distinto que han seguido los *millennials* para llegar más o menos al mismo punto, no podemos estar seguros de que esto suponga una ruptura completa con el pasado, pero parece cada vez más improbable que la generación Z alcance los niveles de actividad sexual de las generaciones anteriores.

Los cambios recientes en nuestra vida sexual se describen a menudo como una *recesión sexual*, expresión acuñada por la periodista Kate Julian a finales de 2018, en *The Atlantic*.[16] Su artículo se centra en cómo esta «recesión» está viéndose impulsada por las generaciones más jóvenes con vívidas historias de gente joven que se desvive por «deslizar hacia la izquierda» en las aplicaciones de citas, cuando en realidad no tiene ningún interés real en conocer a alguien con quien ha hecho *match*, está aterrorizada de entablar contacto en la vida real, y está distraída con los móviles y con el porno que hay en internet. Da la impresión de que toda una generación está renunciando al sexo, pero esto es erróneo.

Parte del problema que trae la idea de la «recesión sexual» es que se trata con frecuencia el descenso de la actividad sexual como una tendencia única que deriva solo de los cambios de comportamiento entre los jóvenes, cuando en realidad tiene varias vertientes. En particular, esta representación pasa por alto el hecho de que los grupos de mayor edad han experimentado a menudo un mayor descenso de la actividad sexual. De hecho, la frecuencia con la que todo el mundo mantiene relaciones sexuales en Estados Unidos ha disminuido en los últimos años, pasando de unas sesenta veces al año en la década de 1990 a unas cincuenta a mediados de la década de 2010.[17] En Gran Bretaña, el número medio de ocasiones en las que los adultos mantuvieron relaciones sexuales en las cuatro semanas anteriores descendió de cinco en 1990 a tres en 2010.[18] También se ha registrado un descenso generalizado similar en la frecuencia de las relaciones sexuales en Suecia,[19] Australia,[20] Finlandia, España, Italia[21] y, por supuesto, Japón.[22] Los estudios muestran que existen diferencias significativas en cuanto a los grupos que impulsan el cambio, pero en realidad la culpa no es de los jóvenes. Los datos de Estados Unidos, Reino Unido, Australia y Finlandia coinciden a la hora de señalar que los mayores descensos en la frecuencia se dan en realidad entre las personas casadas y entre quienes se encuentran al principio de la mediana edad.[23]

Se trata de descensos multifacéticos a largo plazo en los que señalar a una generación o a factores individuales, como el auge de los teléfonos móviles, las aplicaciones de citas o Pornhub, no encaja con el calendario de las tendencias.

Además de dichos efectos de periodo, las generaciones más jóvenes también han experimentado cambios en su ciclo vital. La adultez retardada se ve reflejada en el estancamiento de su vida sexual. Las tendencias de los *millennials* han mostrado cómo esto puede ser una pausa más que un rechazo total del sexo. Por ejemplo, en Estados Unidos y en el Reino Unido, cuando la gente llega a la mitad de la treintena —donde se encuentran los *millennials*—, uno de cada veinte o menos sigue siendo virgen, lo que no difiere mucho de los patrones del pasado.[24] Sin embargo, la generación Z puede ser la primera en la que este ciclo vital alargado se rompa y nos asentemos en un nivel de actividad sexual más bajo. Ya tendremos una imagen más clara en los próximos años.

Creo que este enfoque nos acerca más a la razón por la que el término *recesión sexual* no funciona del todo, ya que sugiere una fase temporal e inusual de la que nos recuperaremos si los jóvenes se ponen las pilas. No obstante, una comprensión más completa sugiere que las causas de la tendencia son más variadas y que es probable que sea más duradera.

¿BABY BUST?

El comienzo más tardío de nuestra vida sexual se ve reflejado en un aumento significativo de la edad media a la que las mujeres dan a luz a su primer hijo. Por ejemplo, en el Reino Unido ha pasado de ser de unos 26 años en la década de 1950 a ser de más de 30 años, con una trayectoria ascendente constante a partir de mediados de la década de 1960.[25] Francia, Australia y Estados Unidos siguieron una pauta similar, aunque Estados Unidos se estableció en una edad inferior a los 29 años en 2017. En Alemania, la edad media disminuyó de casi 28 a 26 años entre la década de 1950 y principios de la de 1980, pero luego aumentó a alrededor de 31 años.

Puede que estos pequeños aumentos no parezcan algo drástico, pero esconden distribuciones muy diferentes entre los rangos de edad. Por ejemplo, en Inglaterra y Gales, en 1985 las adolescentes tuvieron seis veces más bebés que las mujeres mayores de 40 años. Sin embargo, en 2015, por primera vez en nuestra historia, el número de niños que tuvieron las mujeres de más de 40 años fue mayor que el de las menores de 20.[26] Este mismo punto de inflexión se alcanzó en Canadá y en Australia a principios de 2010.[27] Por supuesto, gran parte de la explicación es el enorme descenso de los embarazos en el caso de las adolescentes, pero el número de *embarazos geriátricos* —hasta hace poco el término médico oficial que hacía referencia a los embarazos en mujeres mayores— también ha aumentado de manera considerable. No es casualidad que Bridget Jones, la cronista de los cambios en las vidas femeninas, tuviera 43 años en la película *El bebé de Bridget Jones.*

Al igual que ocurre con el descenso de nuestro comportamiento sexual, estas tendencias a menudo han sido presentadas de forma errónea como un defecto de las actuales generaciones de jóvenes, como lo ilustran titulares como este: «¿Los *millennials* sin hijos harán que Estados Unidos se convierta en Japón?».[28] Pero la realidad es que la edad media para tener hijos ha ido aumentando en casi todos los países desde al menos los años ochenta, cuando los *baby boomers* y luego los de la generación X estaban en su mejor momento en lo que a maternidad y paternidad se refiere. No se trata de cambios generacionales repentinos impulsados por una cohorte concreta.

En cuanto al número de hijos que la gente tiene, los juicios que hay sobre las generaciones más jóvenes de hoy día son igualmente injustos. No se puede negar que las tasas de natalidad han caído en picado en todo el mundo, y la tasa de fertilidad total mundial —el número de hijos nacidos por cada mujer en edad fértil— se redujo a la mitad, pasando de unos cinco en la década de 1960 a unos 2,5 en 2015.[29] No obstante, los descensos más recientes han sido impulsados por los países de menores ingresos, con una relativa estabilidad en otros lugares. Por ejemplo, las tasas totales de fertilidad en el Reino Unido solo se han movido entre el 1,7 y el 1,9 por mujer desde la década de 1980.[30] Es cierto que hemos pasado seis años en los que las tasas han sido ligeramente decrecientes en el Reino Unido, mientras que en Estados Unidos se han producido pequeñas pero constantes caídas desde 2008,[31] pero el patrón principal en la tendencia a largo plazo es una caída mucho más pronunciada en las décadas de 1960 y 1970. La tasa en los países más ricos parece establecerse en torno a 1,7 y la última hipótesis según la Office for National Statistics del Reino Unido es que el tamaño medio de la familia completa para cada mujer seguirá siendo de 1,78 hijos en 2043.[32]

Por supuesto, si bien es cierto que no se trata del desplome generacional en cuanto al número de hijos que podríamos suponer a partir de los titulares —«¡*Baby bust!* La caída de la natalidad entre los *millennials* podría significar un cambio histórico»[33]—, está significativamente por debajo de la tasa de reemplazo de alrededor de 2,1 hijos. Y cuando esto se combina con el ascenso de nuestra longevidad, indica que vamos a ver aumentos muy grandes y rápidos en la «tasa de dependencia de la tercera edad», o cuántas personas en edad de trabajar hay en comparación con quienes tienen más de 65 años.[34] De hecho, en Estados Unidos se espera que esta cantidad *se duplique* entre 2010 y 2050, pasando de diecinueve a treinta y seis personas mayores por cada cien en edad de trabajar. Claro está, hay que tener cuidado de no exagerar el impacto de este fenómeno, pues la mejora de la salud y la prolongación de la vida laboral significan que muchas de estas personas mayores no serán «dependientes». De todos modos, sigue siendo un cambio social enorme.

El COVID-19 también tendrá un impacto significativo en nuestras tasas de natalidad, aunque no de la manera que algunos esperaban. En las fases iniciales del «confinamiento» de marzo de 2020, la ministra de Sanidad del Reino Unido, Nadine Dorries, llegó a tuitear: «Como ministra responsable de los servicios de maternidad, me pregunto cuán ocupados vamos a estar dentro de nueve meses».[35] Estas expectativas se basaban en la percepción errónea y generalizada de que los acontecimientos que hacen que la gente deba quedarse atrapada en casa, como los apagones o las ventiscas, dan lugar a más bebés. Pero los datos no respaldan estos mitos.[36] Por regla general, el estrés y la ansiedad provocados por las crisis superan al aburrimiento que puede producir la reclusión.

Parece que el COVID-19 acentuará el *baby bust*, o disminución de los nacimientos. Los economistas Melissa S. Kearney y Phillip B. Levine se han basado en las tendencias de recesiones anteriores y en la pandemia de gripe española de 1918 para estimar que podría haber entre trescientos y quinientos mil nacimientos menos en Estados Unidos, una pérdida de hasta el 14 % de todos los nacimientos.[37] Su análisis también muestra un descenso del 12,5 % en las tasas de natalidad nueve meses después de cada ola producida durante la pandemia de gripe española. Este no fue principalmente un efecto económico —la economía apenas se contrajo—, sino que fue impulsado por la ansiedad y por el impacto que tuvo la crisis en la salud pública. La gripe española afectó a las personas en edad fértil de una forma más directa que el COVID-19, por lo que es probable que esta consecuencia sea menos marcada esta vez. Sin embargo, la pandemia actual sí parece que tendrá un efecto económico importante, que a su vez acarreará repercusiones. Las tasas de natalidad son procíclicas, suben y bajan con el crecimiento y el declive económico. El análisis de la recesión de 2008 sugiere que el aumento de un punto porcentual en las tasas de desempleo estaba asociado con la disminución del 0,9 % en las tasas de natalidad.[38]

Un período prolongado de separación social y las «cicatrices» económicas aún más duraderas supondrán no solo un retraso, sino también una pérdida permanente. Al igual que con muchas de las cuestiones relacionadas con el COVID-19, parece que acelerará las tendencias preexistentes, ya que la consiguiente ralentización de las tasas de natalidad podría generar secuelas a largo plazo en los países occidentales que ya están luchando por mantener el envejecimiento de la población.

SALVARNOS A NOSOTROS MISMOS

¿Qué tienen en común Britney Spears, Miley Cyrus y Justin Bieber? Como padre perteneciente a la generación X, de dos hijas que a ratos han escuchado su música sin parar, se me ocurren unas cuantas frases malsonantes que los relacionan. Pero más allá de ser responsables de la tortura ejercida a mis oídos, todos prometieron en algún momento «esperar» antes de admitir posteriormente que no lo hicieron. Miley Cyrus, que en un principio opinó que «el amor de verdad espera» —en referencia a True Love Waits, el movimiento que fomenta la abstinencia sexual antes del matrimonio—, concluyó después que «la virginidad es una construcción social».

La «industria de la pureza» estadounidense, que incluye la organización de eventos y la venta de joyas, libros, camisetas y DVD, así como programas gubernamentales que la refuerzan, parece muy ajena desde la perspectiva del Reino Unido. Sin embargo, cuando observamos las diferencias en las actitudes hacia el sexo prematrimonial entre ambos países, resulta mucho menos sorprendente. Cada generación en Estados Unidos, con la excepción de las últimas cifras de la generación Z, está significativamente más preocupada por el sexo antes del matrimonio que la generación equivalente en Gran Bretaña, como podemos ver en las figuras 6.3 y 6.4. Por ejemplo, casi tres de cada diez *baby boomers* estadounidenses piensan que el sexo prematrimonial es siempre o casi siempre malo, en comparación con solo el 8 % de los *boomers* británicos. Si solo se observara la desaprobación de las relaciones sexuales prematrimoniales en Gran Bretaña por parte de la población en general, la cual ha pasado de ser del 27 % en 1983 al 9 % en 2017, podríamos llegar a pensar que esto se debe a un cambio gradual de opiniones y no a la tendencia profundamente generacional que es en realidad. De hecho, ha habido una notable consistencia entre las opiniones de la mayoría de las generaciones británicas desde que se formuló la pregunta por primera vez a principios de la década de 1980, y es que, con la excepción de la franja de la preguerra, solo una de cada diez personas o menos entre todas las generaciones ha pensado alguna vez que estaba mal. Incluso la de la preguerra ha ido alcanzando poco a poco esta opinión general, y ahora solo una de cada cinco personas está preocupada por ello, menos de la mitad del nivel de la generación estadounidense equivalente.

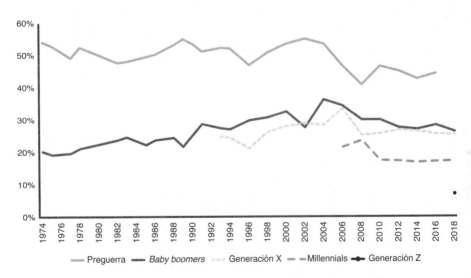

Figura 6.3. Porcentaje de adultos en Estados Unidos que dicen que tener relaciones sexuales antes del matrimonio está mal «siempre» o «casi siempre».[39]

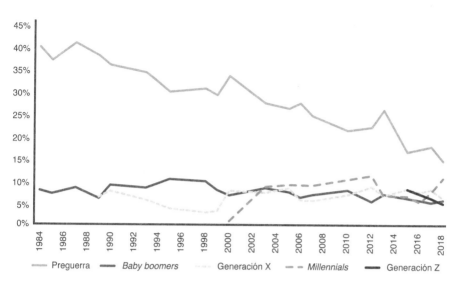

Figura 6.4. Porcentaje de adultos en Gran Bretaña que dicen
que tener relaciones sexuales antes del matrimonio está mal
«siempre» o «casi siempre».[40]

Algunos plantean la preocupación acerca de cómo esta perspectiva afecta a las mujeres y al sentido de su propio valor. Como lo sugiere Jessica Valenti en *The Purity Myth*, el uso de la «pureza» como abreviatura de no tener relaciones sexuales significa que las mujeres que tienen relaciones sexuales antes del matrimonio son impuras o han sido mancilladas. Según sus palabras: «Mientras que a los chicos se les enseña que las cosas que los hacen ser hombres —buenos hombres— son ideales éticos universalmente aceptados, a las mujeres se nos hace creer que nuestra brújula moral se encuentra en algún lugar entre nuestras piernas».[41]

La realidad es que no solo Britney, Miley y Justin se quedan cortos, sino que casi nadie está a la altura del ideal. Alrededor del 95 % de los hombres y las mujeres estadounidenses de 40 años dicen haber tenido relaciones sexuales prematrimoniales, y esto se aplica por igual a todas las generaciones, incluidas las que exhiben los niveles más altos de preocupación por el tema.[42] Eso es mucho arrepentimiento —o disonancia cognitiva— como para que la gente lo lleve consigo.

Mientras que muchas actitudes sexuales parecen estar cambiando entre generaciones, hay un aspecto del comportamiento sexual que ha permanecido totalmente inalterado durante los últimos treinta o cuarenta años, tanto en Estados Unidos como en Gran Bretaña, y es la infidelidad. Siempre ha estado mal engañar, y lo más seguro es que siempre lo esté. Desde mediados de la década de 1970, alrededor de nueve de cada diez estadounidenses de todas las generaciones han dicho que está mal que una persona casada tenga relaciones sexuales con alguien fuera de su matrimonio. Si bien es cierto que el nivel de desaprobación es menor en Gran Bretaña, existe una increíble consistencia entre 1989 y 2019 en las mayorías que dicen que es moralmente incorrecto tener relaciones sexuales con alguien que está casado con otra persona.[43] De hecho, los niveles de objeción en Gran Bretaña han aumentado ligeramente, pues se han visto impulsados, sobre todo, por los hombres que se alinean con los puntos de vista de las mujeres, un patrón que se aplica por igual a través de las generaciones. Con tantos cambios en las actitudes y en los comportamientos sexuales, resulta extraño y sorprendente que esta opinión haya sido universal a lo largo del tiempo y de las generaciones.

EL MATRIMONIO PUEDE ESPERAR

Aunque la gente valora la fidelidad, no está tan claro que piense que la fidelidad precisa del matrimonio. En todo el mundo, la gente se casa más tarde o no se casa, como lo indica la tabla 6.1. Por ejemplo, en 1980, la edad media de las mujeres francesas para casarse era de 23 años, mientras que en 2010 era de 32 años. La edad media de matrimonio en los países africanos es inferior, pero la dirección del cambio es la misma. En todos los países, por lo general, la edad del primer matrimonio para las mujeres ha aumentado más que para los hombres, lo cual acaba con la diferencia de edad y refleja la creciente independencia financiera de las mujeres.[44]

Tabla 6.1. Edad media de matrimonio para hombres y mujeres (1980 a 2016).[45]

País	Género	Edad media del matrimonio (1980-1982)	Edad media del matrimonio (2011-2016)	Diferencia (años)
Francia	Hombre	25	34	9
	Mujer	23	32	9
Reino Unido	Hombre	26	33	7
	Mujer	24	32	8
Suecia	Hombre	26	33	7
	Mujer	24	31	7
Australia	Hombre	26	31	5
	Mujer	24	30	6
Japón	Hombre	29	31	2
	Mujer	25	29	4
Estados Unidos	Hombre	24	29	5
	Mujer	22	28	6
Ruanda	Hombre	25	27	2
	Mujer	17	24	7

Si bien es cierto que estas cifras apuntan a una clara tendencia, no nos dicen nada sobre los cambios en el porcentaje de personas que no se casan ni sobre el origen de los cambios producidos entre generaciones. Esto queda más claro cuando se hace un seguimiento de las generaciones a lo largo del tiempo. La figura 6.5 muestra, en primer lugar, el carácter universal que ha tenido el matrimonio para las actuales generaciones de más edad en Gran Bretaña, y lo mismo se refleja en otros países, pues casi toda la generación de la preguerra en Estados Unidos y más del 90 % en Gran Bretaña y Francia estuvieron casados en algún momento de su vida. Esta cifra se redujo ligeramente en el caso de los *baby boomers* estadounidenses, pero más en el de los *boomers* británicos y franceses, que se situó en torno al 85 % y al 80 %, respectivamente. Alrededor del 82 % de la generación X estadounidense ha estado casada en algún momento, frente al 70 % en Gran Bretaña y al 60 % en Francia. Pero el gráfico también muestra que la línea que representa a los *millennials* se mantiene mucho más llana durante más tiempo que la de la generación X, puesto que casarse al final de la adolescencia o a los 20 años era algo mucho más raro para los *millennials* que para la generación X. Los *millennials* aceleraron el ritmo, pero en 2017, cuando muchos de ellos estaban bien entrados en la treintena, solo en torno al 40 % estaban casados, en comparación con el 50 % de la generación X cuando tenían una edad similar.

Todavía no podemos estar seguros del punto final que está por venir en el caso de los *millennials*, pues, tal como vimos con su vida sexual, empiezan tarde. Sin embargo, según las trayectorias actuales, parece razonable esperar que, al final, alrededor del 75 % de los *millennials* estadounidenses se hayan casado en algún momento, en comparación con algo más del 60 % de los británicos y menos del 50 % de los franceses. Se trata de grandes cambios, pero no de la muerte de una institución.

Todavía es demasiado pronto como para decir si la generación Z continuará esta tendencia, pero parece probable, ya que sus tasas de matrimonio son, por lo menos, tan bajas como las de los *millennials* durante sus primeros años de vida adulta. También hay claros indicios de que los adolescentes están quitándole prioridad al matrimonio y están dándosela a otros objetivos. De las encuestas realizadas a estudiantes de secundaria, Jean Twenge ha deducido que el matrimonio ha descendido en el orden de prioridades de la vida, mientras que las ambiciones financieras y profesionales aumentan.[46] Según la psicóloga, esto se debe en parte a una mayor incertidumbre económica, pero también refleja un cambio cultural que afecta la percepción de cómo encaja el matrimonio en nuestras vidas. Asimismo, como lo indica el sociólogo Andrew Cherlin, el matrimonio ya no es un primer paso en la vida adulta, sino una celebración de lo que la pareja ya ha conseguido. Según sus palabras: «La boda es el último ladrillo que se pone para completar el edificio de la familia».[47]

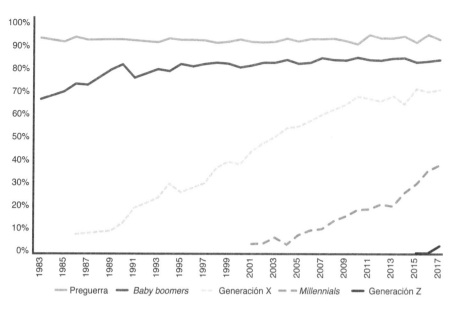

Preguerra — *Baby boomers* ···· Generación X — – *Millennials* — Generación Z

Figura 6.5. Porcentaje de adultos en Gran Bretaña que han estado casados en algún momento de sus vidas.[48]

Claro está, los jóvenes no están renunciando a las relaciones íntimas, sino que la explicación de gran parte del cambio reside en el incremento de las personas que viven juntas como parejas no casadas. Por ejemplo, el 25 % de los *millennials* británicos vivían en pareja en 2017, el doble que los miembros de la generación X a una edad similar. Esto refleja, sin duda, la menor distinción que hacen las generaciones más jóvenes entre el matrimonio y la convivencia.[49]

Esto ocurre a pesar de los esfuerzos de los gobiernos de todo el mundo por incentivar el matrimonio. Según la Government Accountability Office de Estados Unidos, hay mil ciento treinta y ocho beneficios disponibles en la legislación federal para las parejas casadas.[50] Muchos de ellos son bastante específicos. Por ejemplo, según el Título 18 del Código de Estados Unidos, Sección 879, es ilegal amenazar a ciertas personas custodiadas por el Servicio Secreto, incluidos el presidente, el vicepresidente y su «familia inmediata».[51] Jared Kushner, el marido de Ivanka Trump, estaba asegurado, pero Kimberly Guilfoyle, la pareja de Donald Trump Jr., no. No tiene pinta de que esto vaya a convencer a la generación Z de pasar por el altar, pero los beneficios reales incluyen importantes exenciones fiscales, derechos de propiedad y reglas de herencia. Por supuesto, uno de los cónyuges debe morir para obtener muchos de dichos beneficios, lo que también puede explicar por qué son menos atractivos para los jóvenes.

No obstante, el estado cambiante del matrimonio no es todo retraso y decadencia, pues en los últimos años se han producido avances notables en el reconocimiento del matrimonio entre personas del mismo género. Desde que los Países Bajos se convirtió en el primer estado en reconocer legalmente el matrimonio homosexual en 2001, lo ha seguido una treintena de naciones. Todavía queda una gran distancia por recorrer, pero representa un cambio increíble en un periodo relativamente corto.

El alcance del cambio de actitudes queda patente en las tendencias generacionales relacionadas con el apoyo al matrimonio homosexual en Estados Unidos, como se muestra en la figura 6.6. Se trata de uno de los cambios más notables que veremos en todo el libro, pues, en 1988, apenas el 10 % de las personas estaban de acuerdo con que las parejas homosexuales tuvieran derecho a casarse, cifra que ha aumentado a más del 60 % en 2018. Tanto los efectos de periodo como de cohorte son claros en el gráfico, ya que vemos cómo cada generación va avanzando significativamente en el tiempo y cómo cada nueva cohorte es más partidaria que la anterior. Es una clara ilustración tanto de la capacidad de las sociedades para cambiar con rapidez como del poder que tiene la socialización en nuestros primeros años, durante los cuales nuestros puntos de vista están formados por las actitudes que predominaban cuando estábamos creciendo.

Estas dos tendencias —la disminución de la relevancia del matrimonio y su expansión entre un grupo antes excluido— pueden parecer opuestas, pero reflejan la creciente diversidad de nuestras relaciones. Sin embargo, como ocurre con otros aspectos de la vida, este aumento de la libertad se ha producido de forma distinta según los recursos de cada uno.[52] Por ejemplo, ahora los estadounidenses con al menos una carrera universitaria tienen más probabilidades de casarse y de permanecer casados que las que tiene un estadounidense con un nivel educativo inferior. Esto es nuevo, pues, en la década de 1960, las tasas de matrimonio y de divorcio en estos grupos eran casi idénticas. En otros países, incluido el Reino Unido, también han surgido divisiones similares entre los grupos de ingresos.

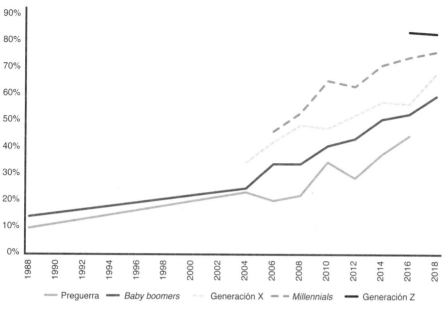

Figura 6.6. Porcentaje de adultos en Estados Unidos que apoyan el matrimonio homosexual.[53]

En estos tiempos más individualistas, en los que estamos menos conectados con las familias extensas, las familias nucleares acomodadas pueden comprar apoyos que ayuden a mantener a las familias unidas, desde el cuidado de los niños hasta el asesoramiento de las parejas. Las familias menos acomodadas están solas, y las consecuencias son sorprendentes. En Estados Unidos, las mujeres con estudios universitarios de entre 22 y 44 años tienen un 78 % de posibilidades de que su primer matrimonio dure al menos veinte años, mientras que las oportunidades de las mujeres con estudios de secundaria solo llegan a la mitad.[54]

Esta divergencia también se traslada a través de las generaciones, ya que la estructura familiar parece afectar los resultados de la vida de los hijos. Las afirmaciones simplistas de que un modelo biparental es siempre mejor son claramente falsas, ya que los estudios muestran que los hogares biparentales muy conflictivos pueden ser mucho peores para los niños.[55]

Pero un estudio[56] tras otro[57] ha demostrado que, en promedio, los niños que viven en hogares en los que ambos padres están casados obtienen mejores resultados que con otras alternativas. Por supuesto, es imposible desentrañar las causas, los efectos y los factores que intervienen, y muchos estudios muestran que las implicaciones económicas indirectas de la monoparentalidad o de la ruptura de la relación pueden ser más importantes que la propia relación.[58] Aun así, a fin de cuentas, la estabilidad es importante, y tiende a ser mayor en los hogares con parejas casadas, a pesar de quienes afirman que la cohabitación duradera es equivalente.[59] En Francia, por ejemplo, los niños tienen un 66 % más de probabilidades de que sus padres se separen si cohabitan en lugar de estar casados.[60]

SEPARARSE

Así, pues, es una buena noticia que los recientes descensos en las tasas de divorcio sugieran que las rupturas son cada vez más raras. Por ejemplo, en Inglaterra y Gales se produjo un descenso de 28 puntos porcentuales en el número de divorcios entre 2005 y 2015.[61] En Alemania, en 2016, se registró la tasa de divorcio más baja desde 1993.[62] En Estados Unidos, la tasa cayó de un máximo de cinco divorcios por cada mil personas en la década de 1980 a alrededor de tres en 2017, la más baja desde 1968.[63]

Este cambio parece estar impulsado, al menos en parte, en función de la generación, ya que las cohortes más jóvenes son especialmente propensas a divorciarse menos. De hecho, la tendencia dio lugar a uno de los pocos titulares positivos que he encontrado sobre los *millennials* en años de investigación; fue publicado por el Foro Económico Mundial y dice lo siguiente: «La tasa de divorcio en Estados Unidos está disminuyendo gracias a los *millennials*».[64]

Se pueden ver los indicios de esto cuando se sigue la trayectoria del porcentaje de británicos que dicen estar divorciados o separados. Solo alrededor del 3 % de los *millennials* estaban divorciados en 2017, en comparación con el 6 % de los de la generación X cuando tenían una edad similar. Por supuesto, como hemos visto, menos *millennials* estaban casados a la misma edad, pero eso no explica del todo el porqué de las menores tasas de divorcio. En cambio, los matrimonios más tardíos tienden a ser menos propensos a fracasar, en parte porque el tiempo adicional permite a las personas acumular recursos financieros y establecer carreras profesionales, lo que reduce algunas de las fuentes clave relacionadas con el estrés marital.[65]

Como consecuencia, las personas mayores parecen llevarle la contraria a la tendencia de un menor número de divorcios.[66] En Inglaterra y Gales, entre 2005 y 2015, el número de hombres mayores de 65 años que se divorciaron aumentó un 23 % y el número de mujeres creció un 38 %.[67] Parte del motivo responde a que había muchas más personas mayores en 2015. Si le echamos un vistazo al número de hombres y mujeres que se divorcian en proporción a la población mayor casada, podemos observar que su tasa de divorcio se ha mantenido prácticamente constante durante la última década.[68] Por supuesto, dentro del contexto de la caída de las tasas de divorcio en otros grupos de edad, esto se opone a la tendencia y refleja un aumento de los divorcios entre los *baby boomers* que se está abriendo camino a través del rango de edad. En 2008, el porcentaje máximo de divorcios se daba entre los que tenían entre 40 y 50 años, pero en 2018 se había desplazado a los de más de 60 años. En Estados Unidos también hay una tendencia similar, pues la tasa de divorcio era del 12,5 % entre los 55 y los 64 años en 2017, frente al 5 % de 2008.[69]

Se han propuesto muchas explicaciones para estos *silver splicers*, es decir, personas que se divorcian a una edad tan avanzada, entre ellas el aumento de la independencia económica de las mujeres y el cambio hacia un enfoque mayor en la felicidad individual, así como una mayor longevidad, lo cual provoca pánico ante la perspectiva de tener que pasar varias décadas más con la misma persona. Como decía un sarcástico artículo del periódico *The Guardian*, en los viejos tiempos una pareja infeliz «podía simplemente morirse y evitar todo ese papeleo».[70]

También se ha especulado con la posibilidad de que la crisis del CO-VID-19 invierta la tendencia para alcanzar la disminución de las tasas de divorcio y fomente el cambio hacia el retraso del matrimonio. Es inevitable que se produzca algún impacto a corto plazo en las tasas de matrimonio, pues la mayoría de los países prohibieron las bodas durante varios meses, además de que sigue habiendo restricciones en cuanto al número de invitados. Asimismo, es probable que el estrés producido por la crisis sea demasiado para algunas relaciones. Según Citizens Advice, una red benéfica con sede en el Reino Unido, las visitas que recibió su página web enfocada a los divorcios aumentaron un 25 % en la primera semana de septiembre de 2020, en comparación con la misma semana de 2019.[71]

No obstante, hay razones para tener esperanzas en que el impacto a largo plazo de la crisis y sus consecuencias económicas sea menos drástico en las tasas de matrimonio y divorcio que en las de natalidad. El análisis de recesiones anteriores muestra efectos limitados en estas tasas. Hubo muchos titulares[72] que afirmaban que la gente estaba retrasando el matrimonio como resultado directo de la recesión en 2008, pero, por lo general, las pruebas citadas confundían la tendencia a casarse más tarde con un efecto económico a corto plazo. Como señala Justin Wolfers, el economista de la Universidad de Michigan, el descenso de la tasa de matrimonios tras la crisis financiera de 2008 se produjo al mismo ritmo que en el auge precedente y en la crisis anterior. Y concluye lo siguiente: «Los patrones de las tasas de matrimonio y divorcio se han mantenido notablemente inmunes a los altibajos del ciclo económico».[73]

¿SOY LA ÚNICA PERSONA QUE...?

Mientras que la pandemia puede haber bloqueado temporalmente el matrimonio, ha tenido el efecto contrario en el uso del porno en internet. Pornhub, por ejemplo, registró un aumento del 22 % en el tráfico durante los primeros meses de la crisis. Es probable que esto se produzca de forma muy diferente para las distintas generaciones, ya que las posturas en cuanto al porno varían mucho en función de la generación. La figura 6.7 muestra el porcentaje correspondiente a cada generación estadounidense que piensa que debería ser ilegal. Así, mientras que más de la mitad de la generación de la preguerra ha pedido de manera sistemática que se prohíba por completo, esta cifra se reduce a uno de cada cinco en el caso de los *millennials* y de la generación Z. Curiosamente, los *baby boomers* se han vuelto cada vez más propensos a las prohibiciones a lo largo de los años. Esto parece reflejar un efecto de ciclo vital más que un efecto de periodo general, ya que otras cohortes no avanzan en la misma dirección.

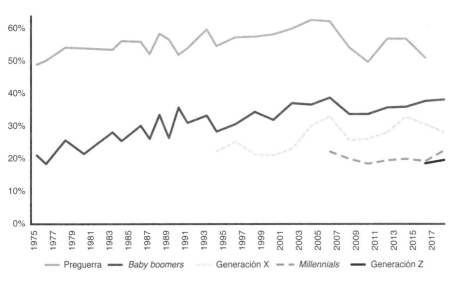

Figura 6.7. Porcentaje de adultos en Estados Unidos que dicen que la pornografía debería ser ilegal.[74]

Hay indicios que indican que existe una «brecha generacional» similar en las posturas británicas en cuanto al porno. En 1989, cuatro de cada diez británicos pensaban que la venta de revistas porno en los quioscos era «moralmente incorrecta». Esta cifra se redujo a la mitad, a solo el 22 % en 2019, aunque esto puede reflejar en parte el hecho de que comprar porno en papel en un quiosco ahora parece increíblemente curioso, tanto como que se relajen las posturas. Sin embargo, el cambio ha sido impulsado por una alteración entre los grupos de mayor edad a causa de unos *baby boomers* más permisivos que sustituyen a la generación más preocupada de la preguerra siguiendo un patrón similar al que se observa en los Estados Unidos.

Los británicos también estamos mucho más relajados con respecto a los desnudos masculinos integrales en la televisión que a finales de la década de 1980. El porcentaje de personas que lo desaprueban se redujo a la mitad, pasando de alrededor de cuatro de cada diez a un 23 % en 2019, y fueron las mujeres las que impulsaron gran parte de dicho cambio. La desnudez masculina se ha vuelto mucho más común en la televisión en los últimos años, pero sigue habiendo un claro desequilibrio de género. Como lo señala el ferviente auditor de la desnudez televisiva, «Sr. Skin» —que dirige una página web que registra el número y la naturaleza de las escenas de desnudos en programas populares—, de las ochenta y dos escenas de desnudos en las siete primeras temporadas de *Juego de tronos*, solo ventiuna eran de hombres, y había diez pares de pechos por cada pene que se enseñaba.[75]

Aunque está claro que nuestra exposición a la desnudez ha aumentado, es sorprendentemente difícil decir con exactitud cuán extendido está el uso de la pornografía o cómo ha cambiado. Esto se debe, en parte, a nuestra constante reticencia a hablar sobre el comportamiento sexual, pero también a las múltiples y variables formas de material sexualmente explícito, lo que dificulta una medición coherente. Sin embargo, la mayoría de los estudios concluyen que entre siete y ocho de cada diez hombres y entre tres y cinco de cada diez mujeres han visto porno en los últimos meses. No es de extrañar que los estudios centrados en los más jóvenes arrojen cifras más altas. Por ejemplo, un estudio holandés sobre jóvenes de 15 a 25 años concluye que el 88 % de los hombres y el 45 % de las mujeres han visto material sexualmente explícito en los últimos doce meses.[76] Un académico canadiense que intentaba estudiar los efectos del porno sobre las actitudes de los hombres hacia las mujeres se encontró con un problema en cuanto a la muestra de control para su diseño de investigación. Según sus palabras: «Empezamos nuestra investigación buscando hombres de 20 años que nunca hubieran consumido pornografía. No fuimos capaces de encontrar a ninguno».[77]

El principal impulsor de esta ubicuidad del consumo del porno es, por supuesto, el increíble alcance que tienen las páginas porno en internet. En 2018, se visualizaron *109 000 millones* de vídeos solo en Pornhub —el vigésimo segundo sitio web más popular entre los internautas británicos, justo detrás de Microsoft.com—.[78] Pornhub ha analizado a sus usuarios en función de los grupos demográficos, dividiendo a los *millennials* y comparándolos con la generación X y con generaciones anteriores. Si bien es cierto que no representa del todo el uso general, pues se trata de una sola página web y es difícil tener en cuenta con exactitud a los usuarios que no registran su edad, los datos ofrecen información sobre el uso de la pornografía por edades en una serie de países.[79]

En general, los *millennials* constituyen la mayor base de usuarios de Pornhub, pues representan el 60 % de su tráfico global. Sin embargo, el porcentaje de *millennials* en la audiencia de Pornhub varía mucho de un país a otro, ya que ocho de cada diez usuarios indios de Pornhub son *millennials*, mientras que en Dinamarca y en Japón las generaciones mayores representan el 52 % del tráfico. No obstante, en lugar de asumir que lo que esto sugiere es que los indios de más edad no tienen interés en el porno, es bastante más probable que simplemente refleje el perfil de edad mucho más joven de la población india, así como que los indios de más edad tienen menos acceso a internet.

La etapa de la vida también se ve reflejada en los hábitos de visualización de las diferentes generaciones. Al dividir los términos de búsqueda por generación, los datos de Pornhub revelan que los *millennials* son más propensos a buscar clips relevantes para su edad, como *profesor*, *fiesta* y *universidad*, además de expresar un conocimiento de las tendencias relativamente emergentes, como *cosplay* y *hentai*. Sin embargo, las búsquedas también revelan otros muchos intereses más específicos, como «follar animales de peluche» y «fetiche de mocos».[80] Nuestros gustos particulares en cuanto al porno que vemos en internet son una de las demostraciones más claras de la «ley de Ugol», conocida en inglés como *Ugol's law* y llamada así por el desarrollador de software Harry Ugol, quien dijo: «A cualquier pregunta que empiece por "¿Soy la única persona que…?", la respuesta es "no"».[81]

Con una nueva tecnología que ofrece una salida tan fácil para este tipo de fantasías, no es de extrañar que haya muchas preocupaciones sobre el impacto que tiene en nuestros patrones reales de vida y de pensamiento. Se ha prestado especial atención a las generaciones más jóvenes, que son las que más consumen y las que se encuentran en plena etapa de formación.

Lo primero que hay que decir es que siempre hemos visto el mismo patrón cuando hablamos del uso de las nuevas tecnologías de la comunicación y de la reacción a ellas. John Tierney, periodista estadounidense, lo llama «impulso tecnológico erótico», y es una constante a lo largo de la historia. Por ejemplo, en la pared de una cueva de La Madeleine, en Francia, hay un boceto de un desnudo femenino recostado que data del año 12 000 a. C. Los sumerios le escribieron sonetos a las vulvas tan pronto como descubrieron cómo imprimir los caracteres cuneiformes en tablillas de arcilla. Entre los primeros libros impresos por Gutenberg había una colección de posturas sexuales del siglo XVI. Ivan Bloch, el médico alemán que acuñó el término *sexología*, afirmó en 1902 que «no hay ninguna aberración sexual, ningún acto perverso, por espantoso que sea, que no esté representado de manera fotográfica en la actualidad».[82]

Así, pues, el crecimiento de la pornografía en internet no refleja nada nuevo en la naturaleza humana, pero, dada la variedad que hay y lo fácil que es acceder a ella, es correcto que examinemos con cuidado su posible impacto. Una revisión exhaustiva publicada en la revista *Journal of Sexual Medicine* analizó las distintas dimensiones que tienen el efecto del porno en la satisfacción sexual, la calidad de las relaciones íntimas, la violencia y la agresión sexual hacia las mujeres, la disminución de la libido y la disfunción eréctil.[83] Las palabras clave utilizadas a lo largo de la revisión son que las evidencias son «mixtas» o «inconsistentes», con un número de estudios «defectuosos» que muestran un impacto negativo y otros tantos que no revelan ningún efecto, mientras que algunos incluso evidencian resultados positivos. Los autores también señalan que las tasas de divorcio han disminuido y el número de delitos sexuales se ha reducido, mientras que el consumo de porno se ha disparado. Apenas encuentran ninguna relación entre cómo varían estos resultados cada vez más positivos en los distintos países y niveles de consumo de porno. Dicho estudio se titula «Ver pornografía: Mantén la calma y sigue adelante», resumen que le hace justicia a su opinión sobre las pruebas.

Por supuesto, esto no quiere decir que el porno no tenga efectos negativos. Parte del problema de la información proporcionada por los medios de comunicación y por el debate político sobre el porno es que se presenta como algo que solo puede tener efectos buenos o malos, pero no ambos o ninguno. En la práctica, al igual que hay muchos tipos distintos de porno, la gente se involucra con él por razones muy diferentes. El significado que los individuos le dan al porno así como las maneras en las que lo utilizan parecen ser cruciales para determinar si es algo positivo, negativo o neutral en sus vidas.

Los estudios más exhaustivos sobre las repercusiones que tiene en los niños y en los jóvenes presentan un panorama similar. El Children's Commissioner for England revisó bibliografía acerca de más de cuarenta mil estudios académicos, y determinó que hay muy pocas conclusiones sólidas en torno al efecto que tiene la pornografía tanto en los niños como en los jóvenes. La evaluación confirma lo mucho que aún se desconoce, y se hace eco de una revisión del gobierno holandés que concluye que las pruebas que confirman los efectos nocivos sobre los menores simplemente «no están disponibles».[84]

DEMASIADO TARDE COMO PARA ENTRAR EN PÁNICO

Al analizar nuestros cambios en la vida sexual y en las estructuras familiares, es especialmente importante comprender los efectos de periodo, de cohorte y de ciclo vital. Estas cuestiones tienen una gran carga emocional, y el pánico moral puede alterar nuestra memoria del pasado y colorear nuestros juicios sobre el presente. Hay una razón por la que los terapeutas dedican tanto tiempo a analizar con cuidado nuestras experiencias sexuales y familiares, y es que las decisiones privadas y los impactos muy personales que conllevan, combinados con los matices morales y religiosos que rodean a cada uno, hacen que sean temas difíciles de contemplar.

Esto también significa que tendemos a culpar a las actuales generaciones de jóvenes del descenso de la actividad sexual, la natalidad y el matrimonio, y nos preocupamos de que las innovaciones tecnológicas puedan perjudicarlos. La realidad es una mezcla de consistencia y cambio mucho más interesante, tanto dentro de las generaciones como entre ellas, que está impulsada por los efectos de periodo a largo plazo, el retraso de los ciclos vitales y los cambios generacionales. El pánico a la pornografía y a la muerte del matrimonio, así como la culpa que se dirige a los jóvenes por la «recesión sexual» y las bajas tasas de natalidad están fuera de lugar.

Sin embargo, las bajas tasas de natalidad siguen siendo uno de nuestros mayores retos, ya que nuestras poblaciones se inclinan inexorablemente de jóvenes a mayores. Si pensamos que ahora mismo tenemos motivos para centrarnos en el equilibrio entre la contribución y el apoyo, los jóvenes y los ancianos, solo hay que esperar a mediados de siglo. El problema es que no hay soluciones aparentes. Darrell Bricker y John Ibbitson, en su libro *Empty Planet* —*El planeta vacío*—, indican que ninguna de las intervenciones introducidas para fomentar el aumento de la natalidad, desde las guarderías subvencionadas hasta las exenciones fiscales, parece tener mucha tracción frente a fuerzas poderosas como el aumento de la educación, la urbanización y la elección.[85] No se trata de una repentina caída de la natalidad que podamos revertir, sino del fin de una tendencia duradera impulsada por algunos de los mayores cambios de las últimas décadas.

A más corto plazo, nos enfrentamos a problemas igualmente insolubles con las familias que ya tenemos. Debemos evitar una falsa nostalgia por una supuesta «edad de oro» de la familia nuclear, como lo señala Stephanie Coontz. Olvidamos que «durante su apogeo, las tasas de pobreza, de abuso infantil, de infelicidad conyugal y de violencia doméstica eran en realidad más altas» que en nuestra época actual, la cual es más diversa.[86] Pero eso es solo la mitad de la historia. El hecho de que tengamos una visión optimista del pasado no significa que ahora nos encontremos en un lugar mejor, y esto es especialmente cierto para los que tienen menos recursos.

Al igual que ocurre con las tasas de natalidad demasiado bajas, las pequeñas intervenciones dirigidas a aumentar las tasas de matrimonio son descartadas, con razón, porque se las considera un enfoque inadecuado para hacer frente a las consecuencias cada vez más desiguales de nuestras diversas estructuras familiares. Robert D. Putnam ha sugerido una gran cantidad de medidas, desde el apoyo financiero directo a las familias más pobres, la reducción del encarcelamiento y una mayor atención a la rehabilitación, hasta la mejora de la educación infantil, la inversión en escuelas y colegios comunitarios y la regeneración de los barrios. De manera similar, los analistas de la Institución Brookings llegan a la conclusión de que, más que apoyar directamente el matrimonio, la respuesta debe ser fomentar los factores que conducen a la estabilidad de las familias y la planificación de la paternidad, lo que se reduce principalmente a aumentar la educación y los ingresos de los más desfavorecidos.

La tarea no consiste en intentar reforzar una institución que está en constante cambio, sino en mejorar el modo en que la vida familiar puede apoyar las oportunidades de las futuras generaciones en general, no solo de las que ya tienen recursos. Putnam sugiere que los programas que lograron hacerlo en las décadas posteriores a la Segunda Guerra Mundial tenían en su núcleo un «compromiso de invertir en los hijos de otras personas. Y, subyacente a ese compromiso, había un sentido más profundo de que esos niños también eran nuestros hijos».[87] Se trata de un reto generacional centrado en cómo vemos nuestro futuro colectivo.

7

Elaborando una guerra cultural generacional

«No mola, Universidad de Manchester. No mola».[1] Así respondió Jeb Bush, exgobernador de Florida, a una noticia de 2018 sobre un sindicato de estudiantes que había «prohibido» los aplausos en sus actos. Los estudiantes habían argumentado que aplaudir podía desencadenar ansiedad entre algunos miembros de la audiencia y que la gente podía mostrar su agradecimiento de otras formas. En su lugar, se animó a los estudiantes a que utilizaran las «manos de jazz», el gesto que se usa para aplaudir en el lenguaje de señas británico: se levantan ambas manos y se las agita.

Podría parecer extraño que un político estadounidense tan eminente se sintiera obligado a comentar una decisión menor tomada por un puñado de estudiantes situados a miles de kilómetros de distancia. De hecho, el exgobernador Bush estaba haciendo una referencia autocrítica a su propia y espantosa experiencia relacionada con los «aplausos silenciosos», cuando tuvo que pedir a su público que aplaudiera después de dar un discurso monótono durante su fallida campaña de 2016 para que lo nombraran presidente republicano.[2] No obstante, la broma se perdió en la tormenta mediática internacional que estalló en torno a la noticia. De la noche a la mañana, las manos de jazz de la Universidad de Manchester se convirtieron en un grito de angustia entre quienes se desesperaban por el carácter de la juventud actual —«Menuda sarta de "aplausos"» fue un titular popular—, sin ningún atisbo de la ironía de Bush —Piers Morgan tuiteó: «Gran Bretaña está perdiendo la cabeza»—. Un profesor opinó que simbolizaban «el desliza-miento de nuestra cultura hacia una decadencia infantilizada en la que se celebra la debilidad y se consiente la impotencia aprendida».[3]

No solo los estudiantes de Manchester han sido objeto de este tipo de atención, sino que siempre que surgen incidentes similares, sea en conferen-cias políticas estadounidenses[4] o en escuelas australianas,[5] el furor es similar. La razón es que se trata de un ejemplo sencillo pero vívido de una cuestión complicada que es vista de forma totalmente diferente por los distintos gru-pos. Por un lado, este tipo de medidas no son más que un intento sensato de inclusión, en este caso, de las personas autistas para las que los aplausos, como dijo el responsable del área de discapacidad de la Universidad de Manchester, pueden sentirse igual que el estallido de una bomba.[6] Por otro lado, es un indicio que señala que estamos ante una generación mimada de tal manera que hará que no esté preparada para el mundo real.[7]

La controversia en cuanto a los aplausos es un ejemplo, aunque ligera-mente ridículo, de las «guerras culturales», las cuales a menudo son pre-sentadas como un enfrentamiento entre los jóvenes «copos de nieve» y los mayores «desfasados». Las guerras culturales son cada vez más el prisma a través del cual vemos las diferencias generacionales, por lo que es impor-tante averiguar si estamos experimentando algún cambio real en las acti-tudes y creencias de los jóvenes de hoy en día.

El primer punto que hay que reconocer es que siempre hay tensión entre las generaciones, y esto es algo bueno. Podemos pensar en ello como en una especie de «metabolismo demográfico», como lo esbozó el demó-grafo canadiense Norman B. Ryder en los años sesenta. Ryder considera-ba a la sociedad como un organismo en el que este metabolismo hace que el cambio sea inevitable. Según Karl Mannheim y el filósofo francés Au-guste Comte, la innovación social, política o tecnológica probablemente se detendría si viviéramos para siempre, ya que los individuos suelen que-darse estancados en sus costumbres. En palabras de Ryder: «La continua aparición de nuevos participantes en el proceso social y la constante reti-rada de sus predecesores compensan a la sociedad por la limitada flexibilidad individual. La sociedad cuyos integrantes fueran inmortales se parecería a un lago con el agua estancada».[8]

A pesar de los beneficios que supone el cambio generacional, es un reto constante para la sociedad hacer frente a este interminable movimiento de integrantes y, como dice Ryder, a «la incesante "invasión de bárbaros"».[9] Si bien es cierto que esto puede parecer una dura descripción de nuestros encantadores hijos, Ryder quiere decir que cada nuevo participante no está, por definición, «configurado» con las actitudes y los comportamientos de la sociedad de sus padres. Los *shocks* traumáticos, como las guerras, las crisis económicas o las pandemias, pueden cambiar por completo el rumbo de las nuevas generaciones durante sus años de formación, pero *siempre* hay una tensión cultural entre las generaciones. Como dice Ryder, «nos separamos poco a poco por la lentitud del cambio evolutivo».

Esta es también la impresión que tenemos cuando miramos los datos reales, y es que ha habido algunos cambios increíbles en nuestras actitudes culturales en las últimas décadas, pero esto *no* comenzó con la llegada de los *millennials* ni con la de la generación Z. En cambio, podemos ver que no suele haber una gran diferencia entre las generaciones, excepto en el caso de las más antiguas. Los ejemplos más destacados de opiniones y comportamientos extremos se amplifican, pero no reflejan una ruptura entre las generaciones en general. Más que un efecto de cohorte, parece un efecto de periodo en el que la mayor polarización de la sociedad actual nos sensibiliza ante las diferencias.

Más que esto, el presentar a todos los jóvenes como luchadores por la «justicia social» pasa por alto el hecho de que hay importantes minorías entre ellos en las que persisten valores menos «progresistas». El análisis generacional es, en cierta medida, parte del problema, ya que puede dar la impresión de que estamos emprendiendo una marcha imparable hacia un mayor liberalismo. En realidad, el cambio cultural no es uniforme ni unidireccional. Los valores sociales cambian como resultado de una lucha constante y desordenada, tanto entre las generaciones como dentro de ellas, y es vital que se lleve a cabo una comprensión más completa de los efectos de cohorte, de ciclo vital y de periodo.

LA COMUNIDAD AMADA

Las protestas del Black Lives Matter —BLM— que tuvieron lugar en todo el mundo en plena pandemia mundial serán recordadas como uno de los acontecimientos más excepcionales de los últimos tiempos. El asesinato de George Floyd en Minneapolis desencadenó una oleada de ira por el racismo y la violencia que sufre en todo el mundo la población negra. También tuvo un elemento generacional especialmente fuerte en el perfil de los activistas —al menos dos tercios de los manifestantes en cuatro grandes ciudades estadounidenses tenían 34 años o menos[10]— y en los métodos de protesta y de organización. BLM comenzó en 2013, primero como un *hashtag* tras la absolución de George Zimmerman por el asesinato de Trayvon Martin, y no tardó en evolucionar hasta convertirse en un movimiento con una estructura organizativa flexible y líderes pertenecientes a la generación Z. El presidente de la coalición para la acción BLM Greater New York, Nupol Kiazolu, de 19 años, dejó clara la naturaleza generacional de la protesta ante el gobierno: «Os habéis metido con la última generación (…) Los jóvenes han llevado adelante cada uno de los movimientos que hemos visto en todo el mundo, así que es hora de que los adultos se hagan a un lado y nos animen».

Sin embargo, esto no es nuevo, pues los jóvenes activistas siempre han desempeñado un papel destacado a lo largo de la historia en las luchas por los derechos civiles. John Lewis, una de las figuras más importantes en la lucha por la igualdad racial en Estados Unidos, solo tenía 23 años cuando habló junto a Martin Luther King durante la Marcha sobre Washington, que tuvo lugar en 1963. Su discurso emanaba la misma urgencia que la de las generaciones emergentes y terminó con las siguientes palabras: «No queremos ni podemos ser pacientes».[11] En su último ensayo antes de su muerte en julio de 2020, Lewis instó a los manifestantes a continuar con la acción directa no violenta: «Cuando veáis algo que no está bien, debéis decir algo. Debéis hacer algo. La democracia no es un estado. Es un acto, y cada generación debe hacer su parte para ayudar a construir lo que llamamos *la Comunidad Amada*, una nación y una sociedad mundial que esté en paz consigo misma».[12]

La discriminación a la que se enfrentan los grupos étnicos minoritarios y que desató tanta pasión tiene sus raíces en actitudes, creencias y valores.

En el fondo, se basa en la forma en la que la gente ve las distintas razas. Las mediciones a largo plazo pueden ayudarnos a entender cómo han cambiado las opiniones, pero es difícil obtener una medida verdadera de los prejuicios raciales a partir de las encuestas, especialmente durante un largo periodo. La *deseabilidad social*, en estadística, se refiere a que las personas responden, hasta cierto punto, como se espera que lo hagan o lo que las hace quedar bien. Esto ocurre con todos los temas sociales delicados, pero es probable que sea especialmente característico de los indicadores del racismo, dada la naturaleza altamente sensible del asunto.

Durante un tiempo, parecía que íbamos a ser capaces de acceder a nuestros prejuicios inconscientes a través de una herramienta conocida como *test de asociación implícita*, en el cual la velocidad a la que asociamos cosas buenas y malas con distintos grupos raciales se suponía que proporcionaba una «ventana a nuestras almas».[13] El único problema es que, en realidad, no funciona, puesto que las personas que obtienen una puntuación alta en el test no parecen ser más racistas en la práctica que las que no la obtienen.[14] Además, las mismas personas pueden lograr puntuaciones muy diferentes en distintos momentos, como lo señala el periodista Jesse Singal en un artículo sobre el test: «Si un test de depresión, por ejemplo, tiende a decir que la gente está gravemente deprimida y en riesgo de tener pensamientos suicidas el lunes, pero que básicamente no hay rastro de depresión el martes, no es un test útil».

A pesar de sus limitaciones, las encuestas de actitudes siguen siendo clave para medir las opiniones racistas. Algunas se limitan a preguntar si la gente se considera a sí misma como alguien que tenga prejuicios contra otras razas o si cree que la gente del país en general los tiene. En Gran Bretaña, una serie de encuestas de larga duración ha formulado estas preguntas y ha recibido respuestas increíblemente estables, las cuales señalan que alrededor de tres de cada diez personas han dicho que son un poco o muy prejuiciosas desde 1983, sin ningún patrón generacional discernible.[15] Sin embargo, es difícil juzgar el significado de esto, ya que nuestros estándares de prejuicio habrán cambiado.

Tal vez sean más útiles las preguntas sobre la «distancia social» mediante las que se cuestione a los encuestados si se sienten cómodos relacionándose con personas de otras razas de una manera específica. En Gran Bretaña, la primera vez que se le preguntó a los encuestados si les «importaría que un pariente se casara con una persona de origen negro o antillano» fue en 1983, a lo que el 51% del total dijo que sí, lo que suponía un equilibrio entre ambas opiniones tan diferentes de las generaciones de la preguerra y del *baby boom*. La cifra global se había reducido a más de la mitad, hasta el 22%, en 2013, y las diferencias generacionales seguían siendo importantes, como podemos ver en la figura 7.1. En particular, gran parte de la generación de la preguerra conservó su opinión, mientras que la preocupación de los *baby boomers* se redujo a la mitad, y la generación X y los *millennials* entraron en la población con pocos integrantes que decían que sí les importaría. La buena noticia es que los elevados niveles de preocupación que hemos visto en los últimos años se desvanecerán con la generación más antigua. Sin embargo, el análisis generacional también deja claro que estas actitudes no desaparecerán del todo, pues una minoría significativa de las cohortes más jóvenes mantiene esta mentalidad.

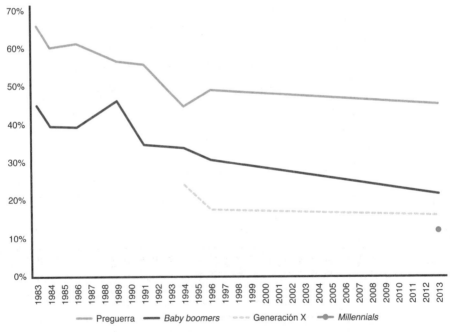

Figura 7.1. Porcentaje de adultos blancos y británicos que dicen que les importaría si uno de sus familiares cercanos se casara con una persona de origen negro o antillano.[16]

El descenso de la preocupación por el matrimonio interracial en Estados Unidos ha sido mucho más drástico que en Gran Bretaña y más uniforme a través de las generaciones, como lo muestra la figura 7.2. Estados Unidos empezó peor en 1990, con un 58 % de los encuestados que expresaban su malestar por las relaciones interraciales —la cifra equivalente en Gran Bretaña era de alrededor del 50 %—, pero acabaron en un nivel más bajo, en torno al 9 %. Y esta cuestión tiene mucho que ver con las generaciones, pues hay una brecha de 30 puntos porcentuales entre la generación de la preguerra y las de los *millennials* y la generación Z. Las personas de la generación de la preguerra han cambiado mucho sus puntos de vista a lo largo de este periodo, pero el hecho de haber sido socializadas en una época diferente sigue siendo una fuerte influencia para gran parte de ellas. Sin embargo, no hay mucha diferencia entre otras generaciones.

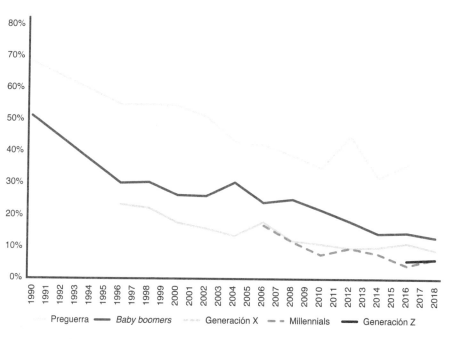

Figura 7.2. Porcentaje de adultos en Estados Unidos que dicen que se opondrían a que un amigo cercano o un miembro de la familia se casase con una persona negra.[17]

Tanto en Estados Unidos como en Gran Bretaña, resulta impactante lo recientes que son las actitudes abiertamente racistas en cada país, y las preferencias racistas restantes se aferran a minorías significativas, incluso entre las generaciones más jóvenes. Sin embargo, lo más positivo es que hemos avanzado mucho en un periodo de tiempo relativamente corto. Estos cambios de actitud también se reflejan en los comportamientos de la vida real, y es que en Estados Unidos las parejas interraciales representaban el 17 % de los matrimonios en 2015 frente al 3 % en 1967.[18] En el Reino Unido, alrededor de una de cada diez parejas son de orígenes étnicos distintos, lo que también supone un rápido aumento en las últimas décadas.

Aun así, la experiencia de los grupos étnicos minoritarios muestra cómo permanece la discriminación. Por ejemplo, una forma directa de entender los prejuicios es mediante ensayos controlados y aleatorios de solicitud de empleo. Los investigadores pueden poner que los niveles de cualificación y de experiencia sean los mismos en diferentes conjuntos de currículums y variar una característica que indique a qué grupo étnico pertenece el candidato. Se suelen utilizar nombres. Tras enviar un gran número de estas solicitudes simuladas a distintos tipos de puestos de trabajo, se revela si las respuestas de las empresas varían en función de estas características. Esto mide un pequeño porcentaje de los posibles prejuicios que existen, pero el diseño experimental elimina gran parte de las diversas interpretaciones. Y, por desgracia, estos estudios tienden a mostrar que los prejuicios raciales en la práctica laboral están muy extendidos y no muestran cambios. Un metaanálisis de más de veinte estudios realizados en Estados Unidos entre 1989 y 2015 pone de manifiesto que los candidatos blancos tenían un 36 % más de probabilidades de que los llamaran que los negros cuando el resto de las características eran idénticas, y no hubo ningún cambio real durante este período.[19]

Estos juicios subyacentes en cuanto a las capacidades de las personas en función de la raza también son visibles en los datos ofrecidos por las encuestas. Una pregunta diferente que aparece en la encuesta efectuada en Estados Unidos y que se le hace a la gente es sobre las características que asocian con los diferentes grupos raciales, como, por ejemplo, si son trabajadores o vagos. Se ha producido una mejora en las últimas tres décadas, puesto que se ha pasado de que cuatro de cada diez personas creyeran que los negros eran «vagos» a aproximadamente una cuarta parte hoy en día, pero se trata de un descenso menos pronunciado que el de las opiniones prejuiciosas sobre el matrimonio, así como más uniforme entre generaciones. Resulta sorprendente el hecho de que el 23 % de los *millennials* y el 19 % de la generación Z sigan pensando que a los negros no les gusta trabajar. Algunos sugieren que mantener estos estereotipos sobre cuán trabajadores son los diferentes grupos étnicos ha permitido que simplemente cambien de enfoque las actitudes racistas entre un segmento de la población. Este contexto, en el que hay una diferencia en la *aplicación* más que en las *habilidades* entre las razas, es quizá más aceptable ahora a nivel social. Permite explicar los distintos resultados de los grupos étnicos sin la necesidad de reconocer una discriminación continua en una cultura individualista en la que se premia el esfuerzo.[20]

El movimiento BLM ha puesto de relieve la discriminación racial, mientras que otras divisiones basadas en la identidad han sido el centro de la tensión social durante la última década. En particular, los principales acontecimientos y tendencias políticas se han visto impulsados por debates sobre la inmigración. Tenemos como ejemplo el hecho de que las opiniones «nativistas», sean elevadas o escasas, fueron uno de los factores que más indicaron cuáles iban a ser los patrones de votación en las elecciones —Trump versus Clinton— de 2016,[21] que el control de la inmigración fuera una motivación fundamental para que se votara a favor del Brexit[22] y que las opiniones en cuanto a la inmigración se hayan relacionado con el ascenso de los partidos populistas de derecha en toda Europa.[23]

Al igual que ocurre con la raza, la preocupación por la inmigración suele ser profundamente generacional, y no hay lugar en el que esto sea más cierto que en Gran Bretaña. La figura 7.3 muestra el porcentaje de personas perteneciente a cada generación para las que la inmigración es uno de los principales problemas a los que se enfrenta el país, así como la división generacional que se ha producido en un corto periodo de tiempo. A finales de la década de 1990, casi nadie en Gran Bretaña consideraba a la inmigración como uno de los temas más acuciantes, pero esto se disparó a medida que fue aumentando la inmigración europea a principios del 2000. A partir de entonces, se convirtió en el principal problema del país y alcanzó su punto álgido justo antes del referéndum sobre la pertenencia del Reino Unido a la Unión Europea —UE— que se celebró en 2016, tras lo que volvió a caer. Si bien es cierto que el flujo de cambios durante este periodo fue similar en todas las generaciones, los niveles de preocupación fueron totalmente diferentes. En el punto culminante de esta brecha, la generación de la preguerra era dos veces más propensa que la generación Z a identificar a la inmigración como una de las preocupaciones más relevantes. Gran Bretaña no está ni mucho menos sola en esta brecha generacional en cuanto a la inmigración, pues se puede observar lo mismo en Estados Unidos y en Europa.

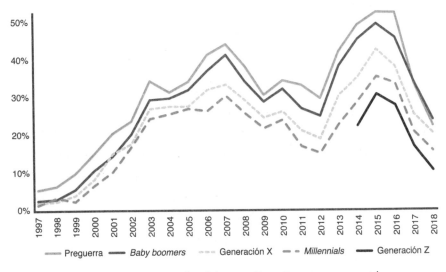

Figura 7.3. Porcentaje de adultos en Gran Bretaña que consideran que la inmigración es uno de los principales problemas a los que se enfrenta el país.[24]

En 2015 y 2016, algunos comentaristas liberales del Reino Unido, de Estados Unidos y de toda Europa esperaban que esta diferencia generacional apuntara a un futuro más abierto. De hecho, parte de mi análisis fue incluido en un documento titulado «Britain's Cosmopolitan Future»,[25] de 2015, un año antes del referéndum sobre la permanencia en la UE. El documento identificaba varias razones para creer que Gran Bretaña estaba evolucionando hacia actitudes más orientadas hacia el exterior, como una mayor diversidad, el enorme aumento en el número de graduados universitarios, la expansión urbana, el declive de instituciones tradicionales como los partidos políticos, las nuevas tecnologías de la comunicación, entre otras. El informe finalizaba con la advertencia de que los partidos políticos debían acoger a la «mayoría cosmopolita emergente» o enfrentarse a un inevitable declive electoral.

En Estados Unidos surgió una perspectiva similar. Doug Sosnik, antiguo director político de Bill Clinton, tomó prestada una frase del físico Freeman Dyson cuando calificó al 2016 como *hinge moment* —literalmente, «momento bisagra»—, en el que las tendencias de urbanización y de creciente diversidad étnica darían lugar a una aceleración en las diferencias generacionales. Al escribir sobre las elecciones presidenciales de 2016, Sosnik dijo lo siguiente: «El candidato que se presente a la presidencia en 2016 que mejor entienda cómo está cambiando el país y haga una campaña basada en los Estados Unidos del futuro y no en los Estados Unidos del pasado tiene más probabilidades de convertirse en nuestro 45.° presidente».[26]

La realidad resultó bastante diferente. En el Reino Unido votamos por el Brexit, y uno de los factores más poderosos para explicar el voto del Reino Unido a favor de abandonar la UE fue la preocupación por la velocidad del cambio cultural.[27] La campaña ganadora en Estados Unidos miró literalmente hacia atrás, ya que pretendía que el país «volviera» a ser grande.

Si el análisis era erróneo o simplemente prematuro es uno de los debates clave de nuestro tiempo. Uno de los riesgos de fijarse únicamente en las tendencias generacionales es que las diferencias entre cohortes pueden hacer que el futuro parezca más predecible de lo que realmente es. Pero, por supuesto, los efectos de periodo y de ciclo vital siguen siendo importantes. El aumento de la inmigración en el Reino Unido y la enorme atención que los medios de comunicación y los políticos han prestado a esta cuestión han incrementado los niveles de preocupación de *todas* las generaciones. Y seguimos cambiando a medida que envejecemos, lo que amortigua los efectos generacionales. La figura 7.4 demuestra la preocupación por la inmigración del grupo de edad de la generación X en comparación con el grupo de edad de 16 a 29 años en cada año en el que se realizó el estudio. A finales de la década de 1990, estos grupos eran exactamente iguales, pero a medida que los miembros de la generación X han ido envejeciendo, su preocupación por la inmigración ha ido aumentando de forma gradual en comparación con las personas pertenecientes a ese grupo de edad hoy en día.

Figura 7.4. Porcentaje de adultos en Gran Bretaña pertenecientes al grupo de edad de 16 a 29 años y a la generación X que dicen que la inmigración es uno de los principales problemas a los que se enfrenta el país.[28]

LA BATALLA DE LOS SEXOS Y DE LAS EDADES

Nuestra visión de los roles de género en las últimas décadas ha seguido una dinámica similar, y la transformación general es igual. Es difícil imaginar que, en 1987, el 48 % de la población británica creyera que «el trabajo del hombre es ganar dinero, el trabajo de la mujer es cuidar del hogar y de la familia». Ahora, solo el 8 % de la gente dice opinar de esta forma.

Si se observara solo a la población en general, podría parecer un cambio gradual y consistente en toda la sociedad británica. Sin embargo, los efectos del «relevo generacional» desempeñan un papel fundamental. En particular, los miembros de la generación de la preguerra se han mantenido distintos en cuanto a sus puntos de vista con respecto a todas las demás cohortes, y una gran parte de que se crea menos que «el lugar de la mujer es el hogar» es el resultado de que haya un menor porcentaje de esta generación en la población.

Muchos de los miembros de esta cohorte de la preguerra habrán crecido cuando era mucho menos probable que las mujeres trabajasen, ya que solo el 24 % de las mujeres trabajaban en Gran Bretaña en 1914, cifra que seguía siendo solo en torno al 50 % en la década de 1960.[29] En términos más generales, hemos vivido lo que la profesora de Economía Claudia Goldin llama una *gran convergencia de género* durante la segunda mitad del siglo XX, pues se ha producido una reducción de la diferencia existente entre hombres y mujeres, no solo en la participación en el mercado laboral sino también en las horas trabajadas, en los tipos de ocupación, en los niveles de educación y en los ingresos.[30] Siguen existiendo diferencias significativas, pero lo más importante es que las generaciones más antiguas crecieron antes de que se iniciaran muchos de estos avances.

Este efecto de socialización significa que la brecha generacional es mucho más fuerte que la brecha de género. Si dividimos la generación de la preguerra en hombres y mujeres, solo hay una diferencia de alrededor de 5 puntos porcentuales entre dichos géneros durante todo el periodo, mucho menor que la diferencia de 20 puntos porcentuales entre esta cohorte y el resto. La generación triunfa sobre el género en lo que a esta medida se refiere, y las mujeres de la preguerra difieren más de sus hijas y nietas que de sus compañeros masculinos. Como dice una escritora feminista, el progreso parece flaquear a lo largo de una división «madre-hija». Según ella, «el movimiento contemporáneo de las mujeres parece estar destinado a librar una guerra en dos frentes, y es que junto a la batalla de los sexos se libra la batalla de las edades».[31] Esta división generacional en la lucha por la igualdad de género parece destinada a disminuir, ya que todas las demás generaciones están muy agrupadas en sus opiniones.

Esto también es cierto en Estados Unidos, pues vuelve a distinguirse solo la generación de la preguerra, y desde los *baby boomers* hasta la generación Z expresan opiniones casi idénticas, como podemos ver en la figura 7.5. La pregunta que se plantea en Estados Unidos es si los ciudadanos del país están de acuerdo en que «es mucho mejor para todos los implicados que el hombre tenga éxito fuera de casa y que la mujer se haga cargo del hogar y de la familia», lo cual es una formulación algo más suave, y puede que explique en parte por qué se está más de acuerdo con el sentimiento que en Gran Bretaña. Sin embargo, es poco probable que esta sea toda la razón completa, pues el cambio a lo largo del tiempo también es muy diferente.

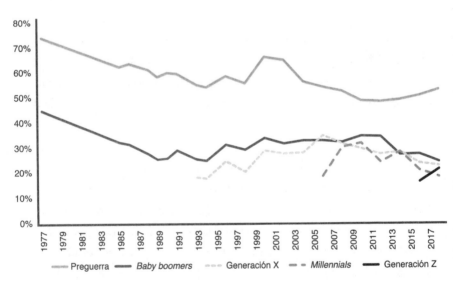

Figura 7.5. Porcentaje de adultos en Estados Unidos que están
de acuerdo en que es mucho mejor para todo el mundo que el hombre
tenga éxito fuera de casa y que la mujer se haga cargo del hogar
y de la familia.[32]

A lo largo de todo el periodo el acuerdo ha descendido considerablemente, del 66 % en 1976 al 25 % en 2018. Pero no se trata de un descenso tan drástico como el que ha tenido lugar en Gran Bretaña. La diferencia en los puntos finales —25 % de acuerdo en Estados Unidos, pero solo el 8 % en Gran Bretaña— es el resultado del hecho de que haya menos personas que estén de acuerdo, suceso que se estancó en Estados Unidos a finales de la década de 1980 y que comenzó a aumentar ligeramente durante la de 1990, antes de caer de nuevo en la de 2010.

Esto coincide con una época en la que en Estados Unidos la gente intentaba averiguar si las mujeres podían «tener de todo» de verdad. Un artículo publicado en la revista *Newsweek* en 1990 inventó el término *guerra de las madres* para describir el supuesto enfrentamiento entre las mujeres que se quedaban en casa y las que trabajaban fuera de ella. Estas tensiones persistieron durante muchos años en el debate político y cultural y, en noviembre de 2003, un episodio de *El show del Dr. Phil*, un programa de entrevistas estadounidense, separó físicamente a la audiencia que se encontraba en el estudio para enfrentar literalmente a las madres que trabajan y a las que se quedan en casa, reforzando así la polarización simplista que ha sido habitual en los medios de comunicación y en la crónica.[33]

Se puede observar una polarización mucho más profunda y consistente en las tendencias generacionales a largo plazo relacionadas con las posturas de cara al aborto en Estados Unidos, como se muestra en la figura 7.6. A partir de la década de 1970, más o menos la mitad —o más— de los estadounidenses han manifestado de forma sistemática que una mujer casada no debería poder abortar de manera legal solo porque no quiere tener más hijos. La generación Z es ligeramente menos proclive a mantener esta opinión, pero más del 40 % de este grupo más joven sigue siéndolo. La cuestión divide al país por la mitad, independientemente de la generación. Se trata de un nivel extraordinario de consistencia en una cuestión social durante un largo periodo de tiempo. También difiere totalmente de Gran Bretaña, donde la opinión pública ha cambiado de manera significativa, puesto que, a principios de la década de 1980, dos tercios de la población consideraban que no se debía permitir que una mujer abortara si simplemente no deseaba tener al bebé, una cifra que se redujo en 2016 a más o menos una cuarta parte en todas las generaciones, excepto en la de la preguerra. No hay distinciones obvias entre el resto de las generaciones británicas, pues todas, excepto la más antigua, han cambiado sus opiniones de manera similar.

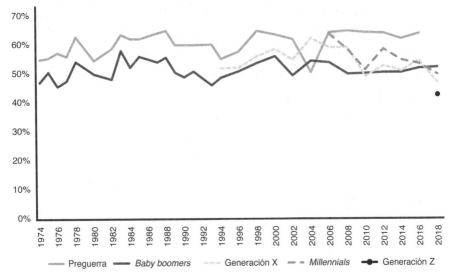

Figura 7.6. Porcentaje de adultos en Estados Unidos que creen que una mujer casada y embarazada no debería tener la posibilidad de abortar de forma legal en el caso de que no quiera más hijos.[34]

La explicación de esta diferencia existente entre los dos países está de nuevo ligada al hecho de que en Estados Unidos están mucho más conectados con la religión que en el Reino Unido y a cómo esta interactúa con las identidades políticas. Las posturas hacia el aborto son una clara línea divisoria entre republicanos y demócratas en Estados Unidos, ya que el 82 % de los segundos creen que el aborto debe ser legal en la mayoría de los casos, frente al 36 % de los primeros. La cuestión constituyó un punto clave en el desarrollo temprano de las *guerras culturales* de Estados Unidos, un término popularizado por primera vez gracias al sociólogo James Davison Hunter, quien propuso que la política estadounidense había experimentado una prolongada e intensa polarización entre los valores ortodoxos y conservadores y los valores progresistas y liberales. Según argumentaba Davison Hunter, el abismo entre estas dos visiones ideológicas del mundo había creado dos tribus irreconciliables. Esta idea sigue siendo controvertida[35] y, tal como ocurre con muchos elementos propios de las «guerras culturales», debemos tener cuidado de no exagerar la profundidad de la división existente en cuanto al aborto en Estados Unidos, pues hay más matices y menos distancia entre los estadounidenses de lo que cabría esperar. Por ejemplo, en una encuesta en la que se daba a la gente la opción de estar «a favor de la vida», «a favor del aborto», «ninguna de las dos cosas» o «ambas», se descubrió que aproximadamente cuatro de cada diez personas decían «ninguna de las dos cosas» o «ambas».[36] Para una gran parte de la población se trata de una cuestión compleja y contingente, y corremos el riesgo de aumentar las divisiones mediante la caricaturización de las percepciones.

MÁS ALLÁ DE LO BINARIO

Si el aborto fue una de las primeras bases de las guerras culturales en Estados Unidos, en los últimos años la orientación sexual y, más recientemente, la identidad de género se han convertido en los ámbitos más conflictivos en varios países. Sin embargo, las posturas ante las relaciones entre personas del mismo género han ido cambiando durante un periodo mucho más largo, y ahora son menos divisivas en muchos países. Podemos ver el alcance de este cambio en las figuras 7.7 y 7.8, las cuales muestran cómo respondieron los ciudadanos a la misma pregunta en Gran Bretaña y Estados Unidos remontándose a los años setenta y ochenta.

De esta comparación se desprenden varias cosas. En primer lugar, se han producido increíbles aumentos en los porcentajes de todas las generaciones que piensan que la homosexualidad «no tiene nada de malo», tanto en Gran Bretaña como en Estados Unidos. Se trata de un efecto de periodo significativo, pues todos hemos cambiado en ambos países a partir de 1990 más o menos. Parece bastante singular que, en una fecha tan reciente como 1987, solo el 11 % de los británicos pensase que la homosexualidad no tenía nada de malo, en comparación con el 69 % en 2018. Yo era un adolescente a finales de la década de 1980, y no es así como recuerdo la actitud general de la época, lo que demuestra la fuerza que tiene nuestra tendencia a reescribir la historia en función de nuestros valores actuales.

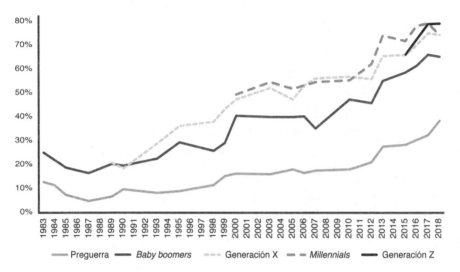

Figura 7.7. Porcentaje de adultos en Gran Bretaña que piensan que las relaciones entre personas del mismo género «no tienen nada de malo».[37]

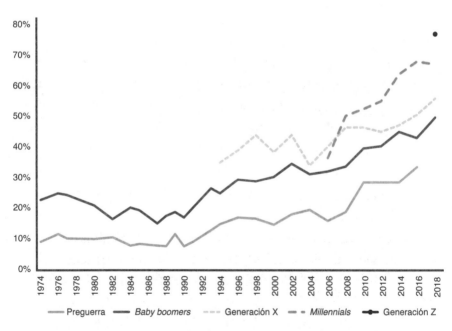

Figura 7.8. Porcentaje de adultos en Estados Unidos que piensan que las relaciones entre personas del mismo género «no tienen nada de malo».[38]

También podemos ver que Estados Unidos comenzó en una posición casi idéntica a la de Gran Bretaña en cuanto a las posturas ante la homosexualidad, de manera que las cifras de los *baby boomers* y de la generación de la preguerra fueron similares. Sin embargo, si bien es cierto que la dirección de la tendencia ha sido la misma, Estados Unidos no ha avanzado tanto, pues, en 2018, el 58 % pensaba que la homosexualidad no tenía nada de malo, en comparación con el 69 % en Gran Bretaña.

Los distintos patrones generacionales dentro de Estados Unidos y de Gran Bretaña son la clave para explicar esta diferencia. El momento en el que socializas tiene un impacto duradero en tu mentalidad, como se puede apreciar con más claridad en las generaciones de la preguerra de cada país. Sus opiniones en cuanto a la homosexualidad no han cambiado tanto como las de otras generaciones, lo que refleja el hecho de que sus experiencias formativas se produjeron en una época en la que la discriminación activa estaba arraigada en muchas leyes e instituciones. Las relaciones sexuales homosexuales fueron consideradas un acto criminal en el Reino Unido hasta 1967, fecha en la que solo se las legalizó en parte, y en Estados Unidos se produjo durante el mismo periodo un cambio igual de gradual en el reconocimiento de la homosexualidad. No es de extrañar, pues, que las opiniones de las generaciones de la preguerra en Gran Bretaña y Estados Unidos se hayan mantenido de una forma notablemente similar. Lo mismo ocurre en el otro extremo del espectro. Los británicos y los estadounidenses de la generación Z también tienen opiniones prácticamente idénticas, ya que el 80 % de ellos piensa que la homosexualidad no tiene nada de malo.

Los dos países, por tanto, se han distanciado en las dos últimas décadas como resultado de las diferencias entre las posturas del centro, es decir, donde se encuentran los *baby boomers*, la generación X y los *millennials*. En Gran Bretaña, estas generaciones se han agrupado en el extremo más permisivo del espectro, mientras que en Estados Unidos se han mantenido dispersas, con la generación X situada más cerca de los *baby boomers*. Por ejemplo, el 75 % de los británicos de la generación X dicen que el sexo entre dos personas del mismo género no tiene nada de malo, en comparación con el 57 % de la generación X estadounidense.

Esta creciente separación tiene varias explicaciones, pero es probable que la clave sea, una vez más, la diferencia tan grande que hay en cuanto a cuán conectadas están con la religión esas cohortes de mediana edad en los dos países. Un análisis del Centro de Investigaciones Pew muestra la relación que existe entre la aceptación de la homosexualidad y las creencias religiosas en todo el mundo, y hay una línea bastante recta que las vincula. Los países mayoritariamente musulmanes, como Egipto, están en un extremo del espectro, y los países europeos laicos, como Suecia y Dinamarca, en el otro. Hay excepciones, como, por ejemplo, Rusia, que es mucho menos tolerante de lo que sugiere su nivel de creencias religiosas, y Brasil, que es mucho más tolerante. En realidad, Estados Unidos es más tolerante de lo que se podría predecir si se observaran solo los niveles de religiosidad, pero la fuerza que tiene la conexión religiosa en estas generaciones medias hace que sea mucho menos abierto que gran parte de Europa.[39]

Este análisis internacional también es un recordatorio importante de la variedad de posturas ante la homosexualidad que hay en todo el mundo. La gama es extraordinaria, desde alrededor del 5 % que piensa que la homosexualidad es «moralmente inaceptable» en países como Dinamarca y Noruega, hasta el 93 % en Indonesia. Hay muchos países en los que porcentajes grandes se oponen moralmente, desde Rusia y Turquía, con alrededor del 70 %, hasta Brasil y México, con cerca del 40 %. El *lugar* en el que naces sigue siendo un factor mucho más determinante de la mentalidad en cuanto a la homosexualidad que el *momento* en el que esto ocurre.

Mientras que las posturas hacia las que tienden las personas a lo largo del tiempo en cuanto a las distintas orientaciones sexuales están bien documentadas, es mucho más difícil obtener mediciones coherentes y perspicaces de las identidades y comportamientos sexuales reales durante un periodo suficientemente largo como para identificar las diferencias que se manifiestan entre las generaciones. Sin embargo, está claro que los cambios en la identidad sexual individual no han sido ni de lejos tan drásticos como los cambios en la mentalidad. Las mediciones más básicas de la identidad, recogidas con regularidad por los organismos oficiales de estadística, muestran en su mayoría un incremento constante de las personas que se identifican como no heterosexuales. En Estados Unidos, por ejemplo, ha aumentado de alrededor del 2,7 % en 2008 al 5 % en 2018, incremento que se ha visto impulsado, sobre todo, por más personas que se identifican como bisexuales.[40] Existe una clara diferencia generacional en ambos países, ya que las cohortes más jóvenes son más propensas a identificarse como no heterosexuales, como los *millennials* estadounidenses, cuya cifra llega hasta el 10 %, y la generación Z en el Reino Unido, con un 4 %.

Claro está, estas clasificaciones binarias son una forma muy poco precisa de medir nuestra identidad sexual, por no hablar de nuestro comportamiento o atracción. Las preguntas que le permiten a las personas un mayor espectro obtienen una respuesta muy diferente. Por ejemplo, un estudio realizado en 2015 en Estados Unidos por una agencia de publicidad informa que solo el 48 % de los jóvenes de 13 a 20 años —la generación Z más o menos— se identificaba como «completamente heterosexual», en comparación con el 65 % de las personas de 21 a 34 años —los *millennials* más o menos—.[41] Cuando, en 2021, se formuló una pregunta parecida en el Reino Unido, los resultados fueron casi idénticos. Algo más de siete de cada diez personas de la población general se identificaron como exclusivamente heterosexuales, pero solo el 54 % de los jóvenes de 18 a 24 años hizo lo mismo.[42]

Deberíamos saber ya que las brechas basadas en la edad solo pueden darnos una visión limitada del cambio generacional; y únicamente las tendencias a largo plazo pueden mostrar si el comportamiento de las nuevas generaciones se parece o es diferente al de las anteriores. Lamentablemente, estas no están disponibles, y por desgracia, ello no impide que los medios de comunicación se extralimiten. Por ejemplo, un titular especialmente llamativo de la revista *Vice*, el cual se basaba en los resultados del estudio estadounidense citado con anterioridad, declamaba lo siguiente: «Los adolescentes de hoy en día son más *queer* que nunca, según un nuevo estudio».[43] Parte del problema reside en que estos simples desgloses de edad sean presentados como si fueran características generacionales, y es que comparar las cifras registradas de los *baby boomers* con las de la generación Z hace que parezca como si hubiera habido una revolución en la atracción sexual. Sin embargo, no es posible saber cómo habrían respondido los *baby boomers* cuando eran jóvenes ni cómo lo hará la generación Z cuando llegue a los 60 años.

La falta de tendencias consistentes a largo plazo es sorprendente, ya que las preguntas que consideran la orientación sexual como un espectro en lugar de como una categorización discreta tienen una larga historia. Alfred Kinsey, uno de los pioneros en cuanto a la comprensión de la atracción sexual en Estados Unidos, desarrolló una escala de 0 —completamente heterosexual— a 6 —completamente homosexual— que él y sus compañeros utilizaron en miles de entrevistas que exploraban los comportamientos sexuales de los hombres, y que luego publicó en su libro de 1948 *Sexual Behavior in the Human Male*.[44] Kinsey afirmó: «Los hombres no representan dos poblaciones distintas, heterosexuales y homosexuales (...). El mundo no se divide en ovejas y cabras».

Si bien es cierto que sus técnicas de encuesta eran poco ortodoxas y menos estructuradas que los enfoques modernos, las conclusiones a las que llegó sugieren que las cosas pueden no haber cambiado tanto como podríamos pensar. Su investigación demostró que, en 1948, el 37 % de los varones estadounidenses habían tenido alguna experiencia homosexual a lo largo de su vida, que el 13 % fueron predominantemente homosexuales durante al menos tres años —como Kinsey bien reconoció, la atracción y el comportamiento sexual no son estados constantes— y que el 4 % habían sido exclusivamente homosexuales durante toda su vida.

Es probable que estemos asistiendo a un aumento importante pero relativamente gradual de identidades, atracciones y experiencias sexuales más diversas, combinado con una mayor disposición a informar sobre nuestras posturas y comportamientos, y no a la revolución de la fluidez sexual que algunos sugieren. Por ejemplo, en el Reino Unido se produjo un aumento significativo de las mujeres que declaran tener experiencias con personas del mismo género, cifra que pasó del 2 % al 8 % entre 1990 y 2010.[45] Los investigadores intentaron dilucidar si se trataba de un cambio real o si se debía a que las mujeres estaban más dispuestas a informar sobre lo que hacían. La conclusión a la que llegaron fue que el cambio que se produjo entre 1990 y 2000 se debió en parte a una información más honesta, pero que el aumento entre 2000 y 2010 fue, en mayor medida, real.[46]

Así como la identidad sexual se considera menos binaria, ha habido discusiones díscolas sobre la identidad y la fluidez de género. Los primeros debates sobre las posturas ante la identidad de género se centraron en la igualdad de las personas transgénero. Un artículo de portada de la revista *Time* publicado en 2014 con el título «El punto de inflexión de las personas transgénero: la próxima frontera de los derechos civiles en Estados Unidos»[47] destacaba su carácter generacional. Una mujer trans entrevistada para el artículo, que no comenzó su transición hasta la mediana edad, «está segura de que podría haber tenido una vida completamente diferente si hubiera nacido más tarde».

El debate no ha tardado en pasar de centrarse en los derechos de los transexuales a cuestiones más amplias en torno a la identidad de género, y el marco generacional se ha vuelto aún más prominente. La generación Z, en particular, suele ser señalada como la «generación de género fluido»,[48] y por buenas razones, si se tiene en cuenta que los miembros tienen mucho más contacto directo que otras generaciones con personas que se identifican como no binarias. Según una encuesta del Centro de Investigaciones Pew, más de un tercio de la generación Z de Estados Unidos dice conocer personalmente a alguien que utiliza pronombres no binarios, en comparación con el 12 % de los *baby boomers*.[49] En el Reino Unido, solo el 27 % de los británicos pertenecientes a la generación Z dicen que nunca han conocido a nadie que utilice pronombres no binarios, en comparación con el 68 % de los *baby boomers*.[50]

Algunas posturas siguen gradientes de edad igualmente pronunciados, pero no siempre es tan claro como lo sugiere el marco generacional. En Gran Bretaña, alrededor del doble de jóvenes que de personas mayores piensan que «una persona debería poder identificarse con un género diferente al de su nacimiento», y hay una división similar sobre si los pasaportes deberían incluir una categoría para quienes no se identifican ni como hombre ni como mujer.[51] El apoyo es mayor en Estados Unidos, pues la mitad de las mujeres y cuatro de cada diez hombres están de acuerdo en que existe un espectro de identidades de género, pero no hay grandes diferencias de edad relacionadas con esta cuestión.[52] De hecho, entre los estadounidenses, el partido político al que alguien pertenece es un indicador de la mentalidad ante la identidad de género más fiable que la edad, pues el 64 % de los demócratas está de acuerdo en que el hecho de que una persona sea hombre o mujer puede diferir del sexo que le asignaron al nacer, mientras que solo el 19 % de los republicanos piensa de esa manera.[53]

La rapidez con la que ha surgido este nuevo frente y a la que está cambiando hace que incluso la opinión actual sea difícil de determinar, por lo que predecir las tendencias generacionales futuras es imposible. Sin embargo, parece claro que no se trata de una «moda» de la juventud, como lo sostienen algunos.[54] Como es natural, me muestro escéptico cuando las generaciones mayores responden a cualquier tendencia emergente de esta manera, puesto que hemos visto una propensión similar respecto de algunos de los mayores cambios sociales de los tiempos modernos. H. G. Wells dijo que algunos de sus contemporáneos creían que «el voto para las mujeres era una moda aislada y que la agitación era una epidemia de locura que pronto se acabaría pasando».[55]

Asimismo, la trayectoria de las posturas ante la identidad de género dista mucho de estar fijada o de ser totalmente generacional. El tema plantea cuestiones complejas que no dejan de surgir y que cada generación sigue elaborando, incluida la más joven. Basándose en los resultados de la encuesta realizada por el Centro de Investigaciones Pew ya mencionada, un comentarista estadounidense especializado en Sexología sugiere que, dentro de veinte años, nuestra actual «discusión en cuanto a los baños parecerá curiosa».[56] Esta afirmación es demasiado despectiva con respecto a algunos debates reales que se están produciendo, así como una lectura demasiado simplista de cómo el cambio cultural fluye y refluye.

¿CADA VEZ HAY MENOS CREYENTES?

El poder constante que tiene la religión para moldear creencias más amplias ha quedado claro en muchas de las cuestiones tratadas en este capítulo. Así, pues, es de vital importancia comprender cómo está cambiando, sobre todo porque el apego a la religión es uno de los rasgos generacionales más claros que veremos. Por supuesto, los individuos van y vienen todo el tiempo en cuanto a sus creencias religiosas, pero esto no cambia mucho dentro de cada generación en general, como podemos ver en la figura 7.9, la cual revela cuántos integrantes de cada cohorte en Gran Bretaña dicen no pertenecer a ninguna religión.

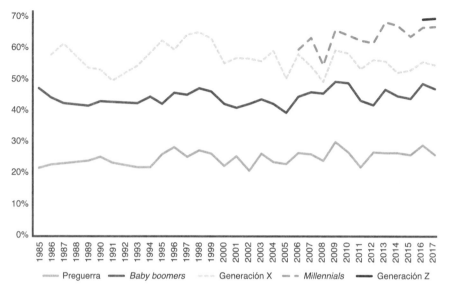

Figura 7.9. Porcentaje de adultos en Gran Bretaña que dicen que no pertenecen a ninguna religión.[57]

Las diferencias generacionales son enormes. El 70 % de los miembros de la generación Z dicen no tener ninguna afiliación religiosa, frente a menos del 30 % de la generación de la preguerra, y ambas líneas que los representan no muestran apenas cambios. El reto al que se enfrenta la religión organizada en Gran Bretaña es generacional casi en su totalidad, lo que hace que el declive sea lento, pues está cambiando sobre todo a medida que una cohorte muere y es reemplazada por otra con un nivel de creencia más bajo. Pero esto también lo hace inevitable. No se puede detener este tipo de mareas generacionales sin un acontecimiento de la magnitud de una «segunda venida».

Por muy aterrador que este panorama sea para las instituciones religiosas, esconde un reto aún mayor al que se enfrentan las religiones cristianas en varios países occidentales, incluida Gran Bretaña. Las cifras que indican con qué religiones se identifican las generaciones más jóvenes sería aún peor si no hubiera habido un aumento en las fes no cristianas entre los jóvenes británicos, debido en gran parte a la inmigración. Si echamos un vistazo a cuántas personas están vinculadas con la Iglesia de Inglaterra en Gran Bretaña, la gravedad de la situación se vuelve todavía más clara. Solo el 2 % de las generaciones más jóvenes se identifican como anglicanos, en comparación con casi el 40 % de la generación de la preguerra. Y, por si fuera poco, incluso las líneas generacionales más antiguas muestran signos de declive en los que la generación de la preguerra, los *baby boomers* y la generación X han ido a la deriva con el tiempo.

No obstante, la muerte de la religión organizada impulsada por las generaciones no es tan cierta como parece. Mientras que los cristianos *culturales* —quienes se identifican como tales pero no son practicantes— podrían estar desapareciendo, aquellos que se quedan están mucho más comprometidos. La socióloga Grace Davie ha comparado este proceso con el paso de un «ejército de reclutas» a una «fuerza profesional».[58] Asimismo, explica que el cristianismo en países como Gran Bretaña ha pasado de tener «un gran número de personas involucradas, les guste o no, a un ejército profesional al que la gente se une por voluntad propia (…). En términos generales, sostengo que los profesionales están más comprometidos que los reclutas».

Los datos corroboran en gran medida esta afirmación, pues los cambios que se han producido en los niveles de asistencia regular a los templos en Gran Bretaña ni varían tanto entre generaciones ni se desploman tanto. Incluso en esta cuestión más generacional, las diferentes cohortes no están tan alejadas unas de otras como podría parecer en un principio. Los *baby boomers* británicos siempre han ido poco a la iglesia, y la cosa no ha cambiado, pues solo un 10 % asiste a misa una vez a la semana, mientras que los *millennials* se encuentran en un nivel similar. La generación X, sin embargo, ha visto un aumento significativo en la asistencia regular a la iglesia, triplicándose hasta alrededor del 15 %. Como padre de una niña que está a punto de entrar en la escuela secundaria, sospecho que esto tiene que ver con el papel que sigue desempeñando la religión en la elección de centros educativos, muchos de los cuales le exigen a los padres y a los niños que asistan a misa para poder optar a una plaza. Por supuesto, un factor más importante de la relativa estabilidad general de estas tendencias es que abarcan todas las religiones y que se ven reforzadas por el crecimiento de las religiones no cristianas en el Reino Unido, cuya asistencia a misa tiende a ser más habitual.

La relación de Estados Unidos con la religión es *totalmente* diferente a la de Gran Bretaña, ya que es el doble de probable que todas las generaciones estadounidenses digan que se identifican con una religión, como lo muestra la figura 7.10. Existe una jerarquía generacional similar a la de Gran Bretaña, pero incluso entre los *millennials*, la generación estadounidense más atea, solo el 34 % dice no pertenecer a ninguna religión, frente al 68 % en Gran Bretaña. Aun así, la obsesión por el «aumento de los ateos» en Estados Unidos es comprensible, pues los niveles de identificación religiosa pueden ser mucho más altos que en Gran Bretaña, si bien es cierto que el país sigue experimentando una poderosa mezcla de efectos de cohorte y de periodo significativos.

Figura 7.10. Porcentaje de adultos en Estados Unidos que dicen que no pertenecen a ninguna religión.[59]

Claro está que existe mucho apego religioso «de reclutas» más que «profesional» entre los estadounidenses. Si bien es cierto que ocho de cada diez tienen una afiliación religiosa, tan solo una cuarta parte asiste a misa cada semana. Sin embargo, esta cifra es significativamente más alta que en Gran Bretaña, sobre todo entre los *baby boomers*, pues, en Gran Bretaña, el 10 % de esa cohorte asiste a misa todas las semanas, en comparación con el 30 % en Estados Unidos. Pero, de nuevo, las diferencias entre generaciones *dentro* de este último país son mucho menores.

Si miramos más allá de los países angloparlantes y del norte de Europa, la narrativa del declive religioso también se invierte. Justin Welby, el arzobispo de Canterbury y el obispo de mayor rango de la Iglesia anglicana, considera que el declive interno en Gran Bretaña oculta una imagen muy diferente en otros lugares. Según sus palabras: «En términos globales, un cristiano anglicano típico es una mujer africana de poco más de 30 años que vive con menos de cuatro dólares al día».[60] En general, el Centro de Investigaciones Pew resalta que los cristianos representarán el 31 % de la población mundial en 2050, es decir, la misma cantidad que ahora, debido al crecimiento de la población en estos países cristianos en vías de desarrollo. La población musulmana mundial pasará del 23 % en 2010 al 30 % en 2050. El porcentaje de personas sin ningún tipo de afiliación religiosa caerá del 16 % al 13 % de la población mundial, a medida que la población global de Europa también vaya disminuyendo.[61]

El desarrollo de estas pautas puede verse reflejado en la pregunta de si las personas se consideran religiosas o no. Alemania presenta un patrón similar al de Gran Bretaña y exhibe una clara jerarquía generacional, de manera que las cohortes de mayor edad son más religiosas que las de menor edad, y solo la mitad de los alemanes en general se consideran religiosos. Sin embargo, en otros países cristianos, como Italia y Brasil, alrededor de siete de cada diez personas se manifiestan religiosas, independientemente de la generación. El panorama es el mismo en países no cristianos, como India y Turquía. El norte de Europa no es la norma en un mundo cada vez más diverso desde el punto de vista religioso.

LAS GUERRAS CULTURALES GENERACIONALES

Sorprende observar hasta qué punto han cambiado nuestras actitudes hacia la raza, el género y la sexualidad en las últimas décadas. El hecho de que se haya avanzado tanto y tan rápido debe celebrarse, sobre todo porque no es algo que hubiéramos podido prever hace treinta o cuarenta años. Que estas cuestiones sigan siendo una fuente de conflicto es más previsible. Este conflicto se construye con la llegada constante de nuevos participantes en la sociedad; puede tratarse de una parte natural de nuestro «metabolismo» social, pero siempre temeremos a los jóvenes «bárbaros». Esta perspectiva a largo plazo también muestra que *siempre* tenemos la sensación de que las cosas están cambiando demasiado rápido como para que podamos seguirle el ritmo. En 1914, el comentarista estadounidense Walter Lippmann escribió: «Estamos intranquilos hasta lo más profundo de nuestro ser (…). Hemos cambiado nuestro entorno con más rapidez de lo que sabemos cambiarnos a nosotros mismos».[62]

La impresión general que tenemos no es la de un cambio repentino que viene de la mano de la última generación de jóvenes, sino la de un cambio notable que se ha producido entre la mayoría de las generaciones durante las últimas tres o cuatro décadas. Los efectos generacionales son esenciales para entender el cambio cultural, pero las diferencias entre los jóvenes de hoy en día y la mayoría del resto de las generaciones no son tan grandes o inusuales como se suele decir. Por supuesto, no deberíamos restarles importancia a las diferencias, pues hay distinciones que sí lo son, y estas se manifiestan sobre todo en cuestiones emergentes, como cabría esperar. Por ejemplo, el apoyo a las protestas del BLM es aproximadamente el doble entre los más jóvenes en comparación con los grupos de mayor edad, y, en el Reino Unido, los jóvenes tienen en torno al doble de probabilidades de sentirse «avergonzados» ante nuestro pasado imperial que los grupos de mayor edad. Con todo, estas diferencias no varían en escala de las que se observan entre la generación de la preguerra y los *baby boomers* en cuanto al tema de la raza. Incluso en lo que respecta a la identidad de género, la etiqueta de *guerrero cultural* no encaja bien con los grandes sectores de la gente joven, y hay otras características que tienen mayor incidencia en sus opiniones.

Una vez más, el que tendamos a centrarnos en una explicación para el cambio oculta una realidad más rica y compleja. Los ciclos vitales son importantes, y parece que cambiamos nuestra postura ante cuestiones como la inmigración a medida que envejecemos. Los efectos de periodo también influyen, por ejemplo, en la forma en la que se modificaron las opiniones de todas las generaciones sobre el papel de la mujer en Estados Unidos durante la década de 1990, en contra de lo que parecía ser una sólida marea generacional.

Quizá lo más importante sea que la mayor división de la sociedad en general, impulsada por la polarización de la política y el entorno de las redes sociales, nos ha sensibilizado ante ejemplos muy destacados, pero poco representativos, de comportamientos «*woke*» y «no *woke*». Las personas de todas las generaciones se identifican más con su propio grupo y se diferencian del «otro» grupo, lo que nos lleva a centrarnos en comportamientos que en el pasado habrían llamado menos la atención. La «guerra contra la cultura *woke*» parece ser más un resultado de este cambio en el entorno general que una ruptura clara en las actitudes de nuestra actual generación de gente joven. Al exagerar las diferencias, corremos el peligro de caer en un comportamiento del que, según decimos, son culpables los jóvenes de hoy en día: el «catastrofismo».

El hecho de que las generaciones sean analizadas de una forma excesivamente simplista es parte del problema. El relevo generacional es un motor clave del cambio cultural, ya que las generaciones más antiguas son sustituidas por cohortes que han socializado en tiempos muy diferentes. Sin embargo, esto puede dar una falsa sensación de certeza. Debemos recordar el poder que tienen las sacudidas que pueden cambiar nuestra trayectoria, así como los efectos de ciclo vital que devuelven a las generaciones más jóvenes a caminos ya trillados. Las tendencias generacionales también se traducen a veces de manera errónea como «trabajo hecho», lo que soslaya el hecho de que las actitudes menos liberales persisten en minorías significativas de las generaciones más jóvenes y que las desigualdades siguen existiendo.

Por ejemplo, el escritor Douglas Murray demuestra una palpable frustración ante las nuevas expresiones de la desigualdad, como el enfoque en la *masculinidad tóxica*. En sus propias palabras: «¿Por qué iba la (…) retórica a volverse tan acalorada cuando los estándares de igualdad han mejorado tanto? ¿Es porque lo que está en juego es muy poco? ¿Porque la gente está aburrida y quiere asumir una actitud heroica en medio de una vida de relativa seguridad y comodidad?».[63] Es perfectamente razonable cuestionar la utilidad de los conceptos emergentes, pero hacerlo no debería llevar a descartar la constante injusticia que existe. La persistencia de actitudes discriminatorias y las diferencias en los resultados en función del género, la raza y la sexualidad merecen más atención.

El énfasis en este marco generacional y, en particular, la atribución de tanta responsabilidad a las nuevas generaciones de gente joven entrañan otro riesgo. Barack Obama, por ejemplo, ha subrayado en repetidas ocasiones su especial fe en la «próxima generación», cuya «convicción en que todas las personas valen lo mismo parece ser algo natural», al tiempo que insinuaba que sus padres y profesores nunca creyeron en ello de verdad.[64] Sin duda, este pretende ser un estímulo positivo, pero conlleva sus propios riesgos. Las tendencias de nuestras actitudes no sugieren que las generaciones actuales representen una verdadera ruptura con los últimos años en cuestiones como el género, la raza y la sexualidad. Poner en un pedestal a las generaciones venideras no solo tergiversa la realidad, sino que fomenta una falsa sensación de segregación.

8

Una crisis detrás de otra

«Los acontecimientos, querido amigo, los acontecimientos». Esta fue la respuesta del primer ministro británico Harold Macmillan cuando le preguntaron qué creía que iba a hacer que su gobierno perdiera el rumbo.[1] La respuesta capta sucintamente cómo los políticos tienden a considerar sus acciones como una supervivencia a cada momento frente a lo imprevisible. En 1886, el político británico Joseph Chamberlain escribió lo siguiente: «En la política es inútil mirar más allá de la próxima quincena». Hoy en día, una quincena parece un lujo a causa de la llegada de las noticias durante las veinticuatro horas del día y de las redes sociales. Como lo sugirió el ex primer ministro australiano Malcolm Turnbull, «ahora el ciclo de noticias es de sesenta segundos, es instantáneo».[2]

De todos los ámbitos que se han analizado en este libro, la política es la que obviamente está más determinada por los efectos repentinos e inesperados de periodo, pero eso no significa que los «acontecimientos» sean lo único que importa. De hecho, es fundamental luchar contra esa percepción, entre otras cosas porque refuerza la sensación de que estamos constantemente al borde de la crisis y enfrentándonos a retos tan significativos como la confianza en la política o incluso el apoyo a la democracia. En realidad, nuestro sistema político tiene una continuidad y una resistencia considerables, en parte porque muchas de las pautas más importantes de nuestro comportamiento político están impulsadas por una combinación de efectos de cohorte más lentos y de nuestros propios ciclos vitales predecibles.

Cada una de las poderosas tendencias generacionales que hemos visto en los capítulos anteriores acaba expresándose en nuestras opiniones políticas, ya que el cambio de las actitudes entre cohortes modifica el debate político y ayuda a determinar la conexión que hay entre los individuos y determinados partidos políticos. Evidentemente, no se trata de una relación unidireccional, dado que la política también determina nuestras opiniones. «Los hijos de Thatcher», aquellos que alcanzaron la mayoría de edad en la década de 1980 en el Reino Unido y que muestran una mayor tendencia derechista que las cohortes vecinas, representan una generación que lleva consigo alguna huella del contexto político en el que crecieron.[3] En Estados Unidos se han detectado pautas similares, incluso algunas que van en sentido contrario, pues los que cumplieron 18 años durante la presidencia de Nixon tenían más probabilidades que la media de los estadounidenses de votar a los demócratas en las elecciones celebradas décadas después.[4]

También vamos cambiando a medida que envejecemos. Hay numerosas versiones del dicho «Si no eres liberal a los 25 años, no tienes corazón. Y si no eres conservador a los 35, no tienes cerebro». La cita ha sido atribuida a varias personas a lo largo de las décadas, pero, como verás, es lo que afirma con más claridad cuán importantes son los efectos de ciclo vital. Los datos generacionales con los que contamos muestran que el efecto no es tan absoluto como sugiere el dicho, pero sigue siendo un hecho importante de la vida política.

En los últimos años, varias predicciones políticas pronunciadas por expertos y comentaristas han sido distorsionadas, y nuestra tendencia a centrarnos en uno solo de los efectos de cohorte, de ciclo vital o de periodo es parte del motivo de estos fallos. La edad y la generación son cada vez más relevantes para entender nuestra política, pero debemos evitar la tentación de buscar una única explicación.

VOTO VIEJO VERSUS VOTO JOVEN

La importancia de la perspectiva generacional no solo se aplica al electorado, sino que también es útil para entender el perfil cambiante del liderazgo político. En particular, Estados Unidos destaca entre las democracias occidentales por su actual derivación hacia una «gerontocracia». Con 70 años, Donald Trump fue el presidente de mayor edad en ser investido, y lo siguió Joe Biden, con 78. En la cima de la jerarquía política estadounidense, el presidente Biden se une a Nancy Pelosi, la presidenta de la Cámara de Representantes, de 80 años, y a Chuck Schumer, el líder de la mayoría del Senado, de 71. Como decía un artículo de la revista *The Atlantic*, la mayoría de estas personas «vinieron al mundo antes del Fondo Monetario Internacional y de la CIA; antes de la invención del transistor y de la cámara Polaroid».[5]

El envejecimiento de la clase política puede parecer una consecuencia natural del aumento de la longevidad y de una mejor salud en la tercera edad, pero Estados Unidos es, de hecho, un caso atípico. Desde 1950, la edad media de los jefes de gobierno de la OCDE ha disminuido de manera constante: ha pasado de ser de más de 60 años a unos 54 en la actualidad,[6] un cuarto de siglo más joven que el presidente Biden.[7] Esto se debe en gran medida al inusual sistema presidencial de Estados Unidos, en el cual los enormes recursos y el capital político necesarios para presentarse a las elecciones tardan mucho más en acumularse. El *baby boom* estadounidense, que fue especialmente numeroso, y la buena suerte de esta generación en los años de crecimiento han hecho que fuera difícil de desbancar por parte de las cohortes posteriores y más pequeñas, pero esto está empezando a cambiar. La fuerza lenta pero implacable del reemplazo generacional vio un salto en los miembros de la generación X y en los *millennials* que estuvieron presentes en el 116.º Congreso de los Estados Unidos celebrado en 2019,[8] pues constituyeron el 38 % de los congresistas, aunque ese progreso parece haberse estancado con el 117.º Congreso de 2021, ya que los *baby boomers* representaron casi el 70 % de los nuevos congresistas.[9] Seguimos esperando que tenga lugar un «momento bisagra» generacional en el equilibrio del liderazgo político estadounidense.

No obstante, debemos tener en cuenta el prejuicio y el «edadismo» implícitos en los debates que giran en torno a las «gerontocracias». No es cierto que los representantes de mayor edad estén obligados a actuar o a apelar a los intereses de su propia generación; por ejemplo, la popularidad de Bernie Sanders —79 años— y de Jeremy Corbyn —71 años— entre los jóvenes de Estados Unidos y del Reino Unido es innegable. En términos más generales, la idea de que los líderes de mayor edad no se interesan por los jóvenes o por cuestiones centradas en el futuro, como el cambio climático, es, como veremos, a todas luces falsa. Joe Biden hizo un llamamiento intergeneracional explícito a los jóvenes estadounidenses durante su campaña cuando dijo: «Me veo como un presidente transitorio (...), es una transición hacia vuestra generación. El futuro es vuestro y cuento con vosotros».[10]

Así, pues, interpretar de una manera simplista que los líderes o los electorados actúan siempre a favor de su propio interés generacional es algo totalmente erróneo. Pero, al fin y al cabo, la política es un «juego de números», y cuanto mayor sea su peso electoral, más probable será que las agendas y los resultados políticos se inclinen hacia sus intereses.

Es una simple función compuesta por solo dos factores: cuántos sois y cuántos acudís a las urnas. La primera de estas variables ha actuado claramente en contra de las generaciones más jóvenes en varios países durante las últimas décadas. El aumento demográfico que siguió a la Segunda Guerra Mundial fue un acontecimiento importante en un gran número de naciones, como Estados Unidos, el Reino Unido, Canadá, Australia, Nueva Zelanda, Francia y la mayoría de los países de Europa occidental.[11] El incremento de la longevidad también ha contribuido a «encanecer» al electorado. En conjunto, estos efectos han dado lugar a que el derecho de voto aumente de forma constante en la franja de edad, y se prevé que esto continúe, pues, por ejemplo, en el Reino Unido el posible votante medio tenía 46 años en 2010, pero tendrá 50 en 2041.[12]

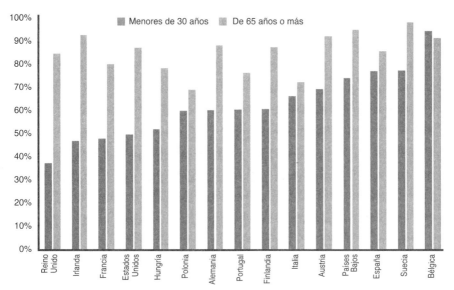

Figura 8.1. Porcentaje de adultos menores de 30 años y de 65 años o más que dicen que han votado en las últimas elecciones nacionales en Europa y en Estados Unidos.[13]

Ya que los grupos de mayor edad también tienen más probabilidades de votar que los más jóvenes, esta ventaja demográfica se multiplica. La figura 8.1 compara las tasas de participación autodeclaradas de los menores de 30 años con las de los mayores de 65, y muestra un desequilibrio particular en el Reino Unido, Irlanda y Estados Unidos, mientras que la brecha es mucho menos marcada en España y, de hecho, se invierte en Bélgica —el único país del gráfico en el que el voto es obligatorio—. Si combinamos esta participación desequilibrada con el perfil de envejecimiento del Reino Unido, la media del votante real era de 49 años en 2010 y de 52 en 2019. Esto se traduce en millones de votos extra para las cohortes de mayor edad en las elecciones, lo que se ve mejor cuando comparamos cohortes de nacimiento de un solo año dentro de las generaciones. Por ejemplo, en las elecciones generales que tuvieron lugar en el Reino Unido en 2015, a cada *millennial* que votó se le unió una media de 400 000 personas nacidas en el mismo año que él, mientras que a cada integrante de la generación X y a cada *baby boomer* se les unieron 485 000 y 530 000 personas, respectivamente.[14]

El dominio electoral de las generaciones mayores puede parecer una constante, pero en términos generacionales es relativamente nuevo en muchos países, como en el Reino Unido. Es cierto que los *baby boomers* eran menos propensos a votar cuando eran jóvenes que la generación de la preguerra, pero la diferencia era relativamente pequeña. La verdadera ruptura se produjo con la generación X en la década de 1990, cuando hubo una diferencia de 25 puntos porcentuales en la participación reclamada entre ellos y el grupo de mayor edad. La brecha siguió creciendo con los *millennials*, pues, en 2015, había una diferencia de 40 puntos porcentuales entre la cohorte más antigua y la más joven.[15]

Nuestra concienciación en cuanto a esta brecha generacional nos hace sensibles a cualquier señal que indique que puede revertirse. Por ejemplo, durante las elecciones generales del Reino Unido de 2017 se habló mucho del *youthquake*, el cual hace referencia a una especie de terremoto juvenil en el que el líder laborista Jeremy Corbyn parecía estar movilizando a las generaciones más jóvenes. Por ejemplo, fue recibido como una estrella de rock cuando subió al Pyramid Stage del Festival de Glastonbury. El análisis detallado que siguió a las elecciones mostró que el impacto que tuvo no fue tan radical como algunos afirmaron, ya que la participación entre los grupos más jóvenes aumentó de manera significativa, pero se trató de un incremento más marcado entre los treintañeros y no del orden que sugerían algunos artículos exagerados publicados en ese momento.[16] Sin embargo, la tendencia en las últimas elecciones ha sido la de una mayor participación reclamada entre las generaciones más jóvenes, en particular desde los pésimos niveles observados en la década del 2000.

Esto se refleja en si la gente en Gran Bretaña tiende a ver el voto como un deber. En 2010, solo el 40 % de los *millennials* británicos pensaba que votar era un «deber cívico», en comparación con el 80 % de la generación de mayor edad. Pero, en 2017, tras dos referendos y dos elecciones generales, el compromiso de los *millennials* con el voto aumentó hasta el 65 %. Muchos especialistas en ciencias políticas habían estado muy preocupados por la salud del sistema electoral —y con razón—, pero bastaron unos pocos años para cambiar ese panorama de manera significativa.[17] Es probable que esto esté relacionado, al menos en parte, con la tumultuosa experiencia de tantas contiendas políticas vitales en el espacio de unos pocos años, pues recientemente las generaciones más jóvenes del Reino

Unido han tenido la oportunidad sin precedentes de desarrollar el hábito de votar. Los acontecimientos sí son importantes en la política.

En Estados Unidos, Bernie Sanders es una figura política similar de tendencia izquierdista, con un gran atractivo para los votantes más jóvenes. Sanders perdió en las primarias demócratas frente a Joe Biden en 2020, a pesar de tener una enorme ventaja entre los jóvenes estadounidenses en algunos estados; por ejemplo, hasta 52 puntos porcentuales en Arizona.[18] Con todo, la participación jugó en su contra, ya que las tasas de voto entre los jóvenes cayeron con respecto a las primarias de 2016.[19] Incluso si hubiera tenido éxito y se hubiera convertido en el candidato demócrata, el reto que suponía confiar en esta baza de los jóvenes lo habría seguido en la carrera presidencial. El análisis realizado por los politólogos David Broockman y Joshua Kalla demostró que Sanders habría necesitado un aumento de 11 puntos porcentuales en el voto de los jóvenes, cifra que está por encima de cualquier incremento general de la participación electoral, solo para igualar la actuación de los otros candidatos demócratas frente a Trump.[20] Este tipo de aumento no tiene precedentes en las elecciones presidenciales estadounidenses.

Al igual que en el Reino Unido, la razón por la que es arriesgado confiar en el apoyo de los jóvenes en Estados Unidos es la marcada brecha que existe en los niveles de voto entre generaciones, como se puede comprobar en la figura 8.2. Sin embargo, el patrón es bastante diferente, ya que las generaciones estadounidenses muestran más movimiento a medida que envejecen. Por ejemplo, a finales de la década de 1970, solo alrededor del 50 % de los *baby boomers* estadounidenses decían votar, pero ahora dicha cifra es del 80 %. En el Reino Unido, esta tendencia ha sido mucho menos drástica, ya que los *baby boomers* empezaron con un 75 % y terminaron con un 88 %. Este poderoso efecto de ciclo vital ayuda a explicar la relativa estabilidad de la participación electoral en Estados Unidos, la cual ha rondado entre el 50 % y el 60 % desde la década de 1970 —el 66 % de participación en las elecciones presidenciales de 2020 representa un nivel que no se había visto desde 1900—. Por el contrario, la participación electoral en el Reino Unido ha caído desde un máximo del 84 % en 1950 hasta el 67 % en 2019, sobre todo debido a las crecientes brechas existentes entre las generaciones. Si bien es cierto que la participación de los jóvenes es un problema en ambos países, en Estados Unidos el electorado parece estar superándolo.

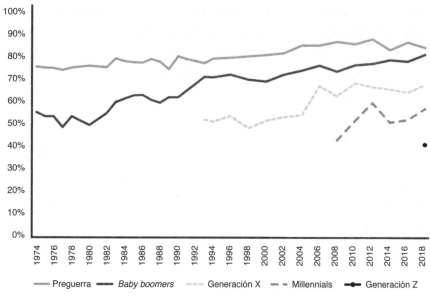

Figura 8.2. Porcentaje de adultos en Estados Unidos que afirman que votaron en las últimas elecciones presidenciales.[21]

¿LA MUERTE LENTA DE LOS PARTIDOS POLÍTICOS?

Aun así, Estados Unidos se enfrenta a un reto más generacional en lo que respecta a la conexión con los partidos políticos. Conforme a la figura 8.3, hay tendencias preocupantes a largo plazo que afectan a los dos partidos principales, ya que solo cuatro de cada diez *millennials* estadounidenses se identifican como republicanos o como demócratas, en comparación con seis de cada diez *baby boomers* y miembros de la generación de la preguerra. Se trata de un cambio significativo, aunque una perspectiva a más largo plazo muestra que no es del todo nuevo, pues a mediados de la década de 1970, cuando los *baby boomers* eran jóvenes, había una brecha casi tan grande entre ellos y las generaciones de la preguerra. Ha sido esta última generación, de más edad, la que ha mantenido el apego al partido, hasta que se observó un fuerte descenso en la última medición realizada en 2018. La pérdida de ese baluarte que suponía la generación de la preguerra ha tenido un gran impacto en los niveles generales de adhesión política en Estados Unidos. El lento pero implacable proceso de reemplazo generacional significa que la identificación con uno de los dos partidos principales ha caído del 63 % al 51 % en los últimos cuarenta y cuatro años.

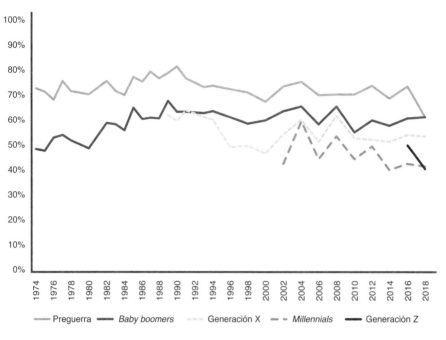

Figura 8.3. Porcentaje de adultos en Estados Unidos que se identifican como republicanos o como demócratas.[22]

Una pregunta similar incluida en una encuesta europea plantea si la gente se siente cercana a un partido en particular. Esta encuesta solo se remonta a catorce años atrás, pero el patrón es parecido. Las líneas que representan a las generaciones apenas muestran cambios, y en cada generación sucesiva cada vez hay menos gente que se identifique con algún partido. El impacto global que ha tenido en la identificación partidaria durante este periodo más corto es menos drástico, pero también está descendiendo, pues ha pasado del 52 % en 2002 al 45 % en 2018.

Hay una serie de razones estructurales asociadas con este declive, incluido el debilitamiento de las afiliaciones a las religiones y a las organizaciones sindicales, las cuales solían aportar un gran número de simpatizantes a los partidos.[23] También parece probable que esté relacionado con los cambios culturales que ya hemos visto, pues el incremento del individualismo hace que sea menos probable que alguien apoye de por vida a un partido político.

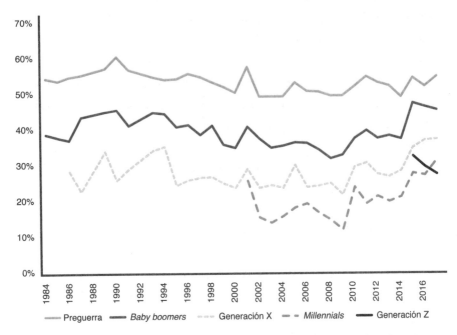

Figura 8.4. Porcentaje de adultos en Gran Bretaña que se consideran simpatizantes de algún partido político.[24]

No obstante, también está claro que el rechazo total a los partidos políticos es algo que está muy lejos. Y tal como ocurre con tantos aspectos de la política, las tendencias generacionales pueden invertirse mediante «acontecimientos». La figura 8.4 muestra el porcentaje de británicos que se consideran simpatizantes de un determinado partido. En la década del 2000 parece que se produjo un colapso generacional en la adhesión a los partidos, en un grado *mucho* mayor que el observado en Estados Unidos o en Europa en general. En 2009, por ejemplo, menos de uno de cada diez *millennials* se consideraba simpatizante de un partido concreto, mientras que los miembros de la generación de la preguerra tenían cinco veces más probabilidades de definirse de ese modo. En general, en dos décadas hemos pasado de un 51 % de la población que se declaraba simpatizante de un partido a *tan solo un 29 %*. Como dice un politólogo: «Los *millennials* (…) consideran que los políticos tienen el deber de conquistarlos. No ven a los partidos como movimientos que merecen lealtad, sino como marcas a las que pueden elegir o ignorar».[25]

Sin embargo, en el frenético periodo político que tuvo lugar entre 2014 y 2017, al igual que aumentó la participación y el sentimiento de que votar era un deber cívico, el apego a los partidos también empezó a crecer para todas las generaciones británicas, incluida la de los *millennials*. Durante unos años cargados de acontecimientos, el apoyo a los partidos volvió a subir hasta el 40 % de la población. Esto sigue siendo un nivel muy bajo de identificación, tanto a nivel histórico como a nivel internacional, pero ilustra los peligros que tienen las predicciones en la política basadas en tendencias generacionales aparentemente establecidas.

DEMOGRAFÍA Y DESTINO

Si bien es cierto que las turbulencias políticas de los últimos años han sido positivas para el compromiso con los partidos en el Reino Unido, sospecho que pocas personas las recomendarían como estrategia para reconectar a la gente con la política, entre otras cosas porque han venido acompañadas de la aparición de la edad como una clara línea divisoria a nivel electoral. Las elecciones generales de 2017 produjeron la mayor brecha de edad en el apoyo a los partidos jamás medida en el Reino Unido. Esto se redujo un poco durante las elecciones de 2019, pero todavía produjo un increíble gradiente de edad. Solo el 21 % de los jóvenes de 18 a 24 años votaron a los conservadores, mientras que solo el 14 % de los mayores de 70 años votaron a los laboristas. Por el contrario, dos tercios del grupo de mayor edad votaron a los conservadores, mientras que más de la mitad de los más jóvenes se decantaron por los laboristas.

El análisis del apoyo generacional a largo plazo que se les hizo a los dos principales partidos revela cuán rápido e inusual ha sido el cambio. Como lo indica la figura 8.5, poco tenían que ver las generaciones con el apoyo al Partido Laborista desde, al menos, la década de 1980, y las líneas de cada generación se mantenían muy próximas hasta que se produjo una explosión generacional en 2017, cuando más de la mitad de los de la generación Z dijeron que se identificaban con los laboristas, en comparación con apenas el 20 % de la generación de la preguerra.

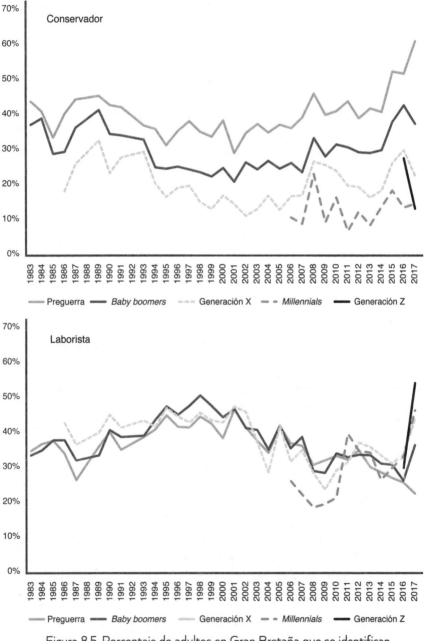

Figura 8.5. Porcentaje de adultos en Gran Bretaña que se identifican como simpatizantes del Partido Conservador o del Partido Laborista.[26]

El voto conservador siempre ha estado más relacionado con la edad, pero la diferencia generacional también se ha ampliado en gran medida en los últimos años. Esto no se ha debido tanto a una caída entre los jóvenes, sino más bien a un nivel de apoyo cada vez más ferviente por parte de las cohortes de mayor edad, que ahora son tres veces más propensas a apoyar a los conservadores que las generaciones más jóvenes.

Las razones detrás de estos cambios tan drásticos están relacionadas con los acontecimientos políticos a corto plazo, así como con las mareas generacionales. Los laboristas ganaron en parte su voto joven gracias al colapso de los demócratas liberales, mientras que los conservadores ganaron gracias al declive del Partido de la Independencia del Reino Unido. Asimismo, el gradiente de edad del apoyo a los partidos políticos también se vio reforzado por el resultado del referendo para abandonar la UE. La división entre los que estaban a favor y en contra de irse que existía entre las generaciones era enorme, y ha ido creciendo con el tiempo. En 2019, el 67 % de los de la generación Z dijeron que habrían preferido permanecer en la UE, en comparación con el 29 % de la generación de la preguerra.

Sea cual fuere la causa a corto plazo, el futuro a largo plazo del Partido Conservador parece sombrío, con una base de seguidores que se inclina hacia las generaciones que abandonan el grupo de votantes, y se aleja de las que llegan a él. Sin embargo, la muerte de los conservadores se ha predicho muchas veces antes, y hay razones para ser escépticos.

En primer lugar, como acabamos de ver, estos patrones pueden cambiar rápido gracias al efecto de periodo que tienen los «acontecimientos». En segundo lugar, el envejecimiento del electorado y las diferencias generacionales que existen en la participación electoral han hecho que las líneas más antiguas que aparecen representadas en estos gráficos se vuelvan más valiosas con el tiempo y, como hemos visto respecto del aumento que se prevé que sufrirá la edad media de los votantes, esto no ha acabado.

En tercer lugar, hay una verdad significativa en ese dicho tan imitado de que el conservadurismo crece con la edad. La figura 8.6 compara los porcentajes de dos grupos que dicen que votarían a los conservadores, que son la generación X y la franja de edad de 18 a 29 años, en cada año en el que se realizó el estudio. A finales de los noventa, estos grupos eran exactamente iguales, pero la generación X ha envejecido, mientras que el otro grupo se ido renovando con nuevos miembros de manera constante. Como vimos al analizar el tema de la preocupación por la inmigración en la figura 7.4 del capítulo anterior, el resultado ha sido que las dos líneas se han separado, ya que el apoyo conservador ha crecido más entre la envejecida generación X que entre los jóvenes de 18 a 29 años. Por supuesto, podría deberse tanto a un efecto de cohorte como a un efecto de ciclo vital. Pero el análisis estadístico de los politólogos James Tilley y Geoffrey Evans sugiere que el envejecimiento es de por sí importante. Dichos expertos en ciencias políticas han comprobado que el efecto que tiene el envejecimiento ha supuesto cada año un 0,35 % en favor de los conservadores, lo que puede no parecer mucho, pero es muy valioso a lo largo de toda una vida política.[28]

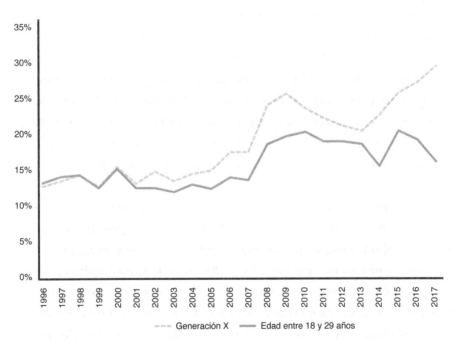

Figura 8.6. Porcentaje de adultos británicos que pertenecen al grupo de edad de 18 a 29 años y a la generación X, que votarían al Partido Conservador si mañana hubiera una elección general.[27]

A nivel internacional esta cuestión puede ofrecer un marco de referencia más amplio para tus problemas, y los patrones generacionales del Partido Conservador deberían proporcionar cierto alivio al Partido Republicano de Estados Unidos, también conocido como *Grand Old Party* —GOP—. Abundan los artículos sobre «La bomba de relojería generacional del GOP»,[29] y otros pretenden explicar «Por qué los *millennials* nos odian»[30] o incluso sugieren que «Darwin viene a por el GOP».[31] Niall Ferguson y Eyck Freymann, en su ensayo *The Coming Generation War*,[32] sostienen que un marco generacional es la mejor manera de entender las trayectorias que tomarán ambos partidos en el futuro, además de que a mediados y finales de 2020 puede ser el momento en el que se haga notar la ventaja demográfica de los demócratas.

No obstante, la comparación con el Partido Conservador del Reino Unido sugiere que esto está lejos de ser una certeza. Es cierto que solo el 36 % de los jóvenes de entre 18 y 29 años votaron a Trump en 2020, pero es un resultado *significativamente* mejor que el logrado entre la juventud por el Partido Conservador del Reino Unido.[33] En términos más generales, el apoyo del candidato republicano no estaba tan sesgado hacia los grupos de mayor edad, pues el 46 % de los que tenían entre 30 y 44 años votaron a Trump, frente al 52 % de los que tenían 65 años o más, un gradiente mucho más plano que en el Reino Unido. En todo caso, este patrón de edad está menos influenciado por la edad que en las elecciones de 2016.[34]

La figura 8.7 muestra una clara jerarquía generacional en el hecho de que un individuo se identifique como republicano, pero en su punto más alto la brecha entre los más viejos y los más jóvenes ha sido de unos 15 puntos porcentuales. En el Reino Unido, esa brecha es del doble. No es cuestión de descartar el reto demográfico al que se enfrenta el Partido Republicano, sino que se trata de un nuevo patrón generacional y, en un sistema bipartidista finamente equilibrado, incluso un cambio estructural relativamente pequeño en el reparto de los votos podría resultar decisivo. Pero es bueno mantener las cosas en perspectiva.

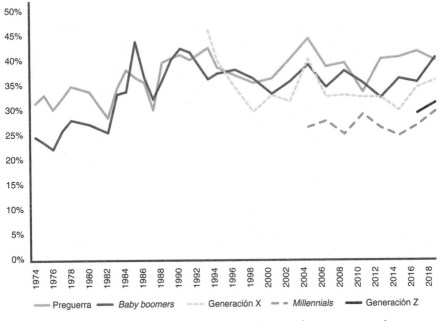

Figura 8.7. Porcentaje de adultos en Estados Unidos que se consideran republicanos.[35]

En términos más generales, Ferguson y Freymann tienen razón al destacar que un marco generacional se está volviendo cada vez más prominente en las contiendas políticas, y no solo en el Reino Unido y en Estados Unidos. Por ejemplo, las elecciones federales australianas de 2019 pusieron en primer plano la diferencia generacional. De manera inesperada, estas elecciones devolvieron al poder a una Coalición Liberal-Nacional, lo que dividió a la población por edades hasta un punto nunca visto. Menos de una cuarta parte de los menores de 35 años votaron al Partido Liberal y solo el 29 % de los mayores de 65 años eligieron al Partido Laborista Australiano, ambos mínimos históricos.[36] La campaña y los manifiestos incluyeron lanzamientos generacionales abiertos. Por ejemplo, respecto de su postura frente al presupuesto de 2019, el líder laborista Bill Shorten dijo que «hay que denunciar el prejuicio intergeneracional que el sistema fiscal tiene contra los jóvenes».[37] Que se aplique un mayor enfoque generacional en las elecciones está empezando a parecer una tendencia internacional.

¿UNA NUEVA CRISIS DE CONFIANZA?

Esta nueva división basada en la edad se presenta a menudo como si estuviera impulsada por la pérdida de la confianza de las generaciones más jóvenes, quienes rechazan un sistema político que las ha defraudado. De hecho, la «nueva crisis de confianza» es una característica de la política que aparece de forma casi constante en los informes y comentarios de los medios de comunicación. Una serie de estudios globales de Edelman, una empresa internacional de relaciones públicas que cada año hace un seguimiento de la confianza, casi siempre declara otro drástico declive; por ejemplo, «La confianza en el gobierno se hunde hasta un mínimo histórico»,[38] «Implosión global de la confianza»,[39] «Caída récord de la confianza en los Estados Unidos».[40] Y, casi con la misma frecuencia, otros informes y titulares culpan de la caída de la confianza a las generaciones más jóvenes, con títulos como «Los *millennials* han dejado de confiar en el gobierno».[41]

A menudo me invitan a dar charlas para explicar estas nuevas crisis de confianza, ya sea en la religión, la banca, las empresas, las redes sociales, las organizaciones benéficas, la policía, las universidades o, por supuesto, la política. En casi todos los casos, las pruebas que presento no son tan malas como el público espera. Como humanos, somos propensos de manera natural a prestar más atención a la información negativa —tendemos a recordar las historias y tendencias vívidas y preocupantes, especialmente cuando se refieren a nuestro propio sector o a nuestros intereses— y a recordar el pasado con más cariño que el presente. Esto significa que incluso los niveles invariables de críticas pueden parecer una nueva tendencia.

Este último punto es importante para entender nuestros niveles de confianza política, ya que nuestra falta de confianza en los políticos supone un problema, aunque es una *condición a largo plazo* más que una crisis repentina y aguda. Por ejemplo, menos de una de cada cinco personas en Gran Bretaña confía en que nuestros políticos digan la verdad, pero es el mismo resultado que hace cuatro décadas, cuando la encuesta comenzó a aplicarse. Y en lugar de creer que la disminución de la confianza sea causada por las generaciones más jóvenes, se pudo verificar que los *millennials* eran ligeramente más confiados que las generaciones más antiguas cuando entraron en la edad adulta, aunque en los últimos años esto se ha desvanecido en su mayor parte. Pero ello no quiere decir que los «acontecimientos» no tengan el potencial de afectar de inmediato a la confianza, pues, por ejemplo, el «escándalo de los gastos» del año 2000 sin duda socavó la confianza depositada en los políticos durante unos años; sin embargo, ahora estamos de nuevo en el mismo nivel —muy bajo— de confianza que vimos antes de esto. Gran Bretaña está lejos de ser el único país en el que sus líderes políticos solo gozan de la confianza que les otorga una pequeña minoría de la población. El patrón general y el nivel de confianza depositada en los políticos son similares en unos veinte países de Europa, los cuales han mostrado siempre niveles bajos durante los últimos dieciséis años y poca diferencia entre generaciones.

La verdad es que llevamos mucho tiempo decepcionados con nuestros políticos. La filósofa Onora O'Neill hace la distinción vital entre confianza y fiabilidad, y señala que «nadie sensato quiere más confianza y ya está. Las personas sensatas quieren depositar su confianza donde se la merecen. También quieren depositar su desconfianza donde se la merecen. Quieren una confianza y una desconfianza que estén debidamente orientadas».[42] Hace tiempo que pensamos que la desconfianza está bien orientada hacia los políticos, un caso que Nick Clarke y sus coautores exponen con fuerza en el libro *The Good Politician*,[43] en el cual revisan encuestas a largo plazo y la «Mass Observation» —basada en el análisis de ensayos de una sección transversal de la población— desde los años cuarenta. Señalan que, incluso en agosto de 1944, con la Segunda Guerra Mundial llegando a su punto álgido, cuando una empresa de sondeos preguntó «¿Cree usted que los políticos británicos actúan solo para sí mismos, para su partido o para hacer lo mejor para su país?», solo el 36 % de los encuestados eligió la última opción. Este punto de vista está respaldado por su análisis detallado de la opinión de la gente en cuanto a los políticos a lo largo del tiempo, el cual arrojó narrativas comunes a mediados del siglo XX que sugerían que los políticos miraban «por sí mismos» y que eran «buenos oradores» —lo cual no era un cumplido—.

Más que una nueva crisis de confianza, lo que destaca es un creciente descontento con la capacidad de los gobiernos para cumplir con lo que prometen. La figura 8.8 indica que el porcentaje de estadounidenses que dicen no tener «apenas» confianza en las personas que dirigen su gobierno aumentó hasta el 45 % en 2018, tres veces el nivel visto en 1977. Se trata de un máximo histórico, aunque esta visión a largo plazo muestra que era casi tan mala a mediados de la década de 1990 y a principios de la década de 1970 —la respuesta del público estadounidense a los ataques del 11 de septiembre hace que la tendencia a corto plazo parezca mucho peor de lo que es—. Ahora bien, este suceso no está impulsado por las generaciones más jóvenes. Al contrario, el patrón más llamativo es que los *millennials* y la generación Z entran en la edad adulta con un mayor nivel de confianza que las generaciones mayores, si bien es cierto que esto se ha erosionado rápidamente en el caso de los *millennials* en particular. La tendencia es que la confianza en el gobierno se pierde a causa de las repetidas decepciones.

Figura 8.8. Porcentaje de adultos en Estados Unidos que dicen que apenas tienen confianza en las personas que dirigen el poder ejecutivo del gobierno federal.[44]

Esta falta de confianza en los gobiernos, ¿implica una amenaza para la democracia en su conjunto? Muchos libros recientes han cuestionado la suposición largamente sostenida de que una vez que la «consolidación democrática» se ha afianzado y de que los países han desarrollado instituciones democráticas, una sociedad civil robusta y un cierto nivel de riqueza, su democracia está a salvo.[45] En cambio, estos análisis describen cómo la «recaída» democrática puede aparecer poco a poco. El Índice de Democracia de *The Economist* califica a ciento sesenta y siete países en función de factores como los procesos electorales, las libertades civiles y las culturas políticas, y en la versión de 2019 se encontró la calificación más baja que se le dio a la salud de la democracia desde que comenzó a medirse el índice en 2006.[46] En Estados Unidos, Barack Obama mencionó dieciocho veces la palabra *democracia* en su breve discurso ante la Convención Nacional Demócrata de 2020, destacando la sensación de amenaza que sentía con las siguientes palabras: «Porque eso es lo que está en juego ahora mismo. Nuestra democracia».[47]

Si bien es cierto que el peligro es real, es importante que cuestionemos algunas de las llamativas afirmaciones que sugieren que hoy en día el público está perdiendo la fe en la democracia de manera repentina y exclusiva.[48] Podremos tener una perspectiva bastante diferente si miramos el panorama a largo plazo. La figura 8.9 muestra la satisfacción que hubo con el funcionamiento de la democracia en tres países diferentes a lo largo de muchas décadas. En primer lugar, esto confirma que sí importa el país al que se está mirando. Por ejemplo, la satisfacción en cuanto a la democracia es extremadamente alta y va en aumento en Suecia, pero la situación no podría ser más diferente en España, donde se hundió tras la crisis financiera de 2008. Esto pone de manifiesto otro de los temas repetidos en este capítulo: los grandes acontecimientos sí importan. Esta sensibilidad a las crisis puede parecer un indicio de un frágil apego a la democracia, pero las tendencias también evidencian una notable resistencia a largo plazo a las crisis profundas. Por ejemplo, la confianza que tenía Alemania en la democracia se recuperó de manera notable desde los niveles extremadamente bajos que alcanzó a mediados de la década de 1990, tras la reunificación. Aunque no deberíamos restarles importancia a los riesgos a los que nos enfrentamos en la actualidad, las tendencias a largo plazo demuestran que antes las cosas ya han estado como mínimo así de mal. Las cohortes más jóvenes tienden hoy día a estar *más* satisfechas que las de mayor edad, lo que va en contra de las afirmaciones acerca de que son los jóvenes los que tardan menos en perder la fe.

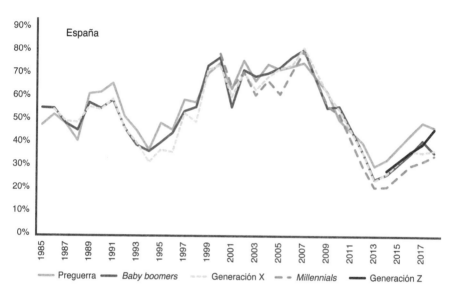

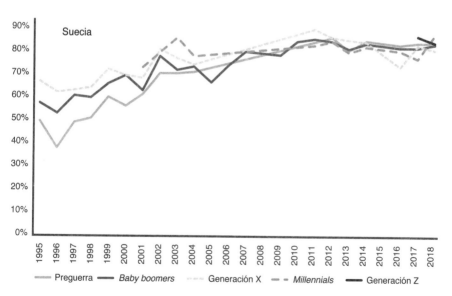

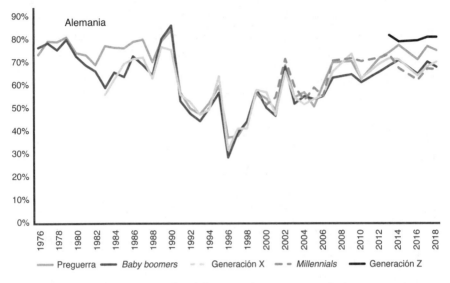

Figura 8.9. Porcentaje de adultos que dicen estar satisfechos con cómo funciona la democracia en su país.[49]

Los anteriores descensos que se produjeron en la confianza colectiva también coincidieron con una profunda preocupación por parte de políticos y comentaristas. «¿Está en crisis la democracia? Esta es la pregunta que se plantean con creciente urgencia algunos de los principales estadistas de Occidente, así como columnistas y académicos», es una cita incluida en los comentarios introductorios de *The Crisis of Democracy*, escritos en 1975 por el académico francés Michel Crozier y sus colaboradores, que bien podrían haberse escrito hoy.[50] Algunas de sus fuentes citadas encajarían fácilmente en comentarios actuales, por ejemplo: «En los últimos años, agudos observadores (…) han visto un futuro sombrío para el gobierno democrático. Antes de dejar su cargo, Willy Brandt [canciller de Alemania Occidental entre 1969 y 1974] se informó de que creía que "a Europa Occidental solo le quedan veinte o treinta años más de democracia; después se deslizará, sin motor y sin timón, bajo el mar circundante de la dictadura"». Pocos años después de que se escribiera esta frase, la satisfacción que se sentía hacia la democracia en Alemania alcanzó máximos históricos, y hoy en día, cuarenta años después, los niveles de satisfacción vuelven a acercarse a dichos niveles. Esto no quiere decir que no necesitemos reforzar el apoyo a la democracia, sino que las tendencias a largo plazo nos recuerdan que podemos ser demasiado rápidos en creer que todo está perdido.

EL ASCENSO DE LOS *MILLENNIALS*…

Strauss y Howe predijeron que los *millennials* irían al rescate de la política estadounidense. Esperaban que esa generación llegara a la edad «tan dispuesta y tan llena de energía» que trasladaría sus principios a la política como «herramienta para convertir el propósito colegial en progreso cívico». Según los autores, el alto nivel de compromiso cívico de los *millennials* iba a conllevar riesgos, ya que su «ansia juvenil de disciplina social y autoridad centralizada podría llevar a las brigadas de jóvenes *millennials* a darles peso a demagogos peligrosos», pero su poder político no era cuestionado porque «confundirían a los expertos con su enorme participación».[51] Dudo de que muchos *millennials* reconozcan este retrato de su generación.

Este puede ser un ejemplo extremo de una predicción política inexacta, pero ilustra el sinsentido que conlleva adivinar en política lo que va a pasar a largo plazo mediante el uso de caricaturas generacionales simplistas. Una conclusión clave de los datos presentados en este capítulo es que las tendencias políticas son una mezcla compleja de efectos de cohorte, ciclo vital y periodo. Los expertos políticos a menudo ignoran este hecho al preferir los grandes esquemas o temas, y esto ayuda a explicar por qué tantos expertos políticos hacen tantas malas predicciones.

Si separamos estos efectos con más cuidado y adoptamos una visión a largo plazo, podremos obtener mejores respuestas a algunas de las grandes cuestiones en el ámbito de la política. La muerte de los partidos políticos es lenta y exagerada, y puede ser revertida a causa de una serie de acontecimientos. El apoyo a la democracia no es una característica generacional; aunque veamos diferencias en la opinión que tienen los grupos sobre líderes o políticas específicas, nuestro apoyo a los aspectos fundamentales de nuestro sistema político sigue siendo fuerte. En cuanto a la desconfianza que sentimos hacia los líderes políticos, se trata de una condición crónica con la que las generaciones jóvenes crecen, en lugar de instigarla.

Sin duda, en varios países la edad y la generación son líneas divisorias más importantes de lo que lo eran en el pasado. Sin embargo, esto no se debe solo a las tendencias demográficas o culturales, sino que los partidos políticos y los líderes han desempeñado un papel en la configuración de esta tendencia. Como lo señalan Ferguson y Freymann, tiene todo el sentido del mundo que el Partido Republicano lleve la «política universitaria a nivel nacional» acusando a sus oponentes de estar obsesionados por «los espacios seguros, los *trigger warnings* y los pronombres neutros en cuanto al género», que son un «mundo paralelo y ajeno» para muchos votantes mayores.[52] Por otro lado, es comprensible que Joe Biden, siguiendo el ejemplo de Barack Obama, haya puesto tanto énfasis en atraer a la siguiente generación.

La tendencia de los partidos a depender cada vez más de determinados grupos de edad para obtener apoyo es algo que conlleva riesgos, no solo para ellos, sino para la política en general. Cuando una parte piensa que tiene la demografía de su lado, la otra responderá exagerando el extremismo de sus oponentes con el fin de atraer hacia ellos su base cada vez más reducida. Y a medida que esta caricaturización generacional vaya creciendo, cada partido tendrá cada vez más dificultades para pedirles a sus partidarios que participen en las soluciones intermedias que evitan que aumente la polarización. Esta es la raíz del creciente aspecto generacional de las guerras culturales, tanto en Estados Unidos como en el Reino Unido. Según la Resolution Foundation, están surgiendo «cerraduras generacionales» en el apoyo político, y estas son difíciles de cambiar una vez que se han establecido.[53]

Esta podría parecer una táctica política normal, pero la escala de las divisiones generacionales a las que podría dar lugar sería una barrera importante de cara a una visión colectiva del futuro. Enfrentar a los mayores con los jóvenes, aunque sea basándose en una dudosa lectura de las divisiones reales, es un camino peligroso. Todas las pruebas que hemos visto sugieren que las diferencias generacionales existentes respecto de los problemas reales no son ni de lejos tan grandes como se suele hacer creer, y que un esfuerzo político coordinado podría cambiar este panorama.

9

Consumiendo el planeta

En un discurso dirigido a líderes políticos y empresarios, el legendario conservacionista David Attenborough captó el singular desafío que supone abordar el cambio climático: «Lo que ocurra ahora y en los próximos años afectará profundamente a los próximos miles de años».[1] Por desgracia, nuestros sistemas políticos y económicos son especialmente inadecuados para hacer frente a aquellas amenazas que requieren una acción urgente para evitar consecuencias a largo plazo. Causado por las noticias que se emiten las veinticuatro horas del día, los flujos de Twitter y los mercados financieros que se desploman en segundos, no se trata de un defecto nuevo. Más bien, nuestro cortoplacismo patológico es más fundamental, y está impulsado por la forma en la que los seres humanos luchan por centrarse en el futuro.

El filósofo australiano Roman Krznaric resume con claridad el problema en *The Good Ancestor*: «Tratamos el futuro como una lejana avanzada colonial desprovista de gente en la que podemos verter con total libertad la degradación ecológica, el riesgo tecnológico y los residuos nucleares, y a la que podemos saquear a nuestro antojo».[2] Este autor establece un paralelismo con la colonización británica de Australia, que se basó en el concepto legal de *terra nullius* —«tierra de nadie»— para justificar sus acciones. Krznaric sugiere que, en la actualidad, vemos el futuro como *tempus nullius* —«el tiempo de nadie»—, para permitirnos ignorar el impacto que tienen las acciones de hoy en el mundo de mañana.

Esto no quiere decir que seamos incapaces de ver a más largo plazo. De hecho, una de las características que definen a los seres humanos es nuestra capacidad de prever el futuro y las múltiples alternativas que conlleva. Como lo describe el psicólogo Daniel Gilbert, «nuestros cerebros, a diferencia de los de casi todas las demás especies, están preparados para tratar el futuro como si fuera presente». Somos el «simio que aprendió a mirar hacia adelante».[3] Pero el hecho de que *podamos* pensar en el futuro no significa que siempre lo hagamos. Como sugiere Krznaric, existe una tensión entre nuestra capacidad de pensar «a corto y a largo plazo», y el corto plazo tiende a ganar. En términos evolutivos, el pensamiento a largo plazo es algo que todavía estamos aprendiendo a hacer. Esta idea se ve respaldada por estudios en los que las personas registraban si pensaban en el pasado, en el presente o en el futuro en el transcurso de un día. El resultado fue que, mientras que pasamos el 14 % de nuestro tiempo pensando en el futuro, el 80 % de estos pensamientos futuros se refieren al mismo día o al siguiente. Otros estudios demuestran que, más allá de los próximos quince o veinte años, nuestro porvenir parece estar en blanco.[4]

Por supuesto, una razón obvia por la que no pasamos tanto tiempo planificando el futuro lejano es que es muy difícil de controlar. John Maynard Keynes escribió en una ocasión: «No es prudente mirar demasiado lejos; nuestro poder de predicción es escaso; nuestro dominio sobre los resultados, infinitesimal. Por lo tanto, nuestra principal preocupación debe ser la felicidad de nuestros propios contemporáneos; deberíamos ser muy cautelosos a la hora de sacrificar a un gran número de personas en aras de un fin contingente, por muy ventajoso que pueda parecer».[5]

También hay un aspecto emocional en nuestra reticencia a planificar con demasiada antelación, como lo señala el escritor Nathaniel Rich: «Si los seres humanos fueran realmente capaces de tener una visión a largo plazo (...), nos veríamos obligados a lidiar con la transitoriedad de todo lo que conocemos y amamos en el gran barrido del tiempo. Así que nos hemos entrenado, desde el punto de vista cultural-evolutivo, para obsesionarnos con el presente, preocuparnos por el medio plazo y desechar el largo plazo de nuestra mente, como si escupiéramos un veneno».

Si bien es cierto que es comprensible que queramos evitar esta visión a largo plazo como individuos, nuestros sistemas políticos están *obligados* a afrontarla. El filósofo irlandés Edmund Burke veía a los gobiernos como custodios del contrato entre generaciones. Para él, la sociedad es una alianza en la ciencia, en el arte y en «toda virtud», «no solo entre los que viven, sino entre los que viven, los que mueren y los que han de nacer».[6] Los múltiples retos a los que se enfrenta nuestro planeta son la ilustración más clara de nuestra lucha por estar a la altura de este ideal burkeano. En cambio, nuestra cultura de consumo a corto plazo refuerza nuestra tendencia natural a «pensar a corto plazo» y nos distrae de los retos a largo plazo. Estos son efectos poderosos, por lo que no debería sorprender que también moldeen a las generaciones más jóvenes, pero no es lo que nos hace creer la perspectiva general que adoptan los medios de comunicación y los comentarios. Dos de los mitos generacionales más destructivos son que los jóvenes rechazan la cultura del consumo por alternativas más sostenibles y que los mayores no se preocupan por el futuro de nuestro planeta. El primero brinda una falsa sensación de confort que indica que se avecina un cambio de comportamiento que detendrá el cambio climático, mientras que el segundo descarta sin miramientos el apoyo actual y potencial de amplias franjas de la población.

Se puede entender por qué se ha impuesto el marco simplista de la «batalla de los grupos de edad», entre otras cosas porque es un tema en el que hace hincapié la propia Greta Thunberg. También ha habido algunos casos notables en los que la juventud ha actuado, sobre todo las huelgas climáticas globales que involucraron a más de 1,6 millones de jóvenes estudiantes en más de trescientas ciudades, pero los defensores del medio ambiente de mayor perfil abarcan un rango de edad tan amplio como se puede conseguir. Incluso si les echáramos un vistazo superficial a las marchas contra el cambio climático, veríamos que no es un movimiento universalmente joven; por ejemplo, en un evento que tuvo lugar en Londres, organizado por el movimiento Rebelión contra la Extinción, las personas que fueron acusadas de delitos por la Policía Metropolitana tenían entre 19 y 77 años.[7] Nuestro análisis generacional de las actitudes y los comportamientos muestra que, si bien es cierto que hay diferencias claras entre generaciones sobre determinadas medidas, a menudo son muy exageradas.

Está claro que el cambio climático es la cuestión más generacional que veremos en este libro, no porque sea una causa de división entre jóvenes y mayores, sino porque nuestra respuesta requiere una perspectiva verdaderamente generacional.

SEGUIMOS PENSANDO A CORTO PLAZO

Si empezamos por la cuestión fundamental de si la gente reconoce que el clima mundial está cambiando, una importante encuesta europea ha demostrado que no existe una división real por edades en función de si se acepta o no el cambio climático. Alrededor de la mitad de la generación de la preguerra cree que está claro que el clima mundial está cambiando. Esta cifra se eleva a cerca de seis de cada diez entre los integrantes de la generación X, la más propensa a mantener esta opinión, mientras que las generaciones más jóvenes tienden ligeramente a estar menos seguras.

No obstante, la situación varía cuando se les pregunta a los europeos si el cambio climático es un proceso natural o si lo ha provocado el hombre. Aquí hay una clara jerarquía generacional, pues algo más de la mitad de la generación Z piensa que es obra del hombre, en comparación con alrededor de un tercio de la franja de la preguerra. En contraste con gran parte del discurso, nos queda mucho para que los jóvenes acepten de manera universal que el cambio climático es antropogénico, así como para que las generaciones mayores lo nieguen de manera universal. En general, en todos los grupos de edad, incluidos los jóvenes, hay grandes porcentajes que siguen sin estar convencidos. Todo ello, a pesar de las abrumadoras pruebas que indican que el cambio existe, como que los veinte años más calurosos registrados desde 1880 se produjeron a partir de 1998[8] y que, según un consenso casi unánime —el 97 % de los climatólogos—, la actividad humana es la causa dominante.[9]

Las encuestas a más largo plazo presentan un panorama en el que la preocupación va aumentando de manera gradual y en el que existe una diferencia generacional relativamente pequeña. Por ejemplo, la figura 9.1 muestra que el porcentaje de personas en Estados Unidos que piensan que el aumento de las temperaturas mundiales causado por el efecto invernadero es muy o extremadamente peligroso ha pasado del 47 % al 61 % en los últimos veinticinco años. Existe una jerarquía generacional, ya que las cohortes más jóvenes tienen una mayor sensación de amenaza, aunque las diferencias no son enormes, puesto que los niveles de preocupación entre los *baby boomers* se han ido acercando en los últimos años, y solo la generación de la preguerra se ha quedado atrás.

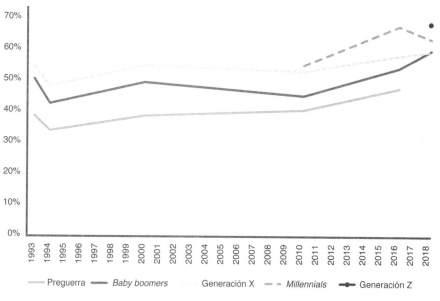

Figura 9.1. Porcentaje de adultos en Estados Unidos que piensan que el aumento de la temperatura mundial causada por el efecto invernadero es «extremadamente» o «muy» peligrosa.[10]

Se puede observar un patrón similar en una encuesta en la que se le pregunta a los ciudadanos cuáles son los problemas más importantes a los que se enfrenta su país, de entre una lista que incluye desde la economía y la delincuencia hasta los servicios sanitarios. En Gran Bretaña, durante la mayor parte de los últimos veinte años, menos del 10 % de la población mencionó las cuestiones medioambientales, lo que las situó relativamente abajo en la lista. En cambio, entre el 60 % y el 70 % de la gente eligió con regularidad los temas más importantes, ya sea la economía, los servicios sanitarios, la inmigración o el Brexit. Y la cuestión que dominó nuestras vidas en 2020, el COVID-19, fue elegida por más del 80 % de los británicos como tema principal en su momento álgido.

Estas cuestiones de «prominencia» ilustran el poder de nuestra «inclinación por el presente» en la forma en la que respondemos a las amenazas, pues los problemas a largo plazo tienden a ser inundados por los desafíos más inmediatos. Por ejemplo, cuando se produjo la pandemia, la importancia que tenían todos los demás problemas, incluidos los medioambientales, cayó en picado. Antes de la crisis del COVID-19 había indicios de que la preocupación por las cuestiones medioambientales estaba aumentando. Como se puede ver en la figura 9.2, la preocupación alcanzó su punto máximo en Gran Bretaña en 2019, debido a un aumento entre todas las generaciones, a excepción de la cohorte de la preguerra. Sin embargo, seguía teniendo una prioridad relativamente baja y similar al nivel de preocupación observado en 2007, antes de que la crisis financiera desviara nuestra atención hacia temores más inmediatos.

Figura 9.2. Porcentaje de adultos en Gran Bretaña que dicen que en la actualidad «la contaminación/el medio ambiente» es uno de los problemas más importantes a los que se enfrenta el país.[11]

Desde 2010 lleva formulándose en otro estudio internacional una pregunta similar sobre las principales preocupaciones, y algunos países muestran diferencias generacionales algo más marcadas que Gran Bretaña. En Canadá, Australia y Estados Unidos, la generación Z fue el grupo que mostraba más preocupación, seguido por los *millennials*. Alrededor de tres de cada diez personas de la generación más joven seleccionan el cambio climático como una de sus principales inquietudes, en comparación con alrededor del 15 % de los *baby boomers*. Pero, repetimos, no se trata de una clara ruptura generacional.

Esto también resulta evidente en las encuestas británicas y estadounidenses a más largo plazo, en las que se pregunta si los gobiernos deberían gastar más o mucho más en la protección del medio ambiente —Reino Unido— y si el gobierno está gastando demasiado poco en la actualidad —Estados Unidos—. De nuevo, las cohortes más jóvenes de ambos países tienden a querer que los gobiernos hagan más. Por ejemplo, en Gran Bretaña, el 54 % de la generación Z quiere que el gasto se incremente, frente al 32 % de la generación de la preguerra. En Estados Unidos, los *millennials* son la generación más propensa a pensar que el gobierno invierte demasiado poco. Sin embargo, si excluimos a la generación de la preguerra, las diferencias generacionales en Estados Unidos no son tan drásticas, lo que refleja en parte el grado de alineación política de las opiniones sobre el cambio climático en Estados Unidos. Al margen de algunos indicios que indican que los republicanos más jóvenes se están alejando de los más veteranos, las diferencias partidarias siguen siendo mayores que las relacionadas con la edad. Por ejemplo, un estudio del Centro de Investigaciones Pew muestra que solo el 52 % de los *millennials* y los republicanos de la generación Z piensan que el gobierno está haciendo demasiado poco para reducir los efectos del cambio climático, en comparación con el 90 % de *todos* los demócratas.[12]

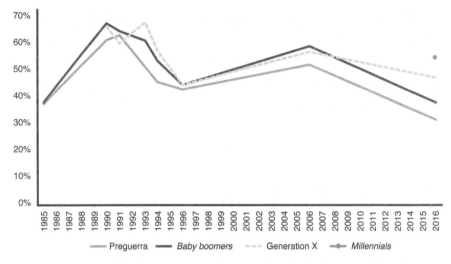

Figura 9.3. Porcentaje de adultos en Estados Unidos que dicen
que el país gasta demasiado poco para proteger el medio ambiente.[13]

No obstante, el patrón más destacado en las tendencias generales es que las demandas de gasto destinado al medio ambiente no han aumentado de forma constante y parecen ser vulnerables a preocupaciones más inmediatas. Tanto en el Reino Unido como en Estados Unidos, en la segunda mitad de la década de 1980 se produjo un repunte en las peticiones que exigían una mayor inversión, pero se desvaneció cuando llegó la recesión de principios de la década de 1990. De la figura 9.3, que recoge la opinión de Estados Unidos, se puede deducir que el impulso comenzó a crecer de nuevo en la década del 2000, pero la crisis financiera de 2008 hizo que el gasto destinado al medio ambiente volviera a ser una prioridad. Este patrón cíclico no concuerda con algunos comentarios que sugieren que «la buena noticia es que las cuestiones medioambientales parecen comportarse como si fueran temas como el matrimonio homosexual, la reforma de la justicia penal y la legalización de la marihuana», y el cambio es apoyado de manera creciente e inevitable, impulsado por los más jóvenes.[14] Como hemos visto, los patrones generacionales sobre el apoyo al matrimonio gay y la legalización de la marihuana son muy diferentes del respaldo al gasto destinado al medio ambiente, y es que estamos mucho menos seguros sobre el futuro de lo que sugiere esta interpretación.

Por supuesto, la lucha contra el cambio climático no solo tiene que ver con el gasto público, sino que, a medida que aumenta la concienciación sobre los innumerables efectos que producimos en el planeta, se ha afirmado que las generaciones más jóvenes en particular expresan su preocupación por el medio ambiente de forma más directa, y que cambian su propio comportamiento y sus pautas de consumo para reducir su impacto en el planeta.[15]

¿EL FIN DE LA CULTURA AUTOMOVILÍSTICA?

Una de las medidas medioambientales más eficaces que podemos tomar como individuos es dejar de utilizar el coche. Según un estudio sueco, esto ahorraría al año 2,4 toneladas de CO_2 por conductor, mucho más que, por ejemplo, cambiar a una dieta sin carne —que ahorra 0,8 toneladas de CO_2 por persona al año—.[16] Por eso se consideró una buena noticia que, durante varios años a finales de la década del 2000 y principios de la de 2010, los jóvenes parecieran rehuir de los coches. Por ejemplo, en 2010, los adultos de entre 21 y 34 años compraron solo el 27 % de todos los vehículos nuevos vendidos en Estados Unidos, lo que supone un descenso respecto al máximo del 38 % que se alcanzó en 1985.[17] Como es lógico, esto provocó la preocupación de los fabricantes de automóviles y una avalancha de comentarios sobre su posible significado e implicaciones. Según el periódico *The New York Times* en 2013, era «el fin de la cultura automovilística».[18] Las pruebas parecían ser contundentes en casi todos los países acomodados. En comparación con las generaciones anteriores, las cohortes más jóvenes retrasaban la obtención del carnet de conducir, tenían menos probabilidades de poseer un coche, recorrían menos kilómetros y, en algunos países, utilizaban más el transporte público.[19] Dos artículos distintos publicados en *The Atlantic* en 2012[20] ofrecían dos grupos de razones que se escondían detrás de este descenso. Por un lado, factores económicos, los cuales incluían que los jóvenes ya no podían permitirse el lujo de poseer un coche tras la crisis financiera, y, por el otro, factores culturales más amplios, como la preferencia por la vida en la ciudad, el menor interés por el estatus de la propiedad del coche, la comodidad de compartir en lugar de poseer, el mayor uso de la tecnología para conectarse con los demás, el retraso del matrimonio y de la crianza de los hijos, y una mayor preocupación por el medio ambiente.

Sin embargo, como hemos visto, los patrones que parecen cambios permanentes de cohorte pueden deberse a un retraso más que a un rechazo, y a menudo están vinculados con cambios más amplios en la forma de vivir de las generaciones. Por ejemplo, un documento de 2019[21] muestra que los *millennials* de Estados Unidos poseen un 0,4 % menos de vehículos por hogar que los *baby boomers* a la misma edad; sin embargo, después de controlar una serie de variables como los niveles de ingresos, el rendimiento académico, la geografía y la formación de la familia, esta diferencia desaparece. Podemos observar el mismo patrón en el uso del coche, pues, cuando los investigadores controlan los mismos factores económicos y de etapa vital, los datos relacionados con los «kilómetros recorridos en vehículo» demuestran que los *millennials* estadounidenses recurren *más* al coche que las generaciones anteriores. Como concluye el documento, «los resultados sugieren que, aunque la propiedad y el uso de vehículos por parte de los *millennials* puede ser menor al principio de su vida, estas diferencias son solo temporales y, de hecho, es probable que la utilización de vehículos a lo largo de la vida sea mayor».

Se han realizado estudios similares en otros países que han encontrado el mismo tipo de patrón, es decir, que los cambios en la propiedad y el uso del coche no son tan drásticos como parecen a primera vista, así como que los cambios en el estilo de vida y en el retraso de los ciclos vitales son explicaciones importantes.[22] Esto también puede verse en el análisis generacional que hemos efectuado respecto de la adquisición de automóviles. La figura 9.4 indica que la adquisición de automóviles por parte de los *millennials* irlandeses, por ejemplo, siguió aumentando a lo largo de sus 20 y 30 años hasta que, en 2018, casi igualaron los niveles de propiedad de la generación X cuando sus integrantes tenían una edad similar en 2005.

Los análisis que apuntan a un retraso en lugar de a un rechazo no han impedido que se sugiriera que a la generación Z le toca «matar la industria del automóvil», pero tales afirmaciones parecen ser principalmente el resultado del mismo patrón que siguen las generaciones más jóvenes que poseen coches en un momento más tardío de su vida. No cabe duda de que nuestra relación con los coches está cambiando, pero asegurar que se está produciendo la muerte de la cultura del automóvil es exagerado y en parte es el resultado de la confusión que provocan los efectos de periodo, de ciclo vital y de cohorte.

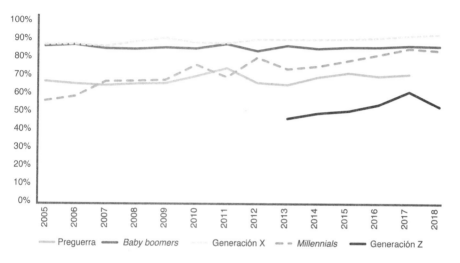

Figura 9.4. Porcentaje de adultos en Irlanda que poseen un coche.[24]

El COVID-19 y sus repercusiones económicas ya han provocado nuevas oscilaciones. La industria del automóvil fue uno de los sectores más afectados en las primeras fases de la pandemia, con unas ventas mundiales de algo más de 70 millones de vehículos nuevos en 2020, 18,5 millones menos de lo estimado a principios de año, lo que equivale aproximadamente a todas las ventas de coches nuevos en el Reino Unido, Japón y Estados Unidos juntos.[23] Los efectos a mediano plazo de la pandemia siguen surgiendo, pero los primeros indicios detectados en China apuntan a una fuerte recuperación del uso del automóvil, ya que los viajeros rehúyen el transporte público. A mediados de abril de 2020, los atascos producidos en las principales ciudades chinas eran del 90 % de los niveles anteriores al cierre, mientras que el uso del metro era solo del 50 %.[25] Los vendedores de coches no perdieron el tiempo en intentar sacar provecho de la ansiedad relacionada con el transporte público; por ejemplo, un anuncio en un periódico alemán mostraba una enorme mascarilla en la parte delantera de un Volkswagen Tiguan, con los elásticos para las orejas estirados sobre un espejo retrovisor y con el eslogan LA SEGURIDAD ES LO PRIMERO. Puede que veamos descensos duraderos en el tráfico, ya que parece que el trabajo a distancia se acabará asentando en un nivel más alto que antes del COVID, pero no tiene pinta de que un efecto a largo plazo de la pandemia sea fomentar que se use más el transporte público.

A PROPÓSITO

La exageración de la diferencia generacional sobre el consumo sostenible va mucho más allá del uso del coche. En los últimos años, los titulares de los periódicos y los comentarios han creado una imagen vívida acerca de cómo la atención que los jóvenes les prestan a los fines medioambientales y sociales ha cambiado sus patrones de consumo y ha afectado su relación con las marcas. En primer lugar, los *millennials* fueron calificados como «la generación verde»,[26] en la que «la sostenibilidad es su prioridad a la hora de comprar» y «se esfuerzan por adquirir productos de empresas que apoyan las causas que les importan».[27] Esto se trasladó rápidamente a la generación Z, ya que nos dijeron que «las marcas sostenibles y que persiguen un propósito son las que capturarán los corazones, las mentes y las carteras» de una generación que «quiere conocer sus valores, su ética y su misión».[28]

Sin embargo, no hay prácticamente ninguna prueba de que estas afirmaciones reflejen diferencias reales en las prioridades de esas generaciones. Un estudio británico ha abarcado una amplia gama de comportamientos éticos desde la década de 1990, los cuales van desde el boicot a los productos por el comportamiento de la empresa que los respalda, la elección de un producto por los principios de la empresa, la búsqueda de información sobre el grado de responsabilidad de una empresa y el hecho de pagar más por los productos de origen ético.[29] Cada comportamiento muestra un patrón similar, y es que las generaciones más jóvenes ya no son más propensas que las generaciones mayores a decir que se han comportado de esta forma, mientras que, en algunos casos, son menos propensas. Por ejemplo, frente al 16 % de los *millennials*, una quinta parte de los *baby boomers* dice haber boicoteado un producto porque la empresa no se había comportado de forma responsable. Asimismo, los de la generación X son más proclives que los *millennials* a decir que pagarían más por productos de origen ético.

Por supuesto, estos patrones pueden ser una característica propia de la edad más que de la cohorte, ya que puede que estemos más preparados para actuar según nuestros principios a medida que envejecemos, o tal vez sea porque somos más ricos y estamos más dispuestos a gastar en el tipo de productos adecuados. Sin embargo, la duración de este estudio nos permite comparar cohortes de la misma edad y obtener una visión generacional. Por ejemplo, en 1999, cuando los miembros de la generación X tenían una edad similar a la de los *millennials* en 2015, los primeros eran, en realidad, ligeramente *más* propensos a decir que elegirían un servicio de productos en función del comportamiento de una empresa —el 17 % frente al 12 % de los *millennials*—.

Parece que hay patrones similares en otros países. Un estudio europeo que empezó a medir la prevalencia del boicot a productos en 2004 confirma que es más común en la mediana edad. Alemania es un ejemplo bastante típico del patrón de varios países europeos; y como se puede ver en la figura 9.5, los de la generación X y los *baby boomers* son los más propensos a haber boicoteado un producto en los últimos doce meses. Por su parte, los de la generación Z están muy por detrás, pero, como sugiere la línea que representa a los *millennials*, este comportamiento parece aumentar a medida que vamos envejeciendo. Si bien es cierto que las afirmaciones respecto de que esta tendencia está impulsada por las nuevas oleadas de jóvenes activistas parecen equivocadas, no deberíamos restarle importancia a cuán común se está volviendo este comportamiento en algunos países. En Alemania, por ejemplo, en la última década se ha producido un aumento significativo entre todas las cohortes, excepto en la de mayor edad. Las marcas deben ser cada vez más conscientes de la acción directa de los consumidores, pero también deben reconocer que esta no está impulsada en forma exclusiva, ni siquiera principalmente, por las generaciones más jóvenes. En este sentido, la «cultura de la cancelación» parece ser más bien algo propio de la mediana edad.

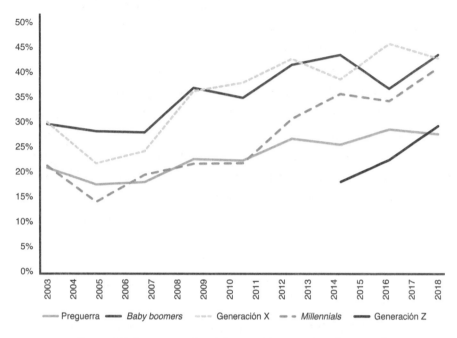

Figura 9.5. Porcentaje de adultos en Alemania que dicen que han boicoteado ciertos productos en los últimos doce meses.[30]

Con todo, las diferencias que existen entre países en cuanto a estas medidas suelen ser mayores que las que hay entre generaciones, tanto en lo que respecta a los niveles de boicot como a las tendencias, lo que supone otro ejemplo del «país antes que la cohorte». Por ejemplo, existe una gran variedad de niveles de comportamiento de boicot entre la generación X en los distintos países, así como trayectorias muy diferentes. Casi el 60 % de la generación X en Suecia ha boicoteado un producto en el último año, tras un fuerte aumento en los últimos catorce años, en comparación con menos del 10 % de la generación X en Polonia, una cifra que apenas ha cambiado en ese tiempo. En el Reino Unido, los miembros de la generación X están más cerca de los polacos que de los suecos en lo que a este comportamiento se refiere, ya que uno de cada cinco ha boicoteado un producto, una tendencia que apenas ha mostrado variaciones.

Las exageradas afirmaciones sobre el «activismo de marca» de los jóvenes reflejan cómo las agencias de *marketing* influyen en la creación y difusión de mitos generacionales. Un sinfín de informes y comunicados de prensa provoca una sensación de cambio que no está justificada por los hechos y, sin embargo, estos obtienen de manera sistemática una atención significativa. En un capítulo que comenzó con la amenaza existencial a nuestro planeta puede parecer extraño examinar estas tendencias falsas, pero en muchos sentidos esa es la cuestión, ya que nuestra cultura de consumo refleja y refuerza nuestra tendencia natural a enfatizar el corto plazo y lo novedoso, a expensas de lo lejano pero más significativo. La afirmación de que las generaciones más jóvenes huyen de esta cultura de consumo y rechazan las marcas y la publicidad no solo es errónea, sino peligrosa. Es probable que dichas generaciones estén incluso más entrelazadas en el consumismo moderno impulsado por las marcas que las de los mayores, lo que significa que un futuro sostenible gracias a la actuación de las generaciones es mucho menos seguro de lo que sugieren los mitos que se venden.

El *marketing* generacional sirve menos para descubrir las verdaderas tendencias sociales y más para ayudar a vender el valor del comercializador a las empresas, por lo que a menudo acaban encontrando problemas que, en realidad, no existen. Los artículos que afirman que la fidelidad a la marca «no es tan importante para los *millennials*»[31] ofrecen varios consejos sobre cómo hacer publicidad frente a una generación que es «notoriamente inconstante».[32] Uno de los retos que aparecen a la hora de identificar si las motivaciones y los deseos del consumidor son verdaderamente generacionales es que los datos a largo plazo necesarios para aislar los efectos de cohorte no existen en realidad, pero incluso las encuestas instantáneas muestran que no hay pruebas que respalden tales afirmaciones. Según la encuesta *Ipsos Global Trends* de 2019, por ejemplo, el 43 % de los *millennials* y de los de la generación Z dicen que siempre intentan comprar productos de marca. Con una cifra del 32 %, los *baby boomers* parecen menos interesados. También hay poca diferencia entre la generación X, los *millennials* y la generación Z en cuanto a si son «más propensos a confiar en un nuevo producto si está hecho por una marca que ya conocen»; tres cuartas partes de cada generación están de acuerdo, mientras que los *baby boomers* se muestran ligeramente más escépticos.

No solo se exagera con que esté muriendo la lealtad a la marca a causa de las generaciones. También se suele plantar la idea de que la publicidad tradicional no impresiona a las cohortes más jóvenes mediante afirmaciones como que «solo el 1 % de los *millennials* dijo que un anuncio convincente lo haría confiar más en una marca».[33] Como es lógico, no es aconsejable sacar conclusiones en cuanto al impacto que tiene la publicidad basándose en las actitudes declaradas por nosotros mismos, ya que no somos buenos identificando y comunicando nuestras reacciones, y hay grandes diferencias entre las intenciones que manifestamos y las acciones que llevamos a cabo. Como suele ocurrir con las investigaciones que buscan titulares, este estudio también examina las opiniones de los *millennials* de forma aislada, pasando por alto la alta probabilidad de que podamos ver resultados similares en todas las generaciones. De hecho, cuando la investigación se realiza sobre toda la población, la generación Z y los *millennials* dicen prestar *más* atención a la publicidad que otras cohortes. Hay un gradiente de edad bastante claro, el cual se aplica a varios tipos de medios de comunicación, en el que las generaciones más jóvenes dicen que hacen más caso. Por ejemplo, el 52 % de la generación Z dice prestarles al menos un poco de atención a los anuncios que salen en el cine, en comparación con el 48 % de los *millennials*, el 41 % de la generación X y tan solo el 31 % de los *baby boomers*. Y no es solo que las generaciones más jóvenes sean más propensas a fijarse en los anuncios en una mayor variedad de medios de comunicación, sino que son más proclives a decir que les *gustan* los anuncios. Por ejemplo, el 35 % de los integrantes de la generación Z asegura que le gustan los anuncios que aparecen en el móvil, en comparación con el 19 % de los *baby boomers*.

Una afirmación similar que se repite es que, en el caso de los *millennials*, las recomendaciones personales, más que la publicidad, son la clave a la hora de decidir qué comprar. Los titulares típicos incluyen sentencias audaces como «Los *millennials* confían en las personas más que en las marcas»[34] y llaman a esta generación *líderes en las recomendaciones de boca a boca*.[35] A primera vista, esto parece corresponderse con la investigación, ya que los *millennials* dicen estar más influenciados por las redes sociales, los compañeros que conocen, los líderes de opinión y los expertos de lo que aseveran otras generaciones.[36] Pero, de nuevo, es un despiste, pues los más jóvenes tienden a decir que están más influenciados por *todas* las fuentes, incluida la publicidad tradicional. Los datos de Estados Unidos, por ejemplo, muestran que los *millennials* afirman recurrir a un conjunto de recursos más variado antes de tomar decisiones en cuanto a qué marca comprar. Es cierto que los *millennials* estadounidenses son más propensos a decir que están influenciados por los expertos, la familia y los amigos que la generación X y los *baby boomers*, pero también tienden más a decir que están influenciados por las comunicaciones de las empresas, ya sea a través de los medios tradicionales o de internet.[37] El tema subyacente aquí parece ser un mayor uso de múltiples fuentes en vez de que las recomendaciones personales sustituyan a las comunicaciones tradicionales y a la publicidad. Las generaciones más jóvenes *no* rechazan en absoluto estas herramientas clave del consumismo.

UN PROYECTO A LARGO PLAZO

Nuestra cultura consumista está estrechamente ligada tanto a nuestra dependencia del pensamiento a corto plazo como al reconocimiento lento y parcial de la gravedad de la emergencia medioambiental a la que se enfrenta el planeta. Según Al Gore, «las instituciones que gobiernan han sido subyugadas por intereses creados que están obsesionados con el beneficio a corto plazo y no con la sostenibilidad a largo plazo».[38] Según George Monbiot, esto crea una «economía caníbal» que socava el futuro.

Sin embargo, detrás de esta cuestión subyace la característica humana más general de sentirse atraído por lo inmediato y por el presente, así como nuestra correspondiente lucha por centrarnos en el largo plazo. En palabras de Monbiot: «Era más fácil [para la gente] fingir que la ciencia estaba equivocada y que sus vidas eran correctas antes que aceptar que la ciencia era correcta y que sus vidas estaban equivocadas».[39] *Podemos* pensar a largo plazo, pero no nos resulta fácil, además de que estamos rodeados de un contexto económico y político que lo desaconseja.

Teniendo en cuenta estas fuerzas y el poder que pueden ejercer, no debería ser una sorpresa que las generaciones más jóvenes no se hubieran liberado del todo. Es cierto que, según algunas mediciones, los jóvenes muestran una mayor preocupación por el medio ambiente, pero las diferencias no son enormes y no se han traducido en comportamientos notablemente más sostenibles. La impresión que deriva de infinidad de artículos y análisis es la de una ruptura generacional limpia. Esto no solo es engañoso, sino también peligroso, ya que sugiere que podemos confiar en que los jóvenes exijan a los gobiernos que actúen y tomen medidas directas.

El hecho de que se ponga el foco de atención en los jóvenes también exagera de manera extrema la falta de preocupación que sienten los mayores. Siento el mismo malestar que la socióloga y escritora Anne Karpf por el «edadismo irreflexivo» que se ha colado en algunas representaciones del movimiento ecologista. La cantante Billie Eilish, perteneciente a la generación Z, dijo en una entrevista: «Espero que los adultos y los ancianos empiecen a escucharnos [sobre el cambio climático]. Los ancianos van a morir y no les importa que muramos, pero nosotros todavía no queremos morir».[40] Esta forma de expresarlo, que resulta especialmente contundente, refleja una actitud más general que caricaturiza a cohortes enteras de la población mayor como personas despreocupadas por el medio ambiente o por las generaciones futuras. Esto no solo es erróneo, sino que también ignora el creciente peso demográfico y el poder financiero de la población mayor. El apoyo a un futuro más ecológico depende de la unión entre las generaciones, no de su división. Existen formas claras de hacerlo, empezando por incluir a los mayores en la conversación sobre el cambio climático y apelando a la mayor atención al «pensamiento de legado» que desarrollamos a medida que vamos envejeciendo. Como sugieren los gerontólogos Elizabeth Hunter y Graham Rowles, «pocos de nosotros nos sentimos cómodos con la idea de que vivimos, morimos y ya está. Queremos creer que hay un propósito en la vida y que dejaremos algún tipo de huella (…). Este es el terreno fértil del que brota el deseo de legado».[41]

Necesitaremos toda la ayuda posible para mantener la atención sobre el cambio climático después de la pandemia de COVID-19. En las primeras etapas de nuestra intervención, los científicos tenían la esperanza de que los «confinamientos» en todo el mundo darían lugar a una reducción significativa de las emisiones de CO_2. En un principio esto parecía justificado, ya que en abril de 2020 las emisiones mundiales se redujeron en un 17 % con respecto al año anterior. Pero ese optimismo duró poco, ya que incluso la vuelta parcial a la normalidad aumentó las emisiones de forma significativa, pues en junio solo habían disminuido un 5 % con respecto al año anterior y se preveía una reducción de entre el 4 % y el 7 % en todo el año 2020.[42] Teniendo en cuenta los increíbles cambios que se han producido en nuestras vidas, como dice Bill Gates, «lo sorprendente no es lo mucho que bajarán las emisiones a causa de la pandemia, sino lo poco que lo harán».[43]

Por supuesto, los efectos más importantes del COVID-19 se verán a largo plazo, y hay algunos signos alentadores al respecto. Invertir en un crecimiento más sostenible es un elemento central de varios de los planes emergentes «Build Back Better» llevados a cabo en los países e instituciones. Por ejemplo, el fondo de recuperación de la «próxima generación» de la UE propone que el 25 % del gasto de la UE se reserve para gastos que sean respetuosos con el clima.[44] Sin embargo, estos planes no deberían darse por sentados. Otro tema que trata nuestro análisis a largo plazo es la facilidad con la que las preocupaciones medioambientales quedan relegadas por prioridades más inmediatas, especialmente durante las crisis económicas que aumentan nuestra atención en el aquí y ahora.[45] Está a punto de hacerse aún más difícil pensar a largo plazo.

10

Nosotros y ellos

El pensamiento generacional tal como lo entendemos hoy es una forma relativamente nueva de explicar el cambio social. Muchas de las obras fundacionales fueron escritas durante los turbulentos años que siguieron a la Primera Guerra Mundial, un acontecimiento que «cavó un abismo entre las generaciones».[1] No es de extrañar, pues, que el conflicto esté en el mismísimo núcleo. Queda claro en la rabia irreversible del prefacio de Wilfred Owen a sus *Poemas*, ante «la voluntad de los viejos de sacrificar a los jóvenes»:[2]

> Mi tema es la guerra y la pena de la guerra. La poesía está en esa pena. Pero estas elegías de ninguna manera pueden ser un consuelo para la presente generación. Tal vez lo sean para la siguiente. Todo lo que un poeta puede hacer hoy es alentarlos.[3]

Este mismo sentimiento también afectó profundamente a sociólogos y filósofos que intentaban dar sentido a las consecuencias de la Primera Guerra Mundial en el tema de las relaciones entre generaciones. El filósofo español José Ortega y Gasset, por ejemplo, creía que la historia era una serie de épocas en las que cada nueva generación se consideraba heredera de un valioso legado o nacida para destruirlo.[4] Karl Mannheim también consideraba que el conflicto era fundamental para la formación y la actuación de las generaciones. Según él, en primer lugar, una generación necesita tener experiencias comunes y una identidad compartida que creen algún tipo de afinidad. Reflejando las ideas sobre la formación de clases y el conflicto, sugiere que este sentido de identidad lleva a competir con otros, de manera que una generación no es solo una identidad social coherente «en sí misma», sino «para sí misma».[5]

Esta formulación también corrompe muchos debates recientes que giran en torno a las relaciones generacionales y según los cuales el futuro ha sido «robado» por una generación y debe ser recuperado a la fuerza por otra. Como hemos visto a lo largo de este libro, esta actitud no refleja la forma en la que la mayoría del público ve las relaciones intergeneracionales. Y hay al menos una razón obvia para esta discrepancia entre la teoría y la observación. Nuestros vínculos familiares, tanto en las generaciones anteriores como en las posteriores, siguen siendo más fuertes que nuestras relaciones con nuestros grupos de iguales. Esto puede parecer una obviedad, pero suele estar extrañamente ausente del tipo de comentarios que enfrentan a una generación con otra, lo cual lleva a análisis bastante absurdos, como un artículo de la revista alemana *Der Spiegel* que presentaba el conflicto entre viejos y jóvenes como un problema importante en la crisis financiera, ya que los mayores vivían a expensas de los jóvenes, y agregaba que «ya es hora de que la próxima generación salga a las calles para enfrentarse a sus padres».[6]

Por otra parte, también hay otros obstáculos que tienden a limitar el conflicto generacional. En particular, la edad es una característica especialmente problemática en la que basar la división —en comparación con la clase, el género o la etnia—, ya que es inevitable que *todos* pasemos por las diferentes categorías de edad. Sabemos, por ejemplo, que el apoyo prestado a las personas mayores es un indicador de lo que recibiremos cuando seamos viejos, así que lo más seguro es que seamos un poco más cautos a la hora de ir a la guerra en su contra. Por supuesto, nuestra pertenencia generacional es una característica que *no* cambia. Como hemos visto, lo más seguro es que muchas de nuestras generaciones de personas mayores de hoy en día hayan tenido un mejor trato que el que tendrán las futuras generaciones de ancianos, pero es probable que nuestros incesantes ciclos vitales sigan dándonos motivos para detenernos.

La opinión acerca de que los conflictos generacionales graves son inminentes o están justificados pone de manifiesto nuestra tendencia a explicar los fenómenos como consecuencia de un único factor; en este caso, un efecto generacional. Aun así, como ya dijimos, comprendemos mejor las sociedades cambiantes en las que vivimos cuando desmenuzamos los efectos de cohorte, de ciclo vital y de periodo. El análisis que hacemos de la naturaleza, el alcance y el potencial del conflicto generacional se enriquece cuando reconocemos cada uno de los siguientes elementos: que el interés propio generacional es real, pero que también está moderado por el amor que sentimos hacia nuestros abuelos, padres, hijos y nietos; que la inevitabilidad de nuestros ciclos vitales significa que tenemos una conexión con los grupos de mayor edad basada en el interés propio, que no tenemos a través de otras divisiones sociales; y que los efectos de periodo pueden alterar la relación entre generaciones de manera significativa. En cuanto a esto último, ya hemos señalado la separación sin precedentes de las generaciones en comunidades cada vez más diferenciadas. En este capítulo, veremos este cambio reflejado en una separación de nuestras vidas digitales. El potencial que tienen los periodos en los que el cambio tecnológico es rápido para aumentar la importancia y la dificultad de mantener las conexiones intergeneracionales fue reconocido por Mannheim a principios del siglo xx, y no deja de ser igualmente relevante hoy en día.

Si observamos estos efectos en conjunto, podemos ver que no es la guerra intergeneracional lo que más nos debe preocupar, sino el alejamiento de los grupos de edad. Esto potencia los estereotipos que exageran las divisiones entre generaciones y significa que nos perdemos una serie de beneficios positivos que nos otorgan las conexiones generacionales.

¿NUESTRA GENERACIÓN?

Pero empecemos con la primera pregunta generacional de Mannheim, que es si nos identificamos como parte de «nuestra generación». El Centro de Investigaciones Pew estudió esta cuestión en Estados Unidos en 2015 y descubrió que muchos de nosotros lo hacemos, aunque depende de la generación a la que pertenezcamos.[7] En un extremo del espectro, solo el 40 % de los *millennials* dicen identificarse con esa etiqueta, en comparación con el 58 % de la generación X y el 79 % de los *baby boomers* —esta encuesta era demasiado temprana como para comprobar si los de la generación Z se identificaban como tales—. Teniendo en cuenta estos resultados, no es de extrañar que muchas personas, especialmente los *millennials*, se consideren a sí mismas como pertenecientes a generaciones diferentes de la que dicta su año de nacimiento, y es que un tercio de los *millennials* estadounidenses consideran que pertenecen a la generación X —puede que seamos una generación olvidada, pero, para muchas personas, sigue siendo mejor que ser un *millennial*—. Admiro especialmente el descaro del 8 % de los *millennials* que se definen como parte de la «generación grandiosa», la etiqueta empleada en Estados Unidos para quienes nacieron en la década de 1920 o antes. Estoy seguro de que no se trata de un intento de reivindicar el mérito de haber luchado en la Segunda Guerra Mundial o de haber vivido el impacto de la Gran Depresión, pero si se les pide que elijan una etiqueta generacional, ¿por qué no optar por la que ostenta el calificativo «grandiosa»?

La encuesta del Centro de Investigaciones Pew le pregunta a las personas en qué medida creen que el término se aplica a ellos, y el patrón es similar. El 70 % de los *baby boomers* piensan que los describe bien, el 38 % de la generación X piensa lo mismo sobre su etiqueta, al igual que el 30 % de los *millennials*. Así, pues, aunque varía según los grupos, la identidad generacional, incluso resumida en simples etiquetas, no es trivial. Cuando un estudio británico le preguntó a la gente qué diría que es lo más importante de su identidad —sin incluir su familia o su trabajo— si se tuviera que presentar ante alguien, las respuestas principales fueron sus intereses, valores y opiniones. Sin embargo, lo siguiente más importante fue su «edad o generación» por delante de su nacionalidad, y muy por delante de la clase social, la etnia y la religión. Si bien es cierto que esta pregunta combina la edad y la generación en una sola categoría, sugiere que, para nosotros, el momento en que nacimos es un indicador importante de nuestra identidad.[8]

A primera vista, también parece que tenemos una fuerte imagen de las características clave de otras generaciones. En una encuesta realizada en treinta países para este libro, las cinco características más y menos importantes elegidas para cada generación muestran los rasgos distintivos que la gente asocia y no asocia con cada una, como se puede ver en la figura 10.1. Y estas no son grandes noticias para la generación Z. En el lado positivo, la mitad de los encuestados dice que los miembros de la generación Z son expertos en tecnología, pero eso es lo único positivo que figura en un top cinco que incluye los calificativos «materialistas», «egoístas», «vagos» y «arrogantes». Es verdad que la generación Z no está bien situada desde el punto de vista económico, e incluso puede ser justo decir que todavía no está centrada en el trabajo —después de todo, muchos de ellos todavía están estudiando—, pero lo más grave es que muy poca gente los ve orientados a la comunidad, respetuosos o éticos.

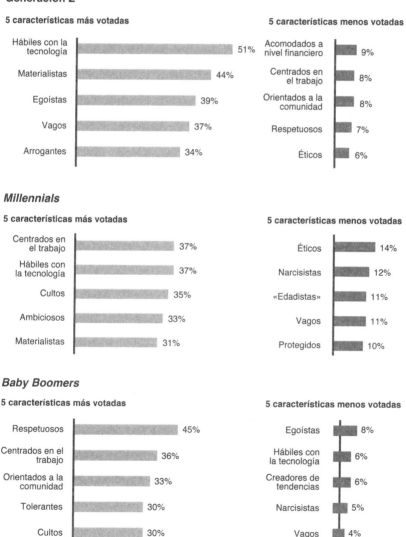

Generación Z

5 características más votadas

Hábiles con la tecnología	51%
Materialistas	44%
Egoístas	39%
Vagos	37%
Arrogantes	34%

5 características menos votadas

Acomodados a nivel financiero	9%
Centrados en el trabajo	8%
Orientados a la comunidad	8%
Respetuosos	7%
Éticos	6%

Millennials

5 características más votadas

Centrados en el trabajo	37%
Hábiles con la tecnología	37%
Cultos	35%
Ambiciosos	33%
Materialistas	31%

5 características menos votadas

Éticos	14%
Narcisistas	12%
«Edadistas»	11%
Vagos	11%
Protegidos	10%

Baby Boomers

5 características más votadas

Respetuosos	45%
Centrados en el trabajo	36%
Orientados a la comunidad	33%
Tolerantes	30%
Cultos	30%

5 características menos votadas

Egoístas	8%
Hábiles con la tecnología	6%
Creadores de tendencias	6%
Narcisistas	5%
Vagos	4%

Figura 10.1. Características percibidas acerca de las generaciones.[9]

Tal vez cause sorpresa que, dada la imagen de la «generación Yo» y del «copo de nieve» que se les impone, los *millennials* reciban menos críticas. Al igual que la generación Z, también se los considera hábiles con la tecnología y materialistas, pero a continuación se les atribuyen características más positivas, como que están centrados en el trabajo y que son cultos y ambiciosos. Una vez más, al igual que la generación Z, no se los ve como personas éticas, pero tampoco como narcisistas, antisociales, vagos o protegidos.

No obstante, ni siquiera este informe positivo puede competir con los elogios que reciben los *baby boomers* por ser respetuosos, por estar centrados en el trabajo y en la comunidad, por ser tolerantes y por haber recibido una buena educación, y casi nadie piensa que sean egoístas, narcisistas o vagos. Es cierto que no se los considera expertos en tecnología ni creadores de tendencias, pero ese es un pequeño precio a pagar a cambio de una imagen tan positiva. Esto puede sorprender a los *baby boomers*, que han visto en las redes sociales cómo lo «están arruinando todo». Sin embargo, encaja con cómo se ven a sí mismos, al menos en Estados Unidos. En otro estudio se les preguntó a las generaciones si tenían una visión favorable de la suya y de las demás, y los *baby boomers* fueron, con diferencia, los más positivos, pues el 83 % dijo que era favorable a su propia generación, en comparación con el 53 % de la generación X y el 57 % de los *millennials*.[10]

Así, pues, está claro que la generación Z es el eslabón débil. Los propios miembros están de acuerdo con esta caracterización, pues los cinco calificativos principales que se ponen a sí mismos como generación son casi idénticos a los que les atribuye la población en general, y son hábiles con la tecnología, materialistas, vagos, ambiciosos y egoístas. Así que, teniendo en cuenta este contraste en las características generacionales, ¿está la sociedad destinada a caer en picado porque una generación joven y venal sustituye a las honorables cohortes de mayor edad? ¿Seguro que este grupo más joven se llevará consigo al menos algunas de sus distintivas y atroces deficiencias a lo largo de su vida?

Los *millennials*, en cambio, parecen haber dado un giro completo a su imagen. Hicimos las mismas preguntas sobre los *millennials* y los *baby boomers* en 2017, y la figura 10.2 compara lo que la gente pensaba de los *millennials* entonces con lo que creía dos años después. Esta generación ya había establecido sus credenciales de ser hábiles con la tecnología en 2017, pero su imagen actual es la de individuos centrados en el trabajo, cultos y ambiciosos, cuando hace dos años se los veía como materialistas, egoístas, vagos y arrogantes. Si bien es cierto que solo hay dos años entre un estudio y otro, los resultados muestran una notable transformación en cómo la población percibe el carácter de esta generación.

Millennials en 2017 versus 2019

Top 5 rasgos de los *millennials* en 2017		Top 5 rasgos de los *millennials* en 2019	
Hábiles con la tecnología	54%	Centrados en el trabajo	37%
Materialistas	45%	Hábiles con la tecnología	37%
Egoístas	39%	Cultos	35%
Vagos	34%	Ambiciosos	33%
Arrogantes	33%	Materialistas	31%

Figura 10.2. Características percibidas sobre los *millennials* en 2017 y en 2019.[11]

Por supuesto, pensar que se trata de un «renacimiento generacional» de los *millennials* es lo mismo que pensar que la generación Z está destinada a ser la peor considerada de la historia. Ambos patrones no son más que un reflejo de nuestra eterna denigración de los jóvenes. En el estudio de 2017 era un poco pronto como para preguntar por la generación Z, ya que todavía estaban apareciendo como una cohorte y una etiqueta reconocibles. Por aquel entonces, los *millennials* eran la última generación que se había identificado, así como una abreviatura de *joven*. En cuanto la generación Z se convierte en una opción, les trasladamos a sus integrantes los estereotipos negativos que tenemos sobre la juventud de forma casi idéntica, lo que se puede apreciar si nos remontamos a la figura 10.1. Nuestras aparentes divisiones generacionales sobre cómo nos vemos no son nada de eso, sino que son clichés basados en la edad que no se mantienen con el tiempo.

Más allá de nuestra tendencia a juzgar a la gente joven de manera negativa, la mayoría nos vemos unos a otros como personas bastante decentes. *Millennials* incluidos.

Esto no es tan trivial y obvio como parece. En primer lugar, a las generaciones se las suele etiquetar como portadoras de una característica particular, y luego se espera que la lleven consigo toda la vida. Por ejemplo, según algunos análisis generacionales de alto nivel, se suponía que los *millennials* eran «narcisistas» o «buenos ciudadanos», dependiendo de a quién se escuchara. En segundo lugar, aunque en este libro hemos visto que los *millennials* suelen ser muy similares a las cohortes jóvenes anteriores, de verdad me esperaba que la imagen negativa quedara adherida a la etiqueta «*millennial*». Siempre he sentido simpatía por ellos, y por el palo doble que sufren al vivir circunstancias difíciles y al ser denigrados a una escala sin precedentes. Cuando vi los resultados, me sorprendió que no los hubiera seguido su mala reputación.

Esta es una buena noticia, ya que sugiere que la población no cree la visión simplista de que generaciones enteras pueden resumirse en una o dos palabras para el resto de su vida. Por otro lado, significa que podemos esperar que los titulares de las revistas de la «generación Yo» continúen dedicándoles palabras a cada nueva cohorte de jóvenes *para siempre*, y es que es increíble cuán susceptibles somos de creer que la juventud de hoy en día es peor que cualquier versión anterior. Un artículo de un periódico estadounidense publicado en 1969 se refería a la generación —ahora santa— de los *baby boomers* en términos similares: «Con toda esta petulancia, autosuficiencia y autocompasión, existe la tentación de regañar a los jóvenes. Pero, a decir verdad, la juventud estadounidense actual ha cometido un gran crimen contra ella. Es la generación peor educada de nuestra historia».[12] Que no te extrañe ver un artículo muy similar en 2069.

COHORTES QUE DESCONECTAN

Una de las principales razones por las que los *millennials* han tenido que aguantar tanto es que crecieron justo cuando nuestras vidas se volvieron digitales. La explosión de las redes sociales nos dio un nuevo canal en el que compartir estereotipos superficiales mediante memes y ciento cuarenta caracteres o menos. Estas tecnologías no solo han facilitado que nos quejemos unos de otros, sino que también han hecho que las distintas generaciones vivan en espacios digitales cada vez más separados.

Una señal que indica que estas nuevas tecnologías se han convertido en algo central en nuestras vidas, sobre todo el *smartphone*, se puede apreciar en las interminables encuestas que preguntan a qué preferiríamos renunciar. Según un titular, «Uno de cada diez *millennials* preferiría perder un dedo antes que renunciar a su *smartphone*».[13] Cuatro de cada diez estadounidenses dicen que renunciarían a su perro o a su pareja durante un mes antes que a su móvil,[14] dos de cada diez afirman que renunciarían a su cepillo de dientes —*puaj*— o a sus zapatos —¿?— durante una semana[15] y, dependiendo de qué dudosa encuesta se elija, entre un tercio y la mitad de la gente renunciaría al sexo entre una semana y tres meses.[16] Hay preguntas menos especulativas y más significativas sobre nuestro comportamiento real con respecto a los móviles que también ilustran nuestro apego hacia ellos. Según estas, cuatro de cada diez estadounidenses duermen con el móvil al lado de la cama, y una proporción similar dice que siempre o a menudo se mete en internet o utiliza aplicaciones a los diez minutos de despertarse.[17]

La velocidad con la que los teléfonos inteligentes se han convertido en el centro de nuestras vidas también queda clara en la figura 10.3. En 2008, casi nadie tenía acceso a los móviles en Gran Bretaña; hoy en día, tener uno es algo casi universal entre la generación Z, los *millennials* y la generación X. Los miembros de la generación Z no han conocido otra cosa, mientras que las experiencias que los *millennials* han tenido a lo largo de su vida adulta han ido variando. Alrededor de siete de cada diez *baby boomers* británicos poseen un *smartphone*, mientras que la generación de la preguerra ha seguido en aumento hasta alcanzar el 30 %. Aunque es probable que estas últimas estadísticas se deban tanto a lo difícil que es conseguir un teléfono «tonto» hoy en día como al atractivo que puede ejercer un teléfono inteligente.

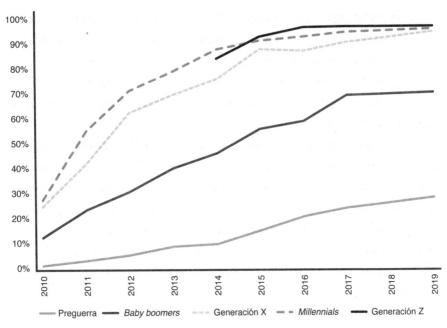

Figura 10.3. Porcentaje de adultos en Gran Bretaña que tienen un smartphone.[18]

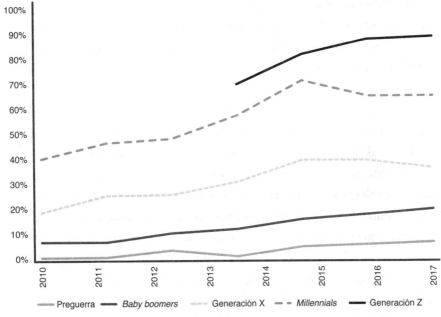

Figura 10.4. Porcentaje de adultos en Francia que usan las redes sociales todos los días.[19]

No parece que haya una gran separación entre las generaciones, pero las diferencias en cuanto a cómo las distintas cohortes *usan* los móviles son mucho mayores de lo que sugieren las mediciones que indican quiénes tienen uno. Por ejemplo, Ofcom, el organismo regulador de las comunicaciones en el Reino Unido, realizó en 2016 una encuesta sobre cuánto tiempo se usa la tecnología, que mostró que cada semana los *millennials* pasaban una media de casi 1500 minutos —alrededor de 25 horas— con los móviles, en comparación con menos de la mitad en el caso de la generación X. El grupo de mayor edad, de 55 años o más, empleaba la mitad del tiempo que la generación X, con una cifra de alrededor de 300 minutos a la semana. Así pues, aunque los británicos *millennials* y los que pertenecen a la generación Z solo tienen un 30 % más de probabilidades que sus padres y abuelos de poseer un móvil, se pasan cinco veces más tiempo utilizándolo.[20]

No es solo la intensidad con la que se echa mano del teléfono lo que varía entre generaciones, sino también el tipo de cosas que hacemos cuando estamos conectados. En concreto, el uso de las redes sociales es uno de los aspectos que veremos en este libro que más diferencias genera. Utilizando a Francia como ejemplo, la figura 10.4 muestra que nueve de cada diez miembros de la generación Z recurren a las redes sociales todos los días, mientras que solo el 7 % de la generación de la preguerra tiene esa costumbre. Los *millennials* están bastante por detrás de la generación Z, y la generación X está un poco más abajo. Finalmente, a diferencia de lo que ocurre con el hecho de tener un móvil, los *baby boomers* están mucho más cerca de la generación de la preguerra que las cohortes más jóvenes.

Las diferentes formas en las que jóvenes y mayores interactúan a través de la tecnología son el origen de una desconexión clave en la vida real. Cuando unos académicos italianos entrevistaron a personas mayores en el marco de un estudio sobre los estereotipos basados en la edad en cuanto al uso del móvil, una persona de 79 años dijo lo siguiente de su sobrino nieto de 13: «Lo veo, me dice "¡hola, tita!", lo saludo y… ¡para abajo! Se inclina sobre el móvil y entonces se acaba la conversación».[21] Pero, por supuesto, es muy probable que el niño de 13 años *siga* manteniendo una conversación, solo que no con su tía abuela. Esta capacidad de estar físicamente presente pero constantemente conectado en otro lugar es nueva. Es una capacidad que nosotros, las generaciones mayores, podríamos haber deseado durante aquellas visitas aburridas a los familiares, aunque tiene consecuencias para la conexión intergeneracional.

No es solo que las diferentes generaciones tengan distintos niveles de uso de las redes sociales, sino que también están en plataformas diversas. Cada una de estas tiene su propio perfil generacional, como podemos ver en la figura 10.5, basada en el análisis de un conjunto de datos extraídos de treinta mil entrevistas efectuadas por Ipsos en Gran Bretaña en el año 2019. Snapchat, por ejemplo, tiene un gradiente generacional particularmente pronunciado, pues la mitad de la generación Z dice que usa la plataforma, en comparación con solo el 16 % de los *millennials*, el 5 % de la generación X, el 1 % de los *baby boomers* y tan solo el 0,1 % de la generación de la preguerra. El uso de Instagram también está muy sesgado hacia los jóvenes, pero Facebook, Twitter y WhatsApp tienen perfiles de usuario mucho más fijos entre generaciones; mientras que los de la generación Z son siete veces más propensos a tener un perfil en Instagram que los *baby boomers*, solo son el doble de proclives a utilizar WhatsApp o Facebook.

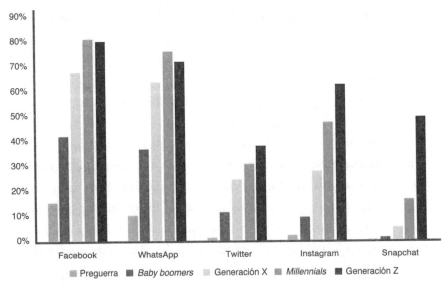

Figura 10.5. Uso de plataformas de redes sociales entre los adultos de Gran Bretaña.[24]

Por supuesto, el uso de determinadas tecnologías y plataformas por parte de diferentes generaciones es increíblemente fluido y habrá vuelto a cambiar para cuando leas esto. Facebook es un buen ejemplo. Comenzó en 2004 como algo exclusivo para estudiantes universitarios, pero en pocos años el foco de los comentarios ha pasado de la pregunta «¿Es Facebook para la gente mayor?»[22] a la respuesta «Facebook es oficialmente para la gente mayor»[23] con la misma rapidez. A primera vista esto parece un error, ya que las generaciones más jóvenes siguen siendo las más propensas a utilizar la plataforma. Sin embargo, la intensidad con la que dichas generaciones hacen uso ha disminuido de manera considerable. No es de extrañar, pues, que al encontrarnos en un momento en el que los espacios digitales son vitales para que los jóvenes exploren sus identidades individuales y de grupo, tenga sentido que se alejen de las plataformas en las que la generación de sus padres publica cada vez más fotos y mensajes embarazosos. El envejecimiento de la «aplicación azul» ha provocado una inevitable respuesta satírica por parte de los jóvenes; por poner un ejemplo, dos veinteañeros estadounidenses han creado un «grupo en el que todos fingimos ser *boomers*» en Facebook, que cuenta con casi trescientos mil miembros.[25] El contenido es una mezcla de despotriques políticos escritos en mayúsculas —«MI ABUELO SE OLVIDÓ DE LLAMARME EL DÍA DE MI CUMPLEAÑOS. GRACIAS, OBAMA»—, de consultas médicas repugnantes —«¿Buenos remedios caseros para los temblores anales?»—, de un uso inapropiado de las artes gráficas —«TOM SE DIVORCIA DE MÍ», colocado sobre una imagen en la que aparecen globos de fiesta— y de *gifs* de Minions. Si bien es cierto que la mayoría de las veces es una diversión satírica, también es un caso práctico sobre la rapidez con la que pueden aparecer estereotipos más oscuros en el mundo digital y segmentado en el que vivimos. Los administradores del grupo han admitido que a veces les cuesta moderar los fuertes matices homófobos y racistas de muchos de los mensajes atribuidos a los *baby boomers*. Aunque puede haber elementos de verdad en este tipo de representaciones, exageran el grado de separación cultural entre las generaciones en el mundo real y muestran la facilidad con la que los estereotipos extremos se pueden arraigar en internet.

LOS *CORONIALS* SE ALZAN...

La crisis del COVID-19 ha dado un impulso no deseado a estos clichés generacionales, ya sea en forma de memes sobre los *baby boomers* que acaparan rollos de papel higiénico o que se niegan a usar la mascarilla, o del egoísmo de la «generación Yo» al seguir saliendo de fiesta y quejándose. Como decía un titular del *Daily Telegraph*: «La autocompasiva generación *woke* necesitaba una guerra, y con el coronavirus la ha conseguido».[26]

Sin embargo, el potencial de la pandemia para aumentar la división generacional va más allá de los comentarios sensacionalistas. De todos los tipos posibles de crisis globales, es difícil pensar en una con características que pongan más a prueba la conexión intergeneracional. Esto comienza con la división literal de las diferentes generaciones a través de confinamientos y restricciones que nos han mantenido separados. Hemos aprendido un nuevo lenguaje sobre «protección», «caparazón», «cuarentena autoimpuesta» y «burbujas». Dado que la enfermedad supone un riesgo mucho más grave para la gente mayor, ha sido este grupo el que ha tenido que ser especialmente cauto, lo que ha acentuado la tendencia a la separación. La actriz británica Joan Collins tuiteó que un aspecto particularmente dañino de esta situación es «reforzar la creencia existente entre la población en general (...) de que los ancianos deben mantenerse al margen de todo».

No obstante, estas restricciones insólitas que han alterado nuestra forma de vivir tendrán un impacto a largo plazo que afectará, sobre todo, a los jóvenes, debido a la interrupción de su educación y al impacto económico que se avecina. En Irlanda, más de la mitad de los jóvenes de 18 a 24 años que tenían un empleo antes de la pandemia de coronavirus solicitaron el subsidio de desempleo en el verano de 2020, en comparación con poco más del 20 % de los trabajadores de 25 a 34 años.[27] En Gran Bretaña, los jóvenes de 16 a 25 años eran el doble de propensos a perder su empleo que los trabajadores de más edad, mientras que seis de cada diez vieron cómo disminuían sus ingresos.[28] Y esto es antes del impacto económico a largo plazo, la «cicatriz» del desarrollo profesional y económico que sabemos que afectará más a los jóvenes que a los mayores.[29]

El impacto diferencial en las generaciones va más allá de la educación y el empleo, y se extiende a las relaciones sociales y a la salud mental, en parte debido a las diferentes condiciones físicas de vida de los distintos grupos de edad. Por ejemplo, como vimos en el capítulo 2, a los grupos de mayor edad les costó menos tener acceso a una vivienda que a las generaciones más jóvenes, hasta el punto de que un informe sobre las condiciones de vida en Inglaterra durante la pandemia concluye que las viviendas de los mayores son doblemente espaciosas. Según los resultados, los mayores de 65 años tienen cincuenta metros cuadrados por persona, frente a los veintiséis metros cuadrados de los jóvenes de 16 a 24 años. El mismo informe revela también que los jóvenes ingleses tienen tres veces más probabilidades que los mayores de vivir en una casa con humedad, y más de una y media de no tener jardín o de vivir en un barrio abandonado o saturado.

Con todo, a pesar de estas diferencias tan reales que ha habido en las vivencias de cada uno, ninguna de las caricaturas causadas por el conflicto intergeneracional representa el comportamiento real que se produjo durante el confinamiento. El periodista James Ball lo resumió claramente en un tuit: «Los *millennials* y la generación Z apoyan el confinamiento en gran medida para proteger a *otros*: padres, abuelos, personas vulnerables de su edad, etc. El confinamiento tiene un alto coste para ellos, y lo soportan de buen grado. Burlarse de ellos como si solo temieran por ellos mismos es un golpe bajo que no acierta».[30] Esto también se ve reflejado en las reacciones que han tenido muchas personas en los grupos de mayor edad. La editora de la cadena de televisión Channel 4, Dorothy Byrne, de 67 años y con problemas médicos subyacentes, escribió lo siguiente en *The Guardian*:

En las últimas semanas, me han conmovido profundamente los sacrificios que están haciendo los más jóvenes (…), la sociedad está participando en un ejercicio extraordinario para mantener vivos a los que son como yo. En mi propia calle, mucha gente ha perdido su trabajo (…). A tres de mis encantadores y jóvenes vecinos se les dijo enseguida que los iban a desalojar. Uno podría esperar que las personas que se enfrentan a las dificultades se repliegan sobre sí mismas; en cambio, vinieron y me preguntaron si podían hacerme la compra. Se suele hablar de la división intergeneracional en Gran Bretaña. De hecho, uno lee constantemente que los jóvenes están resentidos con los mayores (…). Pero nunca me he tragado ese discurso que enfrenta a un grupo de edad con otro. Los jóvenes están resentidos con una clase política que les ha fallado, sí, pero no están resentidos conmigo.[31]

Otros señalaron que las personas mayores también estaban profundamente preocupadas por los jóvenes, así como que las medidas que todos estábamos adoptando para proteger a los grupos de mayores no eran solo el resultado de nuestro amor por cada miembro, sino también del valor que aportan a la sociedad, como se indica en una carta a *The Times*:

¡Señor, ayuda! Hoy he abierto el periódico y me he encontrado una carta de mi madre de 81 años (…) en la que anunciaba que preferiría que una persona más joven se hiciera cargo de su respirador en caso de que enfermara gravemente de COVID-19. Aunque estoy a favor de los testamentos vitales y de las decisiones acerca de la vida y la muerte, debo recordarle a mi madre que todavía da clases de Matemáticas, dirige su comunidad de vecinos, atiende de urgencia a los perros y nietos, y hace unos pasteles de Navidad insuperables. Los mayores de 80 años se han vuelto muy nobles ante el coronavirus y subestiman su valor para la sociedad. No los protegemos solo por amor, sino que también los necesitamos.

Estas historias y perspectivas individuales son fundamentales para contrarrestar algunos de los estereotipos que se han impuesto. Veremos muchos informes, evaluaciones e investigaciones en los meses y años venideros sobre lo que ocurrió exactamente durante la pandemia, pero mientras tanto es importante no ceder a una falsa sensación de división entre viejos y jóvenes. En palabras de Alex Evans, autor de *The Myth Gap*: «Este es un momento en el que los primeros borradores (…) cuentan mucho (…); las historias crean nuestra realidad tanto como la describen, y pueden convertirse con demasiada facilidad en profecías que se acaban cumpliendo, sobre todo en condiciones de gran incertidumbre. Por ello, es muy importante que alimentemos las historias que cuentan cómo se están uniendo las generaciones (…) y se junten para apoyar una agenda nueva, esperanzadora y compartida».[32] Esto puede ayudar a establecer el tono para lo que viene y cómo podríamos trazar nuestro camino de vuelta a la recuperación.

Es crucial que adoptemos una perspectiva generacional sobre la crisis y sus consecuencias, pero actualmente se está planteando de forma muy simplista. Como no es de extrañar, ya ha comenzado la carrera por poner etiquetas generacionales a la pandemia. Hemos tenido los *coronials*, una mezcla entre las palabras *coronavirus* y *millennials*; los *illenials*, un juego de palabras entre *ill* —enfermo— y *millennials* —lo cual no tiene mucho sentido, puesto que el impacto en la salud física de los jóvenes es en gran medida mínimo—; los *quaranteens*, una unión entre *quarantine* y *teens*, es decir, *cuarentena* y *adolescentes* —esta me gusta bastante—; y, como era de esperar, una relacionada con la tecnología, la *generación Zoom*, por la aplicación para hacer videoconferencias. Por supuesto, es demasiado pronto como para jugar a este juego absurdo en una crisis que, sin duda, dará forma a las generaciones de maneras que aún no podemos ver.

Desconfío mucho de este tipo de nombres que se les han asignado a las generaciones. Sin embargo, no estoy para nada de acuerdo con la sugerencia de que el COVID-19, lejos de ser un acontecimiento generacional, es «lo más cercano a un efecto de periodo homogéneo y constante que podríamos observar».[33] Uno de los rasgos definitorios de la pandemia ha sido la forma en la que los distintos grupos han experimentado sus consecuencias, sin olvidar que la edad ha sido un factor clave. De hecho, este es el acontecimiento más generacional de toda nuestra vida, ya que el momento en el que nacimos ha desempeñado un papel fundamental en la configuración de cómo nos hemos visto afectados hasta ahora, y esto seguirá siendo así en los próximos años. Esta caracterización de la pandemia como un efecto de periodo uniforme no entiende nada de cómo funcionan los impactos generacionales.

A lo largo de toda la atención prestada a los grupos de edad durante la pandemia de COVID-19 habrás notado que, como es habitual, la gente de mediana edad ha quedado al margen casi por completo. Es obvio que estamos en el meollo de la cuestión, haciendo malabarismos con los niños, los padres y el trabajo en casa, pero no somos el foco principal de la amenaza sanitaria a corto plazo ni de las implicaciones a largo plazo. Así, pues, no es de extrañar que algunos intentemos aprovechar esa posición de «hijo mediano olvidado» para poder centrarnos en nuestras verdaderas pasiones, como sugería un tuit que decía lo siguiente: «Yo primero abriría los bares solo para personas de 35 a 45 años. No se puede confiar en que los jóvenes no se vuelvan tontos, y los ancianos corren el riesgo de contagiarse. Un claro punto favorable de la edad en el cual confiar. El resto manteneos a salvo en casa, por favor, dadnos un mes para comprobar que es seguro salir».[34]

CONSTRUIR CONEXIONES EN UNA ÉPOCA DESCONECTADA

Mientras escribo esto, las vacunas que protegen contra el COVID-19 se están extendiendo por todo el mundo. Aunque las señales son alentadoras, no estoy seguro de cómo será el mundo dentro de unos meses. Pero, por el bien de todos, espero que las vacunas y los tratamientos que hemos desarrollado a un ritmo vertiginoso permitan que las generaciones vuelvan a mezclarse pronto con total libertad. Se ha demostrado una y otra vez que mantener las conexiones personales entre grupos de edad es increíblemente importante, tanto a nivel personal como a nivel social. Los estudios antropológicos que analizan la mezcla de edades entre niños y adultos muestran que los niños mayores que pasan tiempo con los más jóvenes aprenden a ser cariñosos, mientras que los más jóvenes aprenden a ser menos dominantes, y, a su vez, ambos grupos se benefician de pasar tiempo con adultos externos a su familia. En cambio, los niños que solo juegan con otros de su misma edad son más propensos a ser competitivos.[35]

Como parte de sus ocho etapas del desarrollo adulto, Erik Erikson acuñó el término *generatividad* para describir la preocupación que sienten las personas mayores por su responsabilidad de establecer y guiar a la siguiente generación.[36] Marc Freedman sugiere que nuestro interés en el legado puede provenir, en principio, de nuestro deseo de transmitir nuestros genes, pero «a medida que avanzamos y superamos la mediana edad, la generatividad madura y se convierte en una preocupación más amplia por la siguiente generación, por todos los niños que nos sobrevivirán». Erikson contrasta la generatividad con la preocupación por uno mismo, la incapacidad de ver más allá de un narcisismo que niega nuestra propia mortalidad y que nos impide vernos como parte de algo más grande. David Brooks habla de cómo pasamos de centrarnos en las «virtudes del currículum», las «habilidades que puedes aportar al mercado», a las «virtudes del elogio», aquellas por las que queremos ser recordados. En sus palabras: «Aunque hayas sido amable, valiente, honesto o fiel, ¿fuiste capaz de amar profundamente?».[37]

En el capítulo 2, destacamos la importancia que tiene invertir la segregación por edad en el lugar donde vivimos, así como los pequeños pasos que ya se están dando para volver a unirnos. Muchas otras iniciativas intentan aumentar el contacto significativo entre los grupos de edad a la vez que ofrecen servicios comerciales, como esos programas que se encargan de encontrar habitaciones libres en las casas de las personas mayores para ofrecérselas a los jóvenes universitarios; por ejemplo, Nesterly, en Boston, es un claro ejemplo de estos servicios.[38] John W. Gardner, antiguo secretario de Salud, Educación y Bienestar de los Estados Unidos, desarrolló la idea de un programa llamado *Experience Corps* para conectar a las personas mayores con las escuelas primarias públicas. Fue puesto en marcha en los años noventa por sus colaboradores Marc Freedman y Linda Fried, y se centra en ayudar a los alumnos a leer para cuando llegan al tercer curso. Freedman dice que a menudo le preguntan si era un cuerpo diseñado para aportar la *experiencia* de los mayores en beneficio de los jóvenes o si era un cuerpo diseñado para proporcionar a los mayores *experiencias* útiles y significativas, a lo que él respondía «sí y sí».

The Cares Family es un grupo de redes comunitarias en el Reino Unido que representa otra visión de este mismo equilibrio de beneficios, con la misión de «encontrar la conexión en una época desconectada». Su fundador, Alex Smith, describe cómo se le ocurrió la idea en 2010. Cuando se presentó como candidato a las elecciones municipales, salió a hacer campaña y conoció a Fred, un vecino de 84 años que llevaba tres meses sin salir de casa. Alex empujó a Fred en su silla de ruedas hasta el colegio electoral, y al día siguiente volvió para ayudarlo a cortarse el pelo. A medida que los dos se hacían amigos, quedaba claro que se trataba de una relación mutua de verdad, pues Fred se sentía menos solo gracias a sus interacciones con Alex, quien a su vez se sentía más conectado con su comunidad. The Cares Family comenzó en el norte de Londres antes de abrir sucursales en Manchester, Liverpool y el norte y este de Londres. En total, las iniciativas han puesto en contacto a veintidós mil personas en programas que reducen el aislamiento, mejoran las relaciones entre generaciones, ayudan a los individuos a sentirse más felices y más cerca de su comunidad, y les hacen ver que tienen a alguien en quien confiar en momentos de necesidad. Estas iniciativas cuidadosas y meditadas son inspiradoras, pero no suficientes frente a la poderosa tendencia que nos separa. Merecen más apoyo, y los gobiernos deben tomar más la delantera y empezar a ver la conexión entre los grupos de edad como un objetivo fundamental.

Los esfuerzos de estos emprendedores sociales contrastan con el uso oportunista del discurso centrado en el conflicto generacional con el fin de sembrar la división. El documental de 2010 de Steve Bannon, *Generation Zero*, es un buen ejemplo de ello. Es una película extraña que a menudo duele verla en el sentido literal, con una música dramática a todo volumen y unos vídeos intercalados rápidamente de soles que se ponen, mariposas que salen de los capullos, disturbios y estatuas de Cristo en la cruz. El mensaje principal, que se centra en la falta de responsabilidad y previsión que condujo a la crisis financiera de 2008, es aceptable, aunque no sorprendente.

Sin embargo, la película relaciona las causas y las consecuencias de la crisis con la tesis que aparece en el libro *The Fourth Turning*, escrito por

Strauss y Howe, con la finalidad de culpar de la crisis al liberalismo de la generación de los sesenta y señalar un inevitable ajuste de cuentas. A través de la fuerte caricaturización de generaciones y épocas, se construye una sensación de decadencia y fatalidad inminentes, y es que parece ser que la década de 1990 fue una época de «malos modales» y «cinismo». El documental es la culminación de una larga línea de pensamiento que comienza con la «hipótesis de la frecuencia cardiaca» de la historia, desarrollada por una serie de filósofos y sociólogos a finales del siglo xx y que «buscaba las regularidades del ritmo universal de las generaciones».[39] Este ha sido considerado el extremo más radical del pensamiento generacional, en su intento por «imponer ritmos biológicos a los fenómenos sociohistóricos».[40] Pero Strauss y Howe convirtieron esta idea del ritmo universal en la profecía de un inevitable desenredo, en la cual se apoyó Bannon para su inquietante documental.

El problema de este enfoque no es solo la burda asignación de estereotipos a grupos enteros de personas, o incluso la lectura selectiva de la historia para que encaje en una narrativa, sino también la idea de que esta crisis inminente es inevitable. Esto elimina cualquier sentido de autonomía sobre cómo podríamos cambiar nuestro curso y cae víctima de nuestra inclinación a creer siempre que estamos al borde del caos. Como escribe el autor y académico británico Noel Annan, «todos los generacionalistas creen que su propia generación está perdida».[41]

La realidad es que el cambio generacional es una mezcla inevitable de armonía y tensión en la que está incorporado alguna clase de conflicto. Ortega sugiere que «el concepto de generación es el más importante de toda la historia», precisamente porque constituye el mecanismo por el que «la historia se mueve, cambia, rueda y fluye».[42]

En la práctica, la falta de resentimiento real entre generaciones se debe en parte a la fuerza del amor que hay entre ellas. El estudio de Harvard sobre el desarrollo en adultos —Harvard Study of Adult Development— se inició en 1938 y siguió a individuos de muy diversos orígenes durante más de tres cuartos de siglo. Una de las conclusiones a las que se llegó destaca por encima de las demás, y se trata de que las relaciones son el ingrediente crucial del bienestar, sobre todo a medida que envejecemos. George Vaillant, el profesor de Harvard que dirigió el estudio durante cuatro décadas, sostenía que «la felicidad es amor. Punto».[43] Y esto es especialmente cierto cuando el amor se extiende a través de las generaciones, y es que las personas de mediana o más edad que cuidan de la siguiente generación tienen tres veces más probabilidades de ser felices que las que no lo hacen. Puede parecer una idea acogedora más, pero la importancia de estos roles en nuestra sociedad está recibiendo cada vez mayor atención, y esto no hará sino acentuarse con la crisis del COVID-19. Bill Gates, por ejemplo, sugirió que introdujéramos un «impuesto a los robots» para financiar la formación y el empleo de personas que puedan desempeñar estas funciones. En sus propias palabras: «Tenemos que hacerlo mejor a la hora de llegar a las personas mayores, tener clases más pequeñas, ayudar a los niños con necesidades especiales. En todas estas cosas, la empatía y la comprensión humanas siguen siendo muy, muy singulares. Y todavía nos enfrentamos a una inmensa escasez de personas que estén dispuestas a ayudar».[44]

Marc Freedman ha señalado cómo las actividades que reúnen a las generaciones hacen que cada dólar se «gaste dos veces», pues ambas generaciones se benefician de ello. Sin embargo dice que, «a la larga, el amor puede ser lo que más importe (…), cada emoción también se siente dos veces». Nuestra separación forzada durante la pandemia ha dejado aún más claro lo que nos falta, y es el contacto, no el conflicto.

11

¿El final de la línea?

Para ser una película navideña tan amable y tierna, *Qué bello es vivir* de Frank Capra aborda algunos temas muy oscuros. Gran parte de la primera mitad de la película se centra en la asfixia de la vida pueblerina mientras vemos cómo los intentos de George Bailey por escapar de ella se ven frustrados por su sentido de la obligación. George parece ser de una época diferente a la de su despreocupado hermano menor. Es un arquetipo de una «generación cívica» criada en la América de antes de la guerra —«nació mayor», como le dice su padre—. De manera inevitable, a medida que va avanzando en su vida entra en una crisis de mediana edad de la que solo puede sacarlo la intervención divina —o una gran crisis nerviosa que causa alucinaciones, según el punto de vista—. Al final de la película acepta su destino, marcado por la edad y las circunstancias en las que nació.

El estímulo que llevó a la revelación de George fue ver cómo su pequeña ciudad de Bedford Falls habría sido diferente sin él. Al final, *Qué bello es vivir* es convincente porque esta visión de una realidad alternativa plantea grandes preguntas antes de responderlas de una forma tranquilizadora y navideña. ¿Cómo se construyen nuestro carácter y nuestra trayectoria vital a partir de las experiencias formativas que vivimos? ¿Y qué aportamos al mundo antes de irnos para siempre?

Resulta que la presencia de George cambió muchas cosas. Salvó la vida de su hermano, que a su vez salvó a todo un pelotón de hombres durante la guerra. Evitó que un farmacéutico desconsolado —que acababa de recibir la noticia de que su hijo había muerto en la pandemia de gripe española— envenenara a un cliente sin querer. Salvó el alma de su ciudad al impedir una corrida bancaria producto del pánico.

La historia de George encarna los tres mecanismos clave del cambio que hemos visto en este libro, es decir, cómo nuestras vidas y actitudes varían a medida que envejecemos, cómo los acontecimientos individuales pueden trastocarlo todo para poblaciones enteras y cómo las circunstancias en las que crecemos nos moldean a lo largo de nuestra vida. La vida de George, como la de todos nosotros, es una mezcla de estos efectos de ciclo vital, de periodo y de cohorte. Sus luchas reflejan la tensión a la que todos nos enfrentamos, esto es, entre crearnos nuestro propio camino o conformarnos con las formas existentes de hacer las cosas, y la película muestra cómo el hecho de afrontar nuestra mortalidad agudiza nuestro pensamiento sobre lo que es importante y respecto de la diferencia que podemos marcar.

No todos podemos ser George y tener una evidencia tan clara de que importamos. Pero podemos aferrarnos a un mayor sentido de nuestro legado colectivo como generaciones que de nuestra herencia como individuos. De hecho, nos esforzamos por ello. Se puede ver en la rapidez con la que pensamos en lo que nuestra generación «dio al mundo» o en lo que podría lograr. Aspiramos a ser la «generación que acabe con la pobreza en el mundo».[1] Queremos que las generaciones futuras miren hacia atrás para ver cómo hemos respondido al COVID-19 y, como apuntó la reina Isabel II en su discurso a la Mancomunidad de Naciones al principio de la crisis, reconozcan que nuestra generación fue «tan fuerte como cualquier otra».[2] A veces también hacemos un llamamiento a otras generaciones para que marquen la diferencia, como cuando Greta Thunberg sostiene que es responsabilidad de los adultos de hoy en día salvar el planeta del desastre provocado por un cambio climático que puede determinar el futuro de ella.

POR QUÉ LAS GENERACIONES IMPORTAN

Las perspectivas generacionales son poderosas porque se entrelazan con los fundamentos de la existencia humana y el cambio social; mientras los individuos nacen, viven y mueren, la sociedad fluye, cambia poco o mucho por la presencia de nuestra cohorte, y luego por su ausencia. Hemos visto a lo largo de este libro cómo grandes pensadores se han centrado en esto como si fuera *el* mecanismo de progreso social. Auguste Comte identificó a la generación como un factor clave en «la velocidad básica del desarrollo humano». El filósofo insistió en que «no debemos ocultar el hecho de que nuestro progreso social descansa fundamentalmente en la muerte; es decir, que los pasos sucesivos de la humanidad requieren necesariamente una renovación continua (...) de una generación a otra».[3]

Sin embargo, no todo está determinado por este proceso de renovación generacional. Todos los grandes pensadores generacionales han reconocido el poder que tienen los acontecimientos en la configuración de nuestro futuro, así como el papel que desempeñan los ciclos vitales en la creación de tensiones intergeneracionales. A diferencia de otros análisis generacionales, mi objetivo en este libro no ha sido demostrar que la diferencia generacional es lo *único* que importa a la hora de entender cómo cambian las sociedades, pues la verdad suele resistirse a esos discursos tan simples. En realidad, las sociedades cambian a través de la interacción entre los efectos de cohorte, de ciclo vital y de periodo, ya que cada uno es poderoso y ninguno es automáticamente más importante que los demás. Pensar con más detenimiento en cada uno de ellos nos ayuda a entender cómo nos formamos como individuos y cómo cambian las sociedades. Nos ayuda a acabar con los mitos sobre las generaciones individuales y a separar las afirmaciones y los estereotipos exagerados que hay sobre los cambios sumamente significativos. Asimismo, indica lo que deberíamos hacer para construir el futuro que queremos.

Tomar una perspectiva generacional no sustituye a las medidas socioeconómicas como la clase o los ingresos, pues todas ellas son útiles para entender el mundo y cómo está cambiando. No obstante, estudiar la interacción que se crea entre el momento en el que se nace y las circunstancias en las que se nace pone de manifiesto nuevos patrones, incluidos algunos de los cambios más importantes que se han producido en la sociedad. Por ejemplo, sin una perspectiva generacional sería imposible identificar el impacto voluble que podría tener la desigualdad en las oportunidades que se nos van presentando a lo largo de nuestras vidas. En definitiva, una perspectiva generacional de verdad —separando con cuidado los efectos de cohorte, de ciclo vital y de periodo en lugar de suscribir clichés simplistas— nos proporciona nuevas perspectivas sobre algunos de los mayores problemas a los que nos enfrentamos hoy en día y nos indica cómo debemos reaccionar. Al repasar el libro, destacan siete temas clave.

LOS FALSOS ESTEREOTIPOS GENERACIONALES ALIMENTAN UNA FALSA GUERRA GENERACIONAL

Nuestra susceptibilidad ante los estereotipos es la trampa más común en la que caemos cuando hablamos de la diferencia generacional. Los escabrosos ejemplos de jóvenes que se comportan mal durante la pandemia puede que consigan que la gente haga *clic* en el enlace, pero tergiversan la increíble conformidad con la que jóvenes y mayores se han enfrentado a restricciones difíciles. El pensamiento generacional nos ayuda a entender por qué vemos con naturalidad a los jóvenes como si fueran más propensos a comportarse mal, y es que la última generación *siempre* será una «invasión de bárbaros» en nuestras culturas y prácticas. El mero hecho de reconocerlo nos ayuda a evitar caer en los tópicos de una minindustria de consultores generacionales, titulares de *marketing* y libros sensacionalistas. Estos pueden parecer triviales por separado, pero juntos son destructivos.

Del mismo modo, adoptar una perspectiva generacional nos enseña que debemos desconfiar de los pánicos morales sobre las nuevas tecnologías, pues siempre que una innovación con la que no crecimos sea identificada como la causa de un nuevo problema, debemos mostrarnos escépticos hasta que veamos pruebas sólidas. Por ejemplo, aceptar la simple sentencia de que los teléfonos inteligentes y las redes sociales son los responsables del aumento de los trastornos mentales entre los jóvenes nos llevaría a buscar las respuestas en el lugar equivocado y a dejar de tomar medidas más eficaces, aunque menos directas.

Si bien es cierto que la tendencia abrumadora es atribuir estereotipos negativos a los jóvenes, es igualmente importante resistirse a los que son positivos en exceso. El modo en el que Strauss y Howe ensalzan la ola de jóvenes *millennials* supercívicos es un ejemplo obvio, pero hay varios que son más importantes. El mito que enuncia que nuestras generaciones más jóvenes están más centradas en actuar de forma sostenible o con un propósito social que las generaciones anteriores es arriesgado, ya que lleva a suponer que habrá un aumento inevitable de la preocupación y de la acción medioambiental a medida que constituyan un mayor porcentaje de la población total. Esto no solo da una falsa sensación de seguridad, sino que también nos anima a desestimar la aflicción que sienten las personas mayores por el futuro de las siguientes generaciones y del planeta.

Esta tendencia a estereotipar incluye la caracterización de las generaciones más jóvenes como *woke*. Si bien es cierto que no hay duda de que las generaciones más jóvenes siguen tendiendo a adoptar opiniones más liberales en los debates culturales clave, no hay nada en los datos que indique que se hayan convertido de repente en una tribu cultural diferente. De hecho, hemos visto cambios generacionales mucho más rápidos en los últimos años. Recordar que los efectos de cohorte son solo una de las formas en las que las sociedades cambian nos ayudará a identificar de manera correcta por qué está ocurriendo ahora esta retórica de las «guerras culturales», y es que se trata, en gran medida, de un efecto de periodo en el que nuestra política polarizadora y los medios sociales han creado una sensación de diferencia más fuerte de lo que está justificado.

Las caricaturas de dicha diferencia exagerada a menudo existen puramente como comentarios hechos para llamar la atención de la gente, pero se fomenta en ambos lados de la división política. Tiene sentido que los partidos con una base de votantes cada vez más antigua quieran llevar la «política universitaria a nivel nacional» y que los del otro lado exageren la virtud de los jóvenes, pero ambas estrategias alimentan el pretencioso sentido de la diferencia generacional, eluden a las minorías significativas que no tienen estos puntos de vista y dan la falsa sensación de que solo podemos viajar en una dirección entre generaciones. En cambio, como hemos visto, hay flujos y reflujos a lo largo del tiempo que actúan en respuesta a los acontecimientos y a la forma en la que las personas cambian a lo largo de su ciclo vital.

LA PÉRDIDA DE CONEXIÓN ES NUESTRO MAYOR RIESGO, NO EL CONFLICTO

Sin duda, el aumento de los estereotipos y de la tensión es, en parte, el resultado de cómo hemos permitido que las generaciones se distanciasen, tanto física como digitalmente, en un grado nunca visto en nuestra historia. Esto no solo se suma a estas tendencias negativas, sino que significa que estamos perdiendo los beneficios significativos de interactuar con diferentes grupos de edad.

Por estas razones, deberíamos centrarnos más en fomentar la conexión intergeneracional que en las iniciativas puntuales de los empresarios inspirados. Por una parte, nos hemos distanciado por elección, pero también por la falta de atención del gobierno y de la planificación. La separación impuesta por la necesidad de responder ante la pandemia del COVID-19 no ha hecho más que poner de relieve lo que nos falta, además de proporcionar un sinfín de ejemplos de cómo las generaciones se han apoyado unas a otras de manera instintiva. Reflexionar sobre cómo restablecer y reforzar la conexión intergeneracional debería ser un elemento clave en nuestros planes de recuperación.

Puede parecer una tarea ardua, dado el poder de las tendencias que nos separan, pero algunos gobiernos han empezado a comprometerse con el reto. En 2014 y 2015, Singapur llevó a cabo un enorme ejercicio de consulta sobre la creación de un «plan de acción para envejecer con éxito»,[4] que culminó en un plan de tres mil millones de dólares, una de cuyas líneas clave es crear un «*Kampong* [pueblo] para todas las edades», es decir, hacer un esfuerzo para construir «una sociedad cohesionada con armonía intergeneracional». El programa abarca mucho más que el contacto intergeneracional, ya que incluye el transporte, la educación y el empleo entre muchas otras cosas, pero se centra, sobre todo, en el acercamiento entre las edades. La experiencia de Singapur hasta la fecha demuestra que no será fácil hacerlo bien y que tardará en dar sus frutos, pero también que es posible marcar la diferencia.

Mientras tanto, debemos establecer conexiones más fuertes entre las generaciones en la forma de abordar los retos sociales que tenemos en común. En todo el mundo hay un creciente interés por las técnicas de la democracia deliberativa, que reúnen a toda la población a través de métodos como las asambleas de ciudadanos para debatir y decidir sobre cuestiones clave. Estas herramientas pueden ser formas muy eficaces de salvar las diferencias generacionales e incluso de animarnos a conectar con las generaciones futuras. Por ejemplo, el profesor Saijo Tatsuyoshi y sus compañeros de la Universidad Tecnológica de Kochi han desarrollado un enfoque sencillo pero eficaz llamado *diseño del futuro*, en el cual se pide a los ciudadanos que desempeñen el papel de las generaciones futuras en debates sobre todo tipo de retos políticos, desde el suministro de agua hasta la vivienda pública. El impacto es claro, y es que el simple hecho de imaginarnos como generaciones futuras reduce nuestra atención a las prioridades inmediatas.[5]

EL RETRASO DE LOS CICLOS VITALES ESTÁ CAMBIANDO EL CURSO DE LA VIDA DE LAS NUEVAS GENERACIONES

Es fácil pasar por alto la importancia que tienen los efectos de ciclo vital entre los relatos generacionales que se nos transmiten, pero ejercen una fuerza extraordinariamente poderosa sobre nuestras actitudes y comportamientos. Una y otra vez, las cohortes que comienzan moviéndose en una dirección muy diferente a la de las generaciones anteriores se ven arrastradas hacia un curso de vida muy trillado. Pero también es fundamental reconocer que estas corrientes del ciclo vital han ido cambiando y se han producido transiciones más tardías para las últimas generaciones de jóvenes gracias a un efecto de «adultez retardada». Este es uno de los grandes cambios de nuestro tiempo, así como el resultado de todo tipo de cambios significativos que tienen lugar en el mundo y a los que se enfrentan los jóvenes. La prolongación de los estudios, el estancamiento de los salarios, la precariedad laboral, el aumento de la deuda y el incremento de los costes de la vivienda, todo ello sirve para retrasar las etapas clave de la vida. Esto es más el resultado de unas circunstancias difíciles que una nueva época de exploración o una elección activa realizada por una generación «mimada».

La adultez retardada también es responsable de muchos de los conceptos erróneos que giran en torno a las nuevas generaciones en todo tipo de aspectos, desde la propiedad de un coche hasta la vida sexual o el hábito de fumar en la edad adulta temprana. En muchas de estas tendencias vuelven a alinearse con cohortes anteriores, solo que más tarde, lo cual es el resultado del cambio de circunstancias más que de las características innatas de la generación. Significa que las generaciones más jóvenes llegan a la vida adulta habiendo experimentado menos la independencia y necesitando más apoyo, pero eso no las convierte en una «generación copo de nieve».

ASALTAR A LOS ABUELETES NO ES LA SOLUCIÓN

A pesar de las duras circunstancias a las que se enfrentan las últimas generaciones de jóvenes, estos tienen pocas ganas de mejorar su destino quitándoles a los mayores. Hay muchas razones para ello, pero la mayoría son profundamente personales. Queremos a nuestros padres y abuelos y no deseamos que se los penalice por ese motivo, pero también en parte porque nos trasladaría la carga. Sabemos que nosotros también seremos viejos algún día, y la forma en la que tratamos a las personas mayores ahora es uno de los pocos indicadores que nos permiten prever cómo seremos tratados en el futuro. En general, tenemos la sensación de que debemos reconocer a las personas que han contribuido, y las personas mayores son las que más han contribuido.

Así, pues, nuestro principal objetivo no debería ser una burda redistribución de los recursos entre las generaciones existentes. Está bien que nos fijemos en el equilibrio entre las generaciones, pero los peores resultados generacionales son más bien fruto del estancamiento salarial y de las crecientes barreras para acumular riqueza. Repartir la carga entre los grupos de edad no es lo que la gente quiere de verdad, y no servirá de mucho. Más aún cuando el equilibrio de nuestras sociedades se ha desplazado todavía más hacia una población de mayor edad.

En cambio, los ciudadanos piden mejores empleos, un crecimiento económico que beneficie a todos y una solución al maltrecho mercado de la vivienda. Por supuesto, estas cosas son bastante difíciles de conseguir, pero esa es la naturaleza del problema generacional, ya que, más que un arreglo a corto plazo, se trata de encontrar la manera de restaurar la fe en un futuro mejor para todas las personas y sus hijos.

A partir de las pruebas que hemos visto, está claro que una mejor solución a las necesidades en materia de vivienda debe ser un elemento clave de este futuro más próspero. La aspiración a la propiedad es constante en todas las generaciones, pero cada vez se ve más insatisfecha. Los gobiernos tienen que cerrar esta disparidad en las expectativas, ya sea apoyando la propiedad inmobiliaria o cambiando las aspiraciones a través de la mejora de las alternativas mediante la entrega de más viviendas sociales de alta calidad o encarando una mejor regulación del alquiler privado. En países como el Reino Unido nos hemos quedado increíblemente estancados, pero, cuanto más tiempo pase, más estará determinado nuestro futuro individual por los recursos que podamos obtener de nuestra familia, y más apoyo necesitarán al momento de la jubilación quienes alquilan en el sector privado. Un plan integral de vivienda debería ser la piedra angular de cualquier proyecto para «reconstruir mejor».

LA DESIGUALDAD ES UN PROBLEMA CADA VEZ MÁS INTERGENERACIONAL

No solo las oportunidades de vivienda están cada vez más vinculadas con nuestro origen familiar, sino que estamos viendo nuevos patrones generacionales en otros ámbitos, como la desigualdad sanitaria y la estabilidad de las familias. El riesgo de obesidad en los niños antes no estaba relacionado con su clase social, pero esta se ha convertido en un factor clave para las últimas generaciones. En términos más generales, el extraordinario crecimiento de la riqueza y su concentración en una parte de los grupos de mayor edad es una de las historias económicas cruciales de nuestro tiempo. Las futuras desigualdades entre generaciones se están «horneando», ya que las ventajas y desventajas se transmiten cada vez más en un incipiente sistema de castas.

Antes, si te preguntaban cuándo te gustaría haber nacido, la respuesta correcta era «hoy»; era la prueba del increíble progreso que hemos visto y de cómo este hacía progresar a todo el mundo, incluso si los más acomodados prosperaban con más rapidez. Sin embargo, ahora estamos asistiendo a retrocesos reales para aquellos que tienen menos recursos en los países más ricos, de manera que podemos observar descensos escandalosos de la esperanza de vida entre los que se han quedado atrás y los que se han mantenido atrás. En la actualidad, estos grupos son excepciones, pero un porcentaje cada vez mayor de la población se verá arrastrada hacia ellos a medida que continúe la concentración de ventajas.

Cambiar esta desigualdad cada vez más intergeneracional es una tarea ingente a la que se ha prestado poca atención política, en cierta medida como consecuencia de que los ciudadanos no claman por el cambio. Como hemos visto, esta ausencia de rabia, sobre todo entre los jóvenes, se debe en parte a que están al final de una tendencia en dirección a un individualismo mayor. El sentido de la responsabilidad personal y la creencia en la meritocracia pueden ser fuertes, pero tienen límites. Incluso si no conducen a la revolución, sin duda inspiran un resentimiento creciente y una fe menguante en un futuro mejor, lo que seguirá socavando la estabilidad social y política.

Cada vez se reconoce más la necesidad de que los gobiernos actúen con mayor «imaginación social»[6] para hacer frente a estos retos, sobre todo tras la crisis provocada por el COVID-19. Como sugiere la economista Mariana Mazzucato, los gobiernos han estado «haciendo retoques, no liderando».[7] Esto tiene que cambiar, ya que «solo el gobierno tiene la capacidad de dirigir la transformación necesaria» para refundar la forma en la que se rigen las organizaciones económicas y cómo los actores económicos, la sociedad civil y los ciudadanos se relacionan entre sí. Se trata de un proyecto a largo plazo e intergeneracional.

LAS CRISIS Y EL DECLIVE *NO SON* INEVITABLES

Uno de los principales riesgos de fijarse *solo* en el cambio generacional es que da una mayor sensación de certeza sobre el futuro de la que está justificada. Esto incluye el intento de Strauss y Howe de superponer un ritmo a los tipos generacionales y las épocas resultantes que producen. Este tipo de pensamiento apunta a crisis inevitables, lo cual, aunque es una herramienta útil para algunos desde el punto de vista político, se basa en una lectura falsa de la historia y es una mala guía para el futuro.

Además, añade la sensación de que no hay nada que podamos hacer para evitar estas crisis. En cada «nueva crisis de confianza» hay un catastrofismo paralelo, mientras que las tendencias a largo plazo muestran que los niveles de confianza nunca fueron tan altos y que, en el peor de los casos, están experimentando un declive largo y lento. Estas tendencias a largo plazo también ponen de manifiesto que las cosas han solido estar tan mal o peor que ahora. Las grandes fluctuaciones en cuanto a la satisfacción con la democracia que hemos visto en décadas pasadas deberían considerarse un signo de resistencia y no de debilidad.

Esta visión a largo plazo también muestra que los resultados actuales no eran ni mucho menos tan seguros como pueden parecernos ahora. El prejuicio de retrospectiva nos hace pensar que las cosas siempre estuvieron destinadas a ser así, incluyendo la relativa buena fortuna de las generaciones mayores y los tiempos más difíciles a los que se enfrentan las generaciones más jóvenes de la actualidad. En realidad, ambos son el resultado de la interacción entre circunstancias, decisiones y acciones.

En conjunto, estos hechos sugieren que tenemos más control del que nos puede parecer a veces. Debemos recordar que tenemos capacidad de acción, incluso cuando los retos a los que nos enfrentamos sean enormes y complejos y estén interconectados. Ya nos hemos recuperado de situaciones similares; no se trata de un único «New Deal», sino de una larga serie de acciones ascendentes y descendentes.

NECESITAMOS UN MINISTERIO DEL FUTURO

The Ministry for the Future —*El Ministerio del Futuro*—, una novela de Kim Stanley Robinson, pinta una imagen aterradoramente realista al representar un futuro distópico cercano en el que los gobiernos no cumplen las promesas de reducir las emisiones de carbono y el cambio climático está matando a millones de personas. Como respuesta, las partes del Acuerdo de París crean un «Órgano Subsidiario de Ejecución del Acuerdo» al que apodan «el Ministerio del Futuro». El papel del Ministerio es «defender a las futuras generaciones de ciudadanos del mundo, cuyos derechos, tal como se definen en la Declaración Universal de los Derechos Humanos, son tan válidos como los nuestros, (…) [y] tiene además la responsabilidad de amparar a todos los seres vivos presentes y futuros que no puedan defenderse por sí mismos promoviendo su capacidad jurídica y la protección de su integridad».

La novela plantea todo tipo de dilemas morales en torno a cómo sería un programa centrado en el futuro y que abarcara a todas las generaciones. Como le dice un activista al jefe del Ministerio: «Hay un centenar de personas en el mundo que, si las juzgas desde la perspectiva del futuro como se supone que hacéis vosotros, son genocidas (…). Imagínate que vinieras del futuro y supieras con certeza que hay seres humanos que impiden que se produzcan los cambios, y que por su culpa van a morir tus hijos y los hijos de tus hijos, seguro que defenderías a tu familia. En defensa de tu hogar, de tu vida, de tu familia, matarías a un intruso».

En la novela, que es más esperanzadora de lo que parece, el Ministerio ayuda a reelaborar los complejos procesos sociales y económicos interconectados, así como los incentivos para dirigir el poder y el dinero lejos de la producción de combustibles fósiles, y promueve el consumo de productos alternativos más sostenibles. Hay que admitir que se necesitan algunas intervenciones importantes para lograr este objetivo, incluyendo una nueva moneda de carbono y la clase de «operaciones negras» que se asocian con un grupo terrorista o una agencia de inteligencia.

En algún lugar entre este extremo imaginado y los débiles intentos de nuestros gobiernos por pensar y actuar de manera generacional, hay un punto intermedio respecto de cómo podríamos formalizar nuestra responsabilidad teniendo en cuenta el futuro.

Hay algunas señales tempranas que indican un reequilibrio hacia esta perspectiva más larga, tanto en la forma en la que estamos enmarcando las cuestiones como en la manera en la que las instituciones están reaccionando. En una encíclica de 2015, el papa Francisco afirmó que «la solidaridad intergeneracional no es opcional, sino una cuestión básica de justicia, ya que el mundo que hemos recibido también pertenece a los que vendrán después de nosotros».[8] Los gobiernos nacionales también han empezado a actuar. Los Emiratos Árabes Unidos tienen un «Ministerio de Asuntos del Gabinete y del Futuro», y Hungría, un «defensor de las Generaciones Futuras».[9]

Un ejemplo especialmente importante es la Ley de Bienestar de las Generaciones Futuras de 2015 que se implantó en Gales. Como dice Jane Davidson, la ministra que la propuso, «es revolucionaria porque consagra en la ley que el bienestar de la población actual y futura de Gales es explícitamente el objetivo central del gobierno de Gales».[10] Esta ley fue la primera del mundo en hacer algo del estilo y exigía a los organismos públicos «pensar en el impacto a largo plazo que tendrán sus decisiones (…) para prevenir problemas persistentes como la pobreza, las desigualdades sanitarias y el cambio climático». También estableció el papel del comisionado para las Generaciones Futuras para supervisar su aplicación. El comisionado no tiene poder para detener o cambiar la política y solo puede hacer recomendaciones, «nombrando y avergonzando» a los organismos públicos que no están actuando en línea con los objetivos de la ley. Aun así, este enfoque ya ha tenido un impacto, dado que varias decisiones de seguir adelante o bloquear actividades han citado explícitamente dicha ley. Como lo indica Davidson, es un primer paso hacia el objetivo final de cambiar la cultura de la gobernanza. Si bien es cierto que no es la respuesta completa, es una base interesante sobre la que construir.

Por supuesto, este tipo de innovaciones se ven empequeñecidas por la magnitud del reto que supone incorporar una perspectiva a largo plazo cuando la cultura del consumo y los sistemas económicos y políticos nos empujan en otra dirección. Mientras respondemos al COVID-19, es vital que probemos hasta dónde podemos llegar, no solo porque parece que podría haber más en juego, sino también para protegernos de nuestra tendencia natural a centrarnos en el aquí y ahora cuando llegan las crisis. Es el momento de institucionalizar un pensamiento a más largo plazo.

... X, Y, Z

Creo que el pensamiento generacional nos dice algo único y valioso sobre nuestro futuro que puede ayudarnos a darle forma, pero hay muchas personas que querrían que se acabaran todos los debates en torno a las generaciones. Puedo entender el porqué, teniendo en cuenta los tópicos con los que se nos alimenta tan a menudo con el disfraz del análisis generacional. De hecho, he escrito un libro en el que explico por qué mucho de lo que te han dicho que es generacional no lo es. No es porque no vea ningún valor en el pensamiento generacional, sino todo lo contrario: es demasiado importante, sobre todo ahora, como para dejarlo en manos de estos desvíos. Su importancia no se debe a que vea una crisis inminente e inevitable o una guerra generacional total, sino a que parece que hemos perdido la fe en una vida mejor para nuestras generaciones de jóvenes actuales y futuras. Eso es arriesgado, y en muchos sentidos resume el reto al que se enfrenta nuestro mundo tras el COVID-19. La comprensión de las generaciones, incluyendo tanto lo que nos une como lo que nos separa, es vital para nuestra respuesta.

Independientemente de mi propia opinión, creo que es muy poco probable que la generación Z sea la última línea generacional que trace en mis gráficos. Al final, la razón clave por la que las historias generacionales seguirán siendo importantes es la más sencilla, y es que nos ayudan a descubrir quiénes somos. Al igual que George Bailey, necesitamos entender cómo encajamos en este cuadro general, aunque no sea una visión del todo veraz. También es evidente que nos resulta *irresistible* ridiculizar a los jóvenes, culpar a los viejos... y olvidarnos de los que están en el medio.

* * *

El periodo de tiempo aproximado en el que vivieron los miembros de la familia de los que actualmente tengo recuerdos debe ser de unos doscientos años. Se extiende desde mis abuelos, nacidos en la década de 1910, hasta mis hijos, que tienen muchas posibilidades de vivir hasta la década de 2110. Las personas que conozco y quiero habrán vivido en épocas increíblemente diferentes, desde abuelos que trabajaron en minas de carbón y acerías, hasta las tareas que mis hijos pueden hacer y que yo ni siquiera puedo concebir. Por un lado, esto hace que mi propia porción de tiempo parezca increíblemente pequeña, pero, por otro, me conecta con una enorme gama de experiencias humanas. El *presente de doscientos años* es un término acuñado por la socióloga Elise Boulding para describir una forma de pensar en el presente siendo plenamente conscientes de los efectos que han tenido las acciones pasadas sobre nosotros ahora, así como las que tendrán nuestras acciones presentes en el futuro. Fomenta una perspectiva a largo plazo, pues reconoce que el pasado sigue con nosotros debido a sus efectos y que, del mismo modo, las acciones de hoy determinarán el futuro. Necesitamos pensar más en los doscientos años.

AGRADECIMIENTOS

Muchas gracias a Louise, Bridget y Martha, por su increíble apoyo y paciencia; a Mike Harpley y Eric Henney, por su brillante edición, y a Nick Humphrey, Michele Scotto di Vettimo, Hermione Fricker, Robin Dennis y Sarah Chatwin, por su excelente edición e investigación. Gracias también al equipo de Ipsos MORI —Ben Page, Hannah Shrimpton, Michael Clemence, Gideon Skinner, Suzanne Hall, Matt Walliams, K. D. Hasler y Fintan O'Connor—, por su trabajo en los estudios generacionales que dieron comienzo a este proyecto y por su continuo apoyo en materia de datos, análisis y perspectivas, así como a Darrell Bricker y Kelly Beaver, por su apoyo en cuanto a los estudios globales. Asimismo, les estoy muy agradecido a los equipos pasados y presentes del National Centre for Social Research —NatCen—, por su generoso intercambio de datos cuando empecé a analizar el cambio generacional, especialmente a Alison Park, Nancy Kelley y Peter Dangerfield, que también ayudaron a establecer el análisis inicial. Gracias también al equipo del King's College, que ha sido comprensivo con mi distracción y generoso en los comentarios, incluyendo a Jonathan Grant, Hermione Fricker y George Murkin, y a las muchas personas que han estado trabajando para entender mejor las dinámicas y las conexiones generacionales que han ayudado a orientar el libro. Entre ellos debo mencionar a Robert D. Putnam, Jean Twenge, Laura Gardiner y David Willetts del Resolution Foundation's Intergenerational Centre, Alex Smith de The Cares Family y Beatrice Pembroke del King's College.

NOTAS FINALES

Introducción

1. van Elsland, S. L. (20 de octubre de 2020), «COVID-19 Deaths: Infection fatality ratio is about 1 % says new report», Imperial College London, https://www.imperial.ac.uk/news/207273/covid-19-deaths-infection-fatality-ratio-about (consultado el 1 de abril de 2021).

2. Pancevski, B., Mechtry, S. y Fontdegloria, X. (19 de marzo de 2020), «A Generational War Is Brewing Over Coronavirus», *The Wall Street Journal*, https://www.wsj.com/articles/a-generational-war-is-brewing-over-coronavirus-11584437401 (consultado el 1 de abril de 2021).

3. Sparks, H. (19 de marzo de 2020) «Morbid "Boomer Remover" Coronavirus Meme Only Makes Millennials Seem More Awful», *New York Post*, https://nypost.com/2020/03/19/morbid-boomer-remover-coronavirus-meme-only-makes-millennials-seem-more-awful/(consultado el 1 de abril de 2021).

4. BBC News, (6 de abril de 2020) «Coronavirus: Under-25s and women financially worst-hit», https://www.bbc.co.uk/news/business-52176666 (consultado el 1 de abril de 2021).

5. Portes, J. (1 de junio de 2020), «The Lasting Scars of the Covid-19 Crisis: Channels and impacts», Vox EU, https://voxeu.org/article/lasting-scars-covid-19-crisis (consultado el 1 de abril de 2021).

6. Mannheim, K. (1952) *The Problem of Generations. Essays on the Sociology of Knowledge*, 5, 276–32.

7. Comin, D. y Mestieri, M. (2013), *Technology Diffusion: Measurement, causes, and consequences*, NBER Working Paper N.º 19052, Cambridge, MA, National Bureau of Economic Research, https://www.nber.org/papers/w19052 (consultado el 1 de abril de 2021).

8. Rosa, H. (2013) *Social Acceleration: A new theory of modernity*, traducido por J. Treejo-Mathys, Nueva York, Columbia University Press.

9. Fuente: encuesta «What Worries the World» (2010-18); alrededor de mil entrevistas al mes.

10. Fuente: Health Survey for England (1992-2017).

11. Fuente: General Social Survey de Estados Unidos (1974-2018).

12. He utilizado a posta un enfoque gráfico sencillo en lugar de modelos estadísticos complicados para que el análisis fuera más accesible. Aun así, no hay forma de evitar lo que los estadísticos llaman *el problema de la identificación* cuando se trata de separar los efectos de periodo, de ciclo vital y de cohorte. Son exactamente «colineales», es decir, si conocemos la edad de alguien y el año en el que realizamos la medición, sabremos automáticamente cuándo nació. Esto hace que sea literalmente imposible desentrañar por completo cuál de los efectos está causando los cambios. Hay técnicas estadísticas que intentan evitarlo, pero todas ellas se basan en suposiciones que procuran arreglar o eliminar uno de los tres efectos para medir los otros. Aunque lo que hemos hecho en este libro es mucho más sencillo, la cuestión sigue siendo que debemos ser cautos a la hora de afirmar que los efectos se pueden separar por completo.

13. Freeman, K. J. (1 de mayo de 2010) *Schools of Hellas: An essay on the practice and theory of ancient Greek education from 600 to 300 BC*, Macmillan, p. 74, citado en: «Misbehaving Children in Ancient Times», *Quote Investigator*, , https://quoteinvestigator.com/2010/05/01/misbehave/ (consultado el 1 de abril de 2021).

14. Seder, J. (21 de marzo de 2016), «15 Historical Complaints About Young People Ruining Everything», Mental Floss, https://www.mentalfloss.com/article/77445/15-historical-complaints-about-young-people-ruining-everything (consultado el 1 de abril de 2021).

15. «Boys are Ruined. Dime Novels Cause Lads to Murder», (1906), *Dawson Daily News.*

16. Thompson, C. (22 de mayo de 2014), «Why Chess Will Destroy Your Mind», Medium.com, https://medium.com/message/why-chess-will-destroy-your-mind-78ad1034521f (consultado el 1 de abril de 2021).

17. Taylor, K. (1 de febrero de 2019), «Millennials and Their Spending Habits Are Wreaking Havoc on These 18 Industries», *Business Insider*, https://www.businessinsider.com/millennials-hurt-industries-sales-2018-10?R=US&IR=T (consultado el 1 de abril de 2021).

18. Dobson, R. (2017) *Millennial Problems: Everyday Struggles of a Generation*, p. 12, Londres, Square Peg.

19. Hummer, M. L. (1999), «A Social Cognitive Perspective on Age Stereotypes», en *Social Cognition and Aging*, editado por T. M. Hess y F. Blanchard-Fields, Elsevier, pp. 175-196. Popham, L. y Hess. T. (2015) «Theories of Age Stereotyping and Views of Aging», en *Encyclopedia of Geropsychology*, editado por N. A. Pachana, Singapur, Springer Science+Business Media, pp. 1-10, https://www.researchgate.net/publication/299478040_Theories_of_Age_Stereotyping_and_Views_of_Aging (consultado el 7 de abril de 2021).

20. Gibbs, N. R. (22 de febrero de 1988) «Grays on the Go», *Time*, 131 (8), pp. 66-75, http://content.time.com/time/subscriber/article/0,33009,966744-9,00.html (consultado el 1 de abril de 2021).

21. Kihlstrom, E. (14 de mayo de 2018), «Shhh! Ageing Is Good Business», Innovate UK, https://innovateuk.blog.gov.uk/2018/05/14/shhh-ageing-is-good-business/ (consultado el 1 de abril de 2021).

22. *The Guardian* (6 de noviembre de 2019), «"OK Boomer": Millennial MP Responds to Heckler in New Zealand Parliament», YouTube, https://www.youtube.com/watch?v=OxJsPXrEqCI (consultado el 1 de abril de 2021).

23. Stone, L. (24 de junio de 2019) «The Boomers Ruined Everything», *The Atlantic*, https://www.theatlantic.com/ideas/archive/2019/06/boomers-are-blame-aging-america/592336/ (consultado el 1 de abril de 2021).

24. Walker, J. (14 de noviembre de 2019) [@jonwalker121], «I am neither a millennial nor a boomer. I come from a generation so irrelevant that people can't even be bothered to hate us», Twitter, https://twitter.com/jonwalker121/status/1194919236730343424 (consultado el 1 de abril de 2021).

25. Fussell, P. (2008), citado en J. Gordinier, *X Saves the World: How Generation X Got the Shaft But Can Still Keep Everything From Sucking*, p. XXI, Londres, Penguin.

26. Seemiller, C. y Grace, M., *Generation Z: A Century in the Making*, Abingdon, Routledge.

27. Gordinier, *X Saves the World*.

28. Hennessey, M. (2018), *Zero Hour for Gen X: How the Last Adult Generation Can Save America From Millennials*, p. 58, Nueva York, Encounter Brooks.

29. Fuente: Eurostat (1972-2019).

30. Taleb, N. N. (2010) *The Black Swan: The Impact of the Highly Improbable*. Londres, Penguin.

31. Worldometer (2020), «Countries Where COVID-19 Has Spread», https://
www.worldometers.info/coronavirus/countries-where-coronavirus-has-
spread/ (consultado el 1 de abril de 2021).

32. Encuesta Ipsos Global Trends, (2019).

33. Shrimpton, H., Skinner, G. y Hall, S. (2017), *The Millennial Bug*, Londres,
Resolution Foundation, https://www.resolutionfoundation.org/app/
uploads/2017/09/The-Millennial-Bug.pdf (consultado el 1 de abril de
2021). Duffy, B., Thomas, F., Shrimpton, Whyte Smith, H., Clemence,
M., y Abboud, T. (2018), *Beyond Binary: The Lives and Choices of
Generation Z*, p. 150, Londres, Ipsos MORI. https://www.ipsos.com/ipsos-
mori/en-uk/ipsos-thinks-beyond-binary-lives-and-choices-generation-z
(consultado el 1 de abril de 2021).

Capítulo 1

1. «The Baby Boomers — Can They Ever Live as Well as Their Parents?»,
(marzo de 1983), *Money*.

2. Willetts, D. (2010), *The Pinch: How the baby boomers took their children's
future — and why they should give it back*, Londres, Atlantic Books.

3. Rahman, F. y Tomlinson, D. (2018), *Cross Countries: International
Comparisons of Intergenerational Trends*. Londres, Resolution Foundation
and the Intergenerational Commission, https://www.resolutionfoundation.
org/app/uploads/2018/02/IC-international.pdf (consultado el 1 de abril de
2021).

4. *Ibídem*.

5. Bangham, G., Clarke, S., Gardiner, L., Judge, L., Rahman, F. y Tomlinson,
D. (junio de 2019) *An Intergenerational Audit for the UK: 2019*, Londres,
Resolution Foundation, https://www.resolutionfoundation.org/app/
uploads/2019/06/Intergenerational-audit-for-the-UK.pdf (consultado el 1
de abril de 2021).

6. Fuente: Encuesta British Social Attitudes (1983-2017).

7. Office for National Statistics, (2012), «Pensioner Income and Expenditure»,
en *Pension Trends*, https://webarchive.nationalarchives.gov.
uk/20160107023853/ http://www.ons.gov.uk/ons/rel/pensions/pension-
trends/chapter-11--pensioner-income-and-expenditure--2012-edition-/sum-
ch11-2012.html (consultado el 1 de abril de 2021).

8. Willetts, *The Pinch*.

9. Belot, M., Choi, S., Tripodi, E., van den Broek-Altenburg, E., Jamison, J. C. y Papageorge, N. W. (2020), *Unequal Consequences of COVID-19 across Age and Income: Representative Evidence from Six Countries*, Bonn, Institut of Labor Economics, http://ftp.iza.org/dp13366.pdf (consultado el 1 de abril de 2021).

10. Barclays, (20 de febrero de 2019), «Small "Swaprifices" Could Save Millennials up to £10.5bn a Year», https://home.barclays/news/press-releases/2019/02/small--swaprifices--could-save-millennials-up-to-p10-5bn-a-year/ (consultado el 1 de abril de 2021).

11. Thompson, R. (20 de febrero de 2019), «Millennial Spending Habits Are Being Questioned (Again) and the Internet Isn't Here For It», Mashable UK, https://mashable.com/article/millennial-coffee-spending-reaction (consultado el 1 de abril de 2021).

12. Costello, F. y Acland, A. (19 de julio de 2016), «Spending the Kids Inheritance, What It Means for UK Companies», Innovate UK, https://innovateuk.blog.gov.uk/2016/07/19/spending-the-kids-inheritance-what-it-means-for-uk-companies/ (consultado el 1 de abril de 2021).

13. Best, W. (17 de diciembre de 2018), «Gray Is the New Black: Baby Boomers Still Outspend Millennials», VISA Consulting and Analytics, https://usa.visa.com/partner-with-us/visa-consulting-analytics/baby-boomers-still-outspend-millennials.html (consultado el 1 de abril de 2021).

14. Scott, A. (1 de mayo de 2019), «The "Silver Tsunami" Is the Workforce the World Needs Right Now», *Quartz at Work*, https://qz.com/work/1605206/senior-workers-are-the-key-to-economic-growth/ (consultado el 1 de abril de 2021).

15. Twenge, J. M. (2006), *Generation Me: Why Today's Young Americans are More Confident, Assertive, Entitled — and More Miserable than Ever Before*, Nueva York, The Free Press.

16. Twenge, J. M. (2018), *Why Today's Super-Connected Kids Are Growing Up Less Rebellious, More Tolerant, Less Happy — and Completely Unprepared for Adulthood*, Nueva York, Atria Books.

17. Twenge, *Why Today's Super-Connected Kids Are Growing Up Less Rebellious*; Twenge, *Generation Me*.

18. Fell, B. y Hewstone M. (2015), *Psychological Perspectives on Poverty: A review of psychological research into the causes and consequences of poverty*, Londres, Joseph Rowntree Foundation, https://www.jrf.org.uk/report/psychological-perspectives-poverty (consultado el 1 de abril de 2021).

19. Heshmat, S. (2 de abril de 2015), «The Scarcity Mindset: How does being poor change the way we feel and think?», *Psychology Today*, https://www. psychologytoday.com/gb/blog/science-choice/201504/the-scarcity-mindset (consultado el 1 de abril de 2021).

20. Fuente: European Social Survey (2002-2018).

21. Bangham et al., *An Intergenerational Audit for the UK: 2019.*

22. Credit Suisse Research Institute (2017), *The Global Wealth Report 2017*, Zurich, https://www.credit-suisse.com/corporate/en/research/research-institute/global-wealth-report.html (consultado el 1 de abril de 2021).

23. Wiltshire, T. y Wood, D. (1 de octubre de 2017), «Three Charts On: The Great Australian Wealth Gap», *The Conversation*, https://theconversation. com/three-charts-on-the-great-australian-wealth-gap-84515 (consultado el 1 de abril de 2021).

24. Fuente: Australian Bureau of Statistics, Survey of Income and Housing (2003-2016).

25. Josuweit, A. (15 de marzo de 2018), «5 Money Tips Millennials Can Learn From Their Grandparents», *Forbes*, https://www.forbes.com/sites/ andrewjosuweit/2018/03/15/5-money-tips-millennials-can-learn-from-their-grandparents (consultado el 1 de abril de 2021).

26. Bangham et al., *An Intergenerational Audit for the UK: 2019.*

27. Intergenerational Commission (2018), *A New Generational Contract: The final report of the Intergenerational Commission*, Londres, Resolution Foundation, https://www.resolutionfoundation.org/advanced/a-new-generational-contract/ (consultado el 1 de abril de 2021).

28. Willetts, *The Pinch.*

29. Intergenerational Commission, *A New Generational Contract.*

30. *Ibídem.*

31. Howker, E. y Malik, S. (2013), *Jilted Generation: How Britain Has Bankrupted Its Youth*, Londres, Icon Books.

32. Chan, K. K., Huang, E. J., y Lassu, R. A. (2017), «Understanding Financially Stressed Millennials' Hesitancy to Seek Help: Implications for Organizations», *Journal of Financial Education*, vol. 43, n.º 1, pp. 141-160, https://www.jstor.org/stable/90018423 (consultado el 1 de abril de 2021).

33. Scanlon, K., Blanc, F., Edge, A. y Whitehead, C., *The Bank of Mum and Dad: How It Really Works*, Londres, LSE y Family Building Society, http://www.lse.

ac.uk/business-and-consultancy/consulting/assets/documents/the-bank-of-mum-and-dad.pdf (consultado el 1 de abril de 2021).

34. Intergenerational Commission, *A New Generational Contract.*

35. Clark, G. y Cummins, N. (2015), «Intergenerational Wealth Mobility in England, 1858-2012: Surnames and Social Mobility», *The Economic Journal*, vol. 125, n.º 582, pp. 61-85. https://doi.org/10.1111/ecoj.12165.

36. Intergenerational Commission, *A New Generational Contract.*

37. Eisenberg, R. (16 de octubre de 2019), «The Distressing Growth of Wealth Inequality of Boomers», *Forbes*, https://www.forbes.com/sites/nextavenue/2019/10/16/the-distressing-growth-of-wealth-inequality-of-boomers/ (consultado el 1 de abril de 2021).

38. Putnam, R. D. (2016), *Our Kids: The American Dream in Crisis*, Nueva York, Simon and Schuster.

39. *Ibídem.*

40. *Ibídem.*

41. Norris, P. y Inglehart, P. (2019), *Cultural Backlash*, Cambridge, Reino Unido, Cambridge University Press.

42. Hofstede, G. (2001), *Culture's Consequences: Comparing Values, Behaviors, and Organizations Across Nations*, London y Thousand Oaks, California, Sage Publications. Schwartz, S. H. (1999), «A Theory of Cultural Values and Some Implications for Work», *Applied Psychology: An International Review*, vol. 48, n.º 1, pp. 23-47, https://doi.org/10.1111/j.1464-0597.1999.tb00047.x. Schwartz, S. H. (2009), «Causes of Culture: National Differences in Cultural Embeddedness», en A. Gari and K. Mylonas, *Quod Erat Demonstrandum: From Herodotus' ethnographic journeys to cross-cultural research*, Atenas, Pedio Books, https://scholarworks.gvsu.edu/iaccp_proceedings/5/ (consultado el 1 de abril de 2021).

43. Thatcher, M. (10 de octubre de 1975), discurso ante una conferencia del Partido Conservador, Blackpool, https://www.margaretthatcher.org/document/102777 (consultado el 1 de abril de 2021).

44. Reagan, R. (27 de octubre de 1964), «A Time for Choosing», discurso televisado, condado de Los Ángeles, California, https://www.reaganlibrary.gov/reagans/ronald-reagan/time-choosing-speech-october-27-1964 (consultado el 7 de abril de 2021).

45. Malik, S. (14 de abril de 2014), «Adults in Developing Nations More Optimistic Than Those in Rich Countries», *The Guardian*, https://www.

theguardian.com/politics/2014/apr/14/developing-nations-more-optimistic-richer-countries-survey (consultado el 1 de abril de 2021).

46. *Ibídem.*

47. Thomson, D. (2015), *Selfish Generations?: The Ageing of New Zealand's Welfare State*, Bridget Williams Books.

48. General Social Survey de Estados Unidos, (1984-2016).

49. Encuesta British Social Attitudes, (2016).

50. Schrimpton, H., Skinne, G., y Hall, S. (2017), *The Millennial Bug: Public attitudes on the living standards of different generations*, Londres, Resolution Foundation e Intergenerational Commission, https://www.resolutionfoundation.org/app/uploads/2017/09/The-Millennial-Bug.pdf (consultado el 1 de abril de 2021).

51. Duffy, B., Hall, S., O´Leary, D. y Pope, S. (2013), *Generation Strains: A Demos and Ipsos MORI report on changing attitudes to welfare*, Londres, Demos, https://www.demos.co.uk/files/Demos_Ipsos_Generation_Strains_web.pdf?1378677272 (consultado el 1 de abril de 2021).

52. Hills, J. (1995), *The Dynamic of Welfare: The Welfare State and The Lifecycle*, editado por J. Falkingham y J. Hills, Prentice-Hall.

Capítulo 2

1. Monty Python (1967), «Four Yorkshiremen», *At Last the 1948 Show*, ITV https://www.youtube.com/watch?v=VAdlkunflRs (consultado el 1 de abril de 2021).

2. Rach, J. (23 de agosto de 2018), «"The Estate Agent Said I'd Caused Mould by Breathing": "Generation Rent" Share Their Horror Stories — Including a Woman Whose Landlord Had Sex in Her Bed», *Daily Mail*, https://www.dailymail.co.uk/femail/article-6090591/Generation-rent-share-horror-stories-including-mould-rip-prices-holes-CEILING.html (consultado el 1 de abril de 2021).

3. *Ibídem,* comentario de un lector.

4. *Daily Mail* (23 de abril de 2014), «In the Wealthiest Nation on Earth... But More than 1.6 Million Americans Do Not Have Indoor Plumbing», https://www.dailymail.co.uk/news/article-2611602/In-wealthiest-nation-Earth-1-6-million-Americans-dont-indoor-plumbing.html (consultado el 1 de abril de 2021). Ingraham, C. (23 de abril de 2014), «1.6 Million Americans Don't Have Indoor Plumbing», *The Washington Post*, https://www.

washingtonpost.com/news/wonk/wp/2014/04/23/1-6-million-americans-dont-have-indoor-plumbing-heres-where-they-live/ (consultado el 1 de abril de 2021).

5. This ir Money, (20 de enero de 2010), «Homes Less Affordable Than 50 Years Ago — But At Least More of Them Have Indoor Toilets!», https://www.thisismoney.co.uk/money/article-1244777/Homes-affordable-50-years-ago--indoor-toilets.html (consultado el 1 de abril de 2021).

6. Goodman, R. (2020), *The Domestic Revolution*, Londres, Michael O'Mara Books.

7. Lavelle, D. (5 de agosto de 2018), «"Slugs came through the floorboards": What It's Like To Be a Millennial Renting in Britain», *The Guardian*, https://www.theguardian.com/society/2018/aug/05/landlord-flat-affordable-rent-millennials-uk-cities-farcical (consultado el 1 de abril de 2021).

8. Ewens, H. (9 de agosto de 2018), «The Real Reason Millennials Complain about Housing», *Vice.com*, https://www.vice.com/en_uk/article/bjb5kz/the-real-reason-millennials-complain-about-housing (consultado el 1 de abril de 2021).

9. Departamento de Comunidades y Gobiernos Locales (2015-2016), *English Housing Survey: Housing Costs and Affordability*, https://assets.publishing.service.gov.uk/government/uploads/system/uploads/attachment_data/file/627683/Housing_Cost_and_Affordability_Report_2015-16.pdf (consultado el 1 de abril de 2021).

10. Ewens, «The Real Reason Millennials Complain about Housing».

11. *The Economist*, (27 de junio de 2019), Global House-Price Index, https://www.economist.com/graphic-detail/2019/06/27/global-house-price-index?date=1975-03&index=real_price&places=IRL&places=USA (consultado el 1 de abril de 2021).

12. Madrigal, A. (13 de junio de 2019), «Why Housing Policy Feels Like Generational Warfare», *The Atlantic*, https://www.theatlantic.com/technology/archive/2019/06/why-millennials-cant-afford-buy-house/591532/ (consultado el 1 de abril de 2021).

13. Intergenerational Commission, *A New Generational Contract*.

14. Fuente: Encuesta British Social Attitudes (1983-2017).

15. Collinson, P. (25 de septiembre de 2015), «The Other Generation Rent: Meet the People Flatsharing in Their 40s», *The Guardian*, https://www.theguardian.com/money/2015/sep/25/flatsharing-40s-housing-crisis-lack-homes-renting-london (consultado el 1 de abril de 2021).

16. Kelly, J. (11 de noviembre de 2015), «Peep Show and the Stigma of Flat-Sharing in Your 40s», BBC News, https://www.bbc.co.uk/news/magazine-34775063 (consultado el 1 de abril de 2021).

17. Corlett, A. y Judge, L. (2017), *Home Affront: Housing Across the Generations*, Londres, Resolution Foundation e Intergenerational Commission, https://www.resolutionfoundation.org/app/uploads/2017/09/Home-Affront.pdf (consultado el 1 de abril de 2021).

18. Fuente: Encuesta British Social Attitudes (1983-2016).

19. Fuente: General Social Survey de Estados Unidos (1985-2018).

20. Phillips, M. (23 de enero de 2014), «Most Germans Don't Buy Their Homes, They Rent. Here's Why», *Quartz*, https://qz.com/167887/germany-has-one-of-the-worlds-lowest-homeownership-rates/ (consultado el 1 de abril de 2021).

21. Zeit Online, (9 de agosto de 2019), «Weniger junge Leute wohnen in den eigenen vier Wänden», https://www.zeit.de/news/2019-08/09/weniger-junge-leute-wohnen-in-den-eigenen-vier-waenden (consultado el 1 de abril de 2021).

22. Kotlikoff, L. J. y Burns, S. (2012), *The Clash of Generations: Saving Ourselves, Our Kids, and Our Economy*, Cambridge, Massachusetts, MIT Press.

23. Sternberg, J. (2019), *The Theft of a Decade: How the Baby Boomers Stole the Millennials' Economic Future*, Nueva York, Public Affairs.

24. Loxton, R. (9 de agosto de 2019), «Housing in Germany: Why Are Fewer Young People Buying Their Own Homes?», *The Local*, https://www.thelocal.de/20190809/housing-in-germany-why-are-fewer-young-people-buying-their-own-homes (consultado el 1 de abril de 2021).

25. Choi, J. H., Goodman, L., Canesh, B., Strochak, S. y Zhu, J. (2018), *Millennial Homeownership: Why Is It So Low, and How Can We Increase It?*, Washington, DC, Urban Institute, https://www.urban.org/research/publication/millennial-homeownership (consultado el 1 de abril de 2021).

26. *Ibídem.*

27. *Ibídem.*

28. White, G. B. (15 de julio de 2015), «Millennials Who Are Thriving Financially Have One Thing in Common… Rich Parents», *The Atlantic*, https://www.theatlantic.com/business/archive/2015/07/millennials-with-rich-parents/398501/ (consultado el 1 de abril de 2021).

29. *Ibídem.*

30. Antes de la pandemia, Resolution Foundation intentó predecir si los *millennials* en el Reino Unido alcanzarían las tasas de propiedad de vivienda de las generaciones anteriores aplicando las mejores y peores condiciones de los últimos tiempos para dicha variable. En el escenario más optimista de dicho centro de estudios, los *millennials* se acercan bastante, solo unos puntos porcentuales por detrás de los *baby boomers*. No obstante, en el escenario más pesimista, apenas la mitad de los *millennials* tendrán una vivienda en propiedad al cumplir 45 años, 20 puntos porcentuales menos que el nivel de los *baby boomers*. Corlett y Judge, *Home Affront*.

31. Morris, A. (2016), *The Australian Dream: Housing Experiences of Older Australians*, Csiro Publishing, https://www.publish.csiro.au/book/7269/ (consultado el 1 de abril de 2021).

32. Baum, S. y Wulff, M. (2003), *Housing Aspirations of Australian Households*, Australian Housing and Urban Research Institute, Queensland Research Centre, https://pdfs.semanticscholar.org/eff1/ e6c82D6Ba380e3611e182741B2Ace71b405c.pdf (consultado el 1 de abril de 2021).

33. Kotlikoff y Burns, *The Clash of Generations*.

34. Kotkin, J. (10 de abril de 2019), «The End of Aspiration», *Quillette*, https:// quillette.com/2019/04/10/the-end-of-aspiration/ (consultado el 1 de abril de 2021).

35. Arnold, M. y Domitille, A. (6 de noviembre de 2020), «Surge in European House Prices Stokes Concerns Over Market Resilience», *Financial Times*, https://www.ft.com/content/2606dd0d-d009-4fc6-8801-2A089d76bdc5 (consultado el 1 de abril de 2021).

36. Corlett y Judge, *Home Affront*.

37. Marsh, S. (14 de marzo de 2016), «The Boomerang Generation — and the Childhood Bedrooms They Still Inhabit», *The Guardian*, https://www. theguardian.com/world/commentisfree/2016/mar/14/the-boomerang-generation-and-the-childhood-bedrooms-they-still-inhabit (consultado el 1 de abril de 2021).

38. Duffy, B. (2018), *The Perils of Perception: Why We're Wrong About Nearly Everything*, Londres, Atlantic Books.

39. Fuente: General Social Survey de Estados Unidos (1975-2017).

40. Collinson, P. (15 de noviembre de 2019), «Record Numbers of Young Adults in UK Living with Parents», *The Guardian*, https://www.theguardian.com/

uk-news/2019/nov/15/record-numbers-of-young-adults-in-uk-living-with-parents (consultado el 1 de abril de 2021).

41. Office for National Statistics, (22 de abril de 2016), «Why Are More Young People Living with Their Parents?», https://www.ons.gov.uk/peoplepopulationandcommunity/birthsdeathsandmarriages/families/articles/whyaremoreyoungpeoplelivingwiththeirparents/2016-02-22 (consultado el 1 de abril de 2021).

42. Arnett, J. J. (2000), «Emerging Adulthood: A Theory of Development from the Late Teens through the Twenties», *American Psychologist*, vol. 55, n.º 5, pp. 469-480, http://www.jeffreyarnett.com/articles/ARNETT_Emerging_Adulthood_theory.pdf (consultado el 1 de abril de 2021).

43. Côté, J. (2000), *Arrested Adulthood: The Changing Nature of Identity-Maturity in the Late-Modern World*, Nueva York, New York University Press.

44. Dey, J. G. y Pierret, C. R. (2014), «Independence for Young Millennials: Moving Out and Boomeranging Back», *Monthly Labor Review*, vol. 137, n.º 1, https://www.jstor.org/stable/monthlylaborrev.2014.12.004 (consultado el 1 de abril de 2021).

45. Stein, J. (20 de mayo de 2013), «Millennials: The Me Me Me Generation», *Time*, https://time.com/247/millennials-the-me-me-me-generation/ (consultado el 1 de abril de 2021).

46. Barroso, A., Parker, K. y Fry, R. (23 de octubre de 2019), «Majority of Americans Say Parents Are Doing Too Much for Their Young Adult Children», Centro de Investigaciones Pew, https://www.pewsocialtrends.org/2019/10/23/majority-of-americans-say-parents-are-doing-too-much-for-their-young-adult-children/ (consultado el 1 de abril de 2021).

47. Freedman, M. (17 de abril de 2019), «The Perils of Age Segregation», The Aspen Institute, https://www.aspenideas.org/articles/the-perils-of-age-segregation (consultado el 1 de abril de 2021).

48. Freedman, M. y Stamp, T. (6 de junio de 2018), «The U.S. Isn't Just Getting Older. It's Getting More Segregated by Age», Harvard Business Review, 6 de junio de 2018, https://hbr.org/2018/06/the-u-s-isnt-just-getting-older-its-getting-more-segregated-by-age (consultado el 1 de abril de 2021).

49. Neyfakh, L. (30 de agosto de 2014), «What "Age Segregation" Does to America», *Boston Globe*, https://www.bostonglobe.com/ideas/2014/08/30/what-age-segregation-does-america/o568E8xoAQ7VG6F4grjLxH/story.html (consultado el 1 de abril de 2021).

50. Freedman, M. (2018), *How to Live Forever: The Enduring Power of Connecting the Generations*, Nueva York, Public Affairs.

51. *Ibídem.*

52. Freedman y Stamp, «The U.S. Isn't Just Getting Older».

53. McCurdy, C. (2019), *Ageing, Fast and Slow: When Place and Demography Collide*, Londres, Resolution Foundation, https://www.resolutionfoundation. org/publications/ageing-fast-and-slow/ (consultado el 1 de abril de 2021).

54. Fuente: Reanálisis de los datos censales del Reino Unido realizado por el Centre for Towns (1981-2011).

55. Warren, I. (20 de noviembre de 2017), «The Unequal Distribution of an Aging Population», Centre for Towns, https://www.centrefortowns.org/ blog/16-the-unequal-distribution-of-an-aging-population (consultado el 1 de abril de 2021).

56. McCurdy, *Ageing, Fast and Slow.*

57. Allport, G. W., Clark, K. y Pettigrew, T. (1954), *The Nature of Prejudice.*

58. Neyfakh, «What "Age Segregation" Does to America».

59. Generations United, (2018), *All in Together: Creating places where young and old thrive*, https://www.gu.org/app/uploads/2018/06/ SignatureReport-Eisner-All-In-Together.pdf (consultado el 1 de abril de 2021).

60. Tversky, A. y Kahneman, D. (1973), «Availability: A Heuristic for Judging Frequency and Probability», *Cognitive Psychology*, vol. 5, n.º 2, pp. 207-232, https://doi.org/10.1016/0010-0285(73)90033-9.

61. Wikipedia, «Hindsight Bias», https://en.wikipedia.org/wiki/Hindsight_ bias#Examples (consultado el 1 de abril de 2021).

62. Milligan, B. (29 de noviembre de 2013), «Home Ownership: Did Earlier Generations Have It Easier?», BBC News, https://www.bbc.co.uk/news/ business-24660825 (consultado el 1 de abril de 2021).

63. TIC Finance, (1969-2019), «How Many Repossessions in UK Year on Year?», UK Repossession Statistics, https://www.ticfinance.co.uk/stats/ (consultado el 1 de abril de 2021).

Capítulo 3

1. Gellman, L. (18 de mayo de 2016), «Helping Bosses Decode Millennials — for $20,000 an Hour», *The Wall Street Journal*, https://www.wsj.com/

articles/helping-bosses-decode-millennialsfOR-20-000-an-hour-1463505666 (consultado el 1 de abril de 2021).

2. Nolan, H. (9 de enero de 2015), «Target's Dumb Internal Guide to Millennials (and Other Generations)», Gawker, https://gawker.com/targets-dumb-internal-guide-to-millennials-and-other-g-1678496059 (consultado el 1 de abril de 2021).

3. Shrimpton, H., Skinner, G., y Hall, S. (2017), *The Millennial Bug: Public attitudes on the living standards of different generations*, Londres, Resolution Foundation e Intergenerational Commission, https://www.resolutionfoundation.org/app/uploads/2017/09/The-Millennial-Bug.pdf (consultado el 1 de abril de 2021).

4. OECD, (2016), *Education in China: A Snapshot*, París, OECD Publishing, http://www.oecd.org/china/Education-in-China-a-snapshot.pdf (consultado el 1 de abril de 2021).

5. Stapleton, K. (10 de abril de 2017), «Inside the World's Largest Education Boom», The Conversation, , https://theconversation.com/inside-the-worlds-largest-higher-education-boom-74789 (consultado el 1 de abril de 2021).

6. Tomlinson, D. y Rahman, F. (2018), *Cross Countries: International Comparisons of Intergenerational Trends*, Londres, Resolution Foundation, https://www.resolutionfoundation.org/publications/cross-countries-international-comparisons-of-intergenerational-trends/ (consultado el 1 de abril de 2021).

7. Fuente: Análisis de los datos de la OCDE de 2000, 2010 y 2019.

8. Fuente: Encuesta British Social Attitudes (1986-2018).

9. Arminio, J., Grabosky, T. K. y Lang, J. (2014), *Student Veterans and Service Members in Higher Education*, Routledge.

10. OECD (2019), *Health at a Glance 2019: OECD Indicators*, París, OECD Publishing, https://www.oecd-ilibrary.org/sites/6303de6b-en/index.html?itemId=/content/component/6303de6b-en (consultado el 1 de abril de 2021).

11. Rothman, L. (31 de agosto de 2016), «Putting the Rising Cost of College in Perspective», *Time*, https://time.com/4472261/college-cost-history/ (consultado el 1 de abril de 2021).

12. Choi, J. H., Goodman, L., Ganesh, B., Strochak, S. y Zhu, J. (2018), *Millennial Homeownership: Why Is It So Low, and How Can We Increase It?*, Washington, DC, Urban Institute, https://www.urban.org/research/

publication/millennial-homeownership (consultado el 1 de abril de 2021).

13. Friedman, Z. (25 de febrero de 2019), «Student Loan Debt Statistics In 2019: A $1.5 Trillion Crisis», *Forbes*, https://www.forbes.com/sites/zackfriedman/2019/02/25/student-loan-debt-statistics-2019/#6cac7908133f (consultado el 1 de abril de 2021).

14. Britton, J., Dearden, L., van der Erve, L. y Waltmann, B. (29 de febrero de 2020), «The Impact of Undergraduate Degrees on Lifetime Earnings», Institute for Fiscal Studies, https://www.ifs.org.uk/publications/14729 (consultado el 1 de abril de 2021).

15. Abel, J. R. y Deitz, R. (5 de junio de 2019), «Despite Rising Costs, College Is Still A Good Investment», Banco de la Reserva Federal de Nueva York, https://libertystreeteconomics.newyorkfed.org/2019/06/despite-rising-costs-college-is-still-a-good-investment.html (consultado el 1 de abril de 2021).

16. Ma, J., Pender, M. y Welch, M. (2019), *Education Pays 2019: The Benefits of Higher Education for Individuals and Society*, Trends in Higher Education Series, College Board, https://research.collegeboard.org/pdf/education-pays-2019-full-report.pdf (consultado el 1 de abril de 2021).

17. Universities New Zealand, Key Facts and Stats, https://www.universitiesnz.ac.nz/sites/default/files/uni-nz/NZ-Universities-Key-Facts-and-Stats-Sept-2016_0.pdf (consultado el 7 de abril de 2021).

18. Belfield, C., Britton, J., Buscha, F., Dearden, L., Dickson, M., van der Erve, L., Sibieta, L., Vignoles, A., Walker, I. y Zhu, Y. (2018), *The Impact of Undergraduate Degrees on Early-Career Earnings*, Londres, Institute for Fiscal Studies y Department for Education, https://www.ifs.org.uk/uploads/publications/comms/DFE_returnsHE.pdf (consultado el 1 de abril de 2021).

19. Britton et al., «The Impact of Undergraduate Degrees on Lifetime Earnings».

20. Hoffower, H. (11 de abril de 2019), «Nearly Half of Indebted Millennials Say College Wasn't Worth It, And The Reason Why Is Obvious», *Insider*, https://www.businessinsider.com/personal-finance/millennials-college-not-worth-student-loan-debt-2019-4?r=US&IR=T (consultado el 7 de abril de 2021).

21. Pascarella, E. T., y Terenzini, P. T. (2005), *How College Affects Students: A Third Decade of Research*, vol. 2, Hoboken, Nueva Jersey, John Wiley & Sons.

22. Goodhart, D. (2020), *Head, Hand, Heart: Why Intelligence Is Over-Rewarded, Manual Workers Matter, and Caregivers Deserve More Respect*, Free Press.

23. Ortiz-Ospina, E., Tzvetkova, S., y Roser, M. (2018), «Women's Employment», *OurWorldInData*, https://ourworldindata.org/female-labor-supply (consultado el 1 de abril de 2021).

24. Intergenerational Commission, (2018), *A New Generational Contract: The final report of the Intergenerational Commission*, Londres, Resolution Foundation, https://www.resolutionfoundation.org/advanced/a-new-generational-contract/ (consultado el 1 de abril de 2021).

25. Scott, A. (1 de mayo de 2019), «The "Silver Tsunami" Is the Workforce the World Needs Right Now», *Quartz at Work*, https://qz.com/work/1605206/senior-workers-are-the-key-to-economic-growth/ (consultado el 1 de abril de 2021).

26. Kochhar, R. (9 de junio de 2020), «Hispanic Women, Immigrants, Young Adults, Those With Less Education Hit Hardest by COVID-19 Job Losses», Centro de Investigaciones Pew, https://www.pewresearch.org/fact-tank/2020/06/09/hispanic-women-immigrants-young-adults-those-with-less-education-hit-hardest-by-covid-19-job-losses/ (consultado el 1 de abril de 2021).

27. Office for National Statistics, (2021), «Dataset: EMP17: People in employment on zero hours contracts», https://www.ons.gov.uk/employmentandlabourmarket/peopleinwork/employmentandemployeetypes/datasets/emp17peopleinemploymentonzerohourscontracts (consultado el 7 de abril de 2021).

28. Rahman y Tomlinson, *Cross Countries*.

29. Rounds, D. (4 de abril de 2017), «Millennials and the Death of Loyalty», *Forbes*, https://www.forbes.com/sites/forbescoachescouncil/2017/04/04/millennials-and-the-death-of-loyalty/#1f0073526745 (consultado el 1 de abril de 2021).

30. US Bureau of Labor Statistics, (2018), Median Tenure at Current Employer 1983-2018.

31. *Ibídem.*

32. Gardiner, L. y Gregg, P. (2017), *Study, Work, Progress, Repeat? How and why pay and progression*, Londres, Resolution Foundation, https://www.resolutionfoundation.org/app/uploads/2017/02/IC-labour-market.pdf (consultado el 7 de abril de 2021).

33. *Ibídem.*

34. Brech, A. (2019), «Millennials Work Far Fewer Hours Than Our Parents — So Why Are We Much More Stressed?», *Stylist*, https://www.stylist.co.uk/life/millennials-less-hours-more-stressed-parents-study/267863 (consultado el 1 de abril de 2021).

35. Duffy, B., Shrimpton, H., y Clemence, M. (2017), *Millennial Myths and Realities*, Londres, Ipsos MORI, https://www.ipsos.com/ipsos-mori/en-uk/millennial-myths-and-realities (consultado el 1 de abril de 2021).

36. Gratton, L. y Scott, A. J. (2016), *The 100-Year Life: Living and Working in an Age of Longevity*, Londres, Bloomsbury Publishing.

37. Fuente: ALLBUS: German General Social Survey (1984-2016).

38. Duffy et al., *Millennial Myths and Realities.*

39. Encuesta Mundial de Valores.

40. Twenge, J. (2017), *iGen: Why Today's Super-Connected Kids Are Growing Up Less Rebellious, More Tolerant, Less Happy — and Completely Unprepared for Adulthood — and What That Means for the Rest of Us*, Nueva York, Atria Books.

41. *Ibídem.*

42. Fuente: International Social Survey Programme (1997-2015).

43. Susskind, D. (2020), *A World Without Work*, Londres, Allen Lane.

44. *Ibídem.*

45. Manyika, J., Lund, S., Chui, M., Bughin, J., Woetzel, J., Batra, P., Ko, R. y Sanghvi, S. (2017), *Jobs Lost, Jobs Gained: Workforce Transitions in a Time of Automation*, McKinsey Global Institute, https://www.mckinsey.com/featured-insights/future-of-work/jobs-lost-jobs-gained-what-the-future-of-work-will-mean-for-jobs-skills-and-wages (consultado el 7 de abril de 2021).

46. Pfau, B. N. (7 de abril de 2016), «What Do Millennials Really Want at Work? The Same Things the Rest of Us Do», *Harvard Business Review*, https://hbr.org/2016/04/what-do-millennials-really-want-at-work (consultado el 1 de abril de 2021).

47. Seemiller, C. y Grace, G. (2018), *Generation Z: A Century in the Making*, Londres, Routledge.

48. *Ibídem.*

49. Montes, J. (2017), *Millennial Workforce: Cracking the code to Generation Y in your company*, Lulu Publishing Services.

50. Stillman, D. y Stillman, J. (2017), *Gen Z Work: How the Next Generation Is Transforming the Workplace*, Harper Collins.

51. Montes, *Millennial Workforce*.

52. Patel, D. (27 de noviembre de 2017), «5 Differences Between Marketing To Millennials Vs. Gen Z», *Forbes*, https://www.forbes.com/sites/deeppatel/2017/11/27/5-d%E2%80%8Bifferences-%E2%80%8Bbetween-%E2%80%8Bmarketing-%E2%80%8Bto%E2%80%8B-m%E2%80%8Billennialsv-%E2%80%8Bs%E2%80%8B-%E2%80%-8BGen-z/?sh=306ebfC32C9F (consultado el 7 de abril de 2021).

53. Equipo de *Consumer Insights* de Microsoft Canadá, (2015), «Attention Spans», https://docs.google.com/viewerng/viewer?url= https://prc.olio.co.za/wp-content/uploads/2016/11/2015-Attention-Spans-Report-Microsoft.pdf&hl=en (consultado el 1 de abril de 2021).

54. MacLeod, J. W., Lawrence, M. A., McConnell, M. M., Eskes, G. A., Klein, R. M., Shore, D. I. (2010), «Appraising the ANT: Psychometric and theoretical considerations of the Attention Network Test», *Neuropsychology*, vol. 24, n.º 5, pp. 637-651, https://www.ncbi.nlm.nih.gov/pubmed/20804252 (consultado el 1 de abril de 2021).

55. Costanza, D. P., y Finkelstein, L. M. (2015) «Generationally Based Differences in the Workplace: Is there a there there?», *Industrial and Organizational Psychology*, vol. 8, n.º 3, pp. 308-323, https://doi.org/10.1017/iop.2015.15.

56. Costanza, D. P., Badger, J. M., Fraser, R. L., Severt, J. B., y Gade, P. A. (2012), «Generational Differences in Work-Related Attitudes: A meta-analysis», *Journal of Business and Psychology*, vol. 27, n.º 4, pp. 375-394, https://www.jstor.org/stable/41682990?seq=1#page_scan_tab_contents (consultado el 1 de abril de 2021).

Capítulo 4

1. Bryce, E. (3 de agosto de 2019), «The Flawed Era of GDP Is Finally Coming to an End», *Wired*, https://www.wired.co.uk/article/countries-gdp-gross-national- happiness (consultado el 1 de abril de 2021).

2. McMhaon, D. M. (18 de abril de 2017), «For Most of History, People Didn't Assume They Deserved To Be Happy. What Changed?», *Quartz*, https://qz.com/958677/happiness-a-history-author-darrin-m-mcmahon-explains-when-the-idea-of-happiness-was-invented/ (consultado el 1 de abril de 2021).

3. Stearns, P. N. (enero de 2012), «The History of Happiness», *Harvard Business Review*, https://hbr.org/2012/01/the-history-of-happiness (consultado el 1 de abril de 2021).

4. *Ibídem.*

5. Brickman, P. (1971), «Hedonic Relativism and Planning the Good Society», *Adaptation Level Theory*, pp. 287-301.

6. Blanchflower, D. G. y Oswald, A. J. (2019), «Do Humans Suffer a Psychological Low in Midlife? Two approaches (with and without controls) in seven data sets», NBER Working Paper n.º 23724, Cambridge, Massachusetts, National Bureau of Economic Research, https://www.nber.org/papers/W23724.pdf (consultado el 1 de abril de 2021).

7. Blanchflower, D. G., «Is Happiness U-Shaped Everywhere? Age and subjective well-being in 145 countries», *Journal of Population Economics*, vol. 34, pp. 575-624, https://link.springer.com/article/10.1007/S00148-020-00797-z.

8. Jordan, J. (13 de julio de 2018), «Dylan Moran: "Britain is sending itself to its room and not coming down"», *The Guardian*, 13 de julio de 2018, https://www.theguardian.com/books/2018/jul/13/dylan-moran-dr-cosmos-britain-brexit (consultado el 1 de abril de 2021).

9. Rauch, J. (diciembre de 2014), «The Real Roots of Midlife Crisis», *The Atlantic*, https://www.theatlantic.com/magazine/archive/2014/12/the-real-roots-of-midlife-crisis/382235/ (consultado el 1 de abril de 2021).

10. Wunder, C., Wiencierz, A., Schwarze, J. y Küchenhoff, H., (2013), Well-Being Over the Life Span: Semiparametric evidence from British and German longitudinal data», *Review of Economics and Statistics*, vol. 95, n.º 1, pp. 154-167, https://papers.ssrn.com/sol3/papers.cfm?abstract_ID=1403203 (consultado el 1 de abril de 2021).

11. López Ulloa, B. F., Moller. V., y Souza-Poza, A. (2013), «How Does Subjective Well-Being Evolve with Age? A Literature Review», *Population Ageing*, vol. 6, pp. 227-246, https://doi.org/10.1007/S12062-013-9085-0.

12. Easterlin, R. A. (2006), «Lifecycle Happiness and Its Sources: Intersections of Psychology, Economics, and Demography», *Journal of Economic Psychology*, vol. 27, n.º 4, pp. 463-482.

13. Judd, B. (14 de enero de 2020), «"Middle age misery" peaks at 47.2 years of age — but do the statistics ring true?», ABC News, https://www.abc.net.au/news/2020-01-15/middle-age-misery-peaks-at-47.2-midlife-crisis/11866110 (consultado el 1 de abril de 2021).

14. Fuente: Reanálisis de los datos del Eurobarómetro (2009-2019) realizado por Blanchflower, en Blanchflower, «Is Happiness U-Shaped Everywhere?».

15. Blanchflower, D. G. y Oswald, A. J. (2008), «Is Well-Being U-Shaped Over the Life Cycle?», *Social Science & Medicine*, vol. 66, n.º 8, pp. 1733-1749, https://www.sciencedirect.com/science/article/abs/pii/S0277953608000245 (consultado el 1 de abril de 2021).

16. Clark, A. E. (2007), «Born To Be Mild? Cohort Effects Don't (Fully) Explain Why Well-Being Is U-Shaped in Age», IZA Discussion Paper n.º 3170, Bonn, Institute for the Study of Labor, https://www.econstor.eu/bitstream/10419/34422/1/551074736.pdf (consultado el 1 de abril de 2021).

17. Blanchflower, D. G. y Oswald, A. J. (2017), «Do Humans Suffer a Psychological Low in Midlife? Two Approaches (With and Without Controls) in Seven Data Sets», IZA Discussion Paper n.º 10958, Bonn, Institute for the Study of Labor, https://papers.ssrn.com/sol3/papers.cfm?abstract_id=3029829 (consultado el 7 de abril de 2021).

18. Vassilev, C. y Hamilton, M. (2020), *Personal and Economic Well-Being in Great Britain: May 2020*, Office for National Statistics, https://www.ons.gov.uk/peoplepopulationandcommunity/wellbeing/bulletins/personalandeconomicwellbeingintheuk/may2020 (consultado el 1 de abril de 2021).

19. De Neve, J. y Norton, M. (8 de octubre de 2014), «Busts Hurt More Than Booms Help: New lessons for growth policy from global wellbeing surveys», Vox EU, https://voxeu.org/article/wellbeing-research-recessions-hurt-more-booms-help (consultado el 1 de abril de 2021).

20. Kahneman, D. y Tversky, A. (1979), «Prospect Theory: An Analysis of Decision Under Risk», *Econometrica*, vol. 47, n.º 2, pp. 263-292, https://www.jstor.org/stable/1914185?origin=crossref&seq=1 (consultado el 1 de abril de 2021).

21. Yechiam, E. (enero de 2015), «The Psychology of Gains and Losses: More complicated than previously thought», *Psychological Science Agenda*, https://www.apa.org/science/about/psa/2015/01/gains-losses (consultado el 1 de abril de 2021).

22. Fuente: Eurobarómetro (1986-2018).

23. Greene, L. (1 de junio de 2016), «Are Millennials Really the Most Mentally Ill Generation?», *Moods Magazine*, www.moodsmag.com/blog/millennials-really-mentally-ill-generation/ (consultado el 1 de abril de 2021).

24. Soeiro, L. (24 de julio de 2019), «Why Are Millennials So Anxious And Unhappy?», *Psychology Today*, https://www.psychologytoday.com/gb/blog/i-hear-you/201907/why-are-millennials-so-anxious-and-unhappy (consultado el 1 de abril de 2021).

25. Thorley, C. (2017), *Not By Degrees: Improving student mental health in the UK's universities*, Londres, Institute for Public Policy Research, https://www.ippr.org/files/2017-09/1504645674_not-by-degrees-170905.pdf (consultado el 1 de abril de 2021).

26. Twenge, J. M., Cooper, A. B., Joiner, T. E., Duffy, M. E., y Binau, S. G. (2019), «Age, Period, and Cohort Trends in Mood Disorder Indicators and Suicide-Related Outcomes in a Nationally Representative Dataset, 2005-2017», *Journal of Abnormal Psychology*, vol. 128, n.º 3, 185-199, https://www.apa.org/pubs/journals/releases/abn-abn0000410.pdf (consultado el 1 de abril de 2021).

27. Twenge, J. M. (2017), *iGen: Why Today's Super-Connected Kids Are Growing Up Less Rebellious, More Tolerant, Less Happy — and Completely Unprepared for Adulthood — and What That Means for the Rest of Us*, Nueva York, Atria Books.

28. James, D., Yates, J. y Ferguson, E. (2013), «Can the 12-ITem General Health Questionnaire Be Used To Identify Medical Students Who Might "Struggle" on the Medical Course? A prospective study on two cohorts», *BMC Medical Education*, vol. 13, n.º 1, 48, https://www.ncbi.nlm.nih.gov/pmc/articles/PMC3616988 (consultado el 1 de abril de 2021).

29. Fuente: Health Survey for England (1991-2016).

30. Mental Health of Children and Young People Surveys, (noviembre de 2018), «Mental health of children and young people in England, 2017», https://digital.nhs.uk/data-and-information/publications/statistical/mental-health-of-children-and-young-people-in-england/2017/2017 (consultado el 1 de abril de 2021).

31. Fuente: Adult Psychiatric Morbidity Survey (1993-2014). McManus, S., Bebbington, P., Jenkins, R. Brugha, T. (eds.), *Mental Health and Wellbeing in England: Adult Psychiatric Morbidity Survey 2014*, Leeds, NHS Digital, https://webarchive.nationalarchives.gov.uk/20180328140249/ http://digital.nhs.uk/catalogue/PUB21748 (consultado el 7 de abril de 2021)

32. *Ibídem*.

33. Twenge, J. M. *iGen: Why Today's Super-Connected Kids Are Growing Up Less Rebellious*.

34. Organización Mundial de la Salud, (2018), «Adolescent Mental Health in the European Region», hoja informativa, Copenhague, WHO Europe, http://www.euro.who.int/data/assets/pdf_file/0005/383891/adolescent-mh-fs-eng.pdf?ua=1 (consultado el 1 de abril de 2021).

35. Li, L. Z. y Wang, S. (12 de junio de 2020), «Prevalence and Predictors of General Psychiatric Disorders and Loneliness during COVID-19 in the United Kingdom: Results from the Understanding Society UKHLS», medRxiv, https://www.medrxiv.org/content/10.1101/2020.06.09.2012013 9v1 (consultado el 1 de abril de 2021).

36. Sample, I. (27 de diciembre de 2020), «Covid poses "greatest threat to mental health since second world war"», *The Guardian*, https://www. theguardian.com/society/2020/dec/27/covid-poses-greatest-threat-to-mental-health-since-second-world-war (consultado el 1 de abril de 2021).

37. Gayer, C., Andeson, R. L., El Zerbi, C., Strang, L., Hall, V. M., Kowles, G., Marlow, S., Avendano, M., Manning, N. y Das-Munshi, J. (2020), «Impacts of social isolation among disadvantaged and vulnerable groups during public health crises», ESRC Centre for Society & Mental Health, King's College, Londres, https://esrc.ukri.org/files/news-events-and-publications/evidence-briefings/impacts-of-social-isolation-among-disadvantaged-and-vulnerable-groups-during-public-health-crises/ (consultado el 1 de abril de 2021).

38. Mental Health Foundation, (s.f), «Coronavirus: The divergence of mental health experiences during the pandemic», https://www.mentalhealth.org.uk/ coronavirus/divergence-mental-health-experiences-during-pandemic (consultado el 1 de abril de 2021).

39. Rawlinson, K. (14 de junio de 2018), «Social Media Firms Must Share Child Mental Health Costs», *The Guardian*, https://www.theguardian.com/ society/2018/jun/14/nhs-child-mental-health-costs-social-media-firms-must-share (consultado el 1 de abril de 2021).

40. Duffy, B., Shrimpton, H., Clemence, M. (2017), *Millennial Myths and Realities*, Londres, Ipsos MORI, https://www.ipsos.com/ipsos-mori/en-uk/ millennial-myths-and-realities (consultado el 1 de abril de 2021).

41. Kelly, Y., Zilanawala, A., Booker, C. y Sacker, A. (2018), «Social Media Use and Adolescent Mental Health: Findings from the UK Millennium Cohort Study», *EClinical Medicine*, vol. 6, pp. 59-68, https://www. thelancet.com/journals/eclinm/article/PIIS2589-5370(18)30060-9/fulltext (consultado el 7 de abril de 2021).

42. Orben, A. y Przybylski, A. K. (2019), «The Association Between Adolescent Well-Being and Digital Technology Use», *Nature Human Behaviour*, vol. 3, n.º 2, pp. 173-182, https://www.gwern.net/docs/psychology/2019-orben.pdf (consultado el 1 de abril de 2021).

43. Orben, A., Dienlin, T., y Przybylski, A. K. (2019), «Social Media's Enduring Effect on Adolescent Life Satisfaction», *Proceedings of the National Academy of Sciences*, vol. 116, n.º 21, 10226-10228, https://www.pnas.org/content/116/21/10226 (consultado el 1 de abril de 2021). Mientras que este trabajo analiza el uso de la tecnología en general, otros estudios similares realizados por los mismos autores encuentran la misma falta de relación con el uso de las redes sociales en específico.

44. Viner, R. M., Gireesh, A., Stiglic, N., Hudson, L. D., Goddings, A. L., Ward, J. L. y Nicholls, D. E. (2019), «Roles of Cyberbullying, Sleep, and Physical Activity in Mediating the Effects of Social Media Use on Mental Health and Wellbeing Among Young People in England: A secondary analysis of longitudinal data», *The Lancet Child & Adolescent Health*, vol. 3, n.º 10, pp. 685-696, https://www.thelancet.com/journals/lanchi/article/PIIS2352-4642(19)30186-5/fulltext (consultado el 1 de abril de 2021).

45. Department for Education (2019), *State of the Nation 2019: Children and Young People's Wellbeing*, https://assets.publishing.service.gov.uk/government/uploads/system/uploads/attachment_data/file/838022/State_of_the_Nation_2019_young_people_children_wellbeing.pdf (consultado el 1 de abril de 2021).

46. Markey, P. M. y Ferguson, C. J. (2017), «Teaching Us To Fear: The Violent Video Game Moral Panic and The Politics of Game Research», *American Journal of Play*, vol. 10, n.º 1, pp. 99-115, https://files.eric.ed.gov/fulltext/EJ1166785.pdf (consultado el 1 de abril de 2021).

47. Burdick, A. (5 de julio de 2018), «How to Fight Crime With Your Television», *The New Yorker*, https://www.newyorker.com/science/elements/how-to-fight-crime-with-your-television (consultado el 7 de abril de 2021).

48. Markey y Ferguson, «Teaching Us To Fear».

49. Howe, N. (3 de mayo de 2019), «Millennials and the Loneliness Epidemic», *Forbes*, https://www.forbes.com/sites/neilhowe/2019/05/03/millennials-and-the-loneliness-epidemic/#e5951b57676a (consultado el 1 de abril de 2021).

50. CBC Radio, (20 de septiembre de 2016), «Loneliness in Canadian Seniors an Epidemic, Says Psychologist», https://www.cbc.ca/radio/thecurrent/the-current-for-september-20-2016-1.3770103/

loneliness-in-canadian-seniors-an-epidemic-says-psychologist-1.3770208 (consultado el 1 de abril de 2021).

51. Hawkley, L. C., Wroblewski, K., Kaiser, T., Luhmann, M. y Schumm, L. P. (2019), «Are US Older Adults Getting Lonelier? Age, period, and cohort differences», *Psychology and Aging*, vol. 34, n.º 8, pp. 1144-1157, https:// www.ncbi.nlm.nih.gov/pubmed/31804118 (consultado el 1 de abril de 2021).

52. Nyqvist, F., Cattan, M., Conradsson, M., Näsman, y Gustafsson, Y. (2017), «Prevalence of Loneliness Over Ten Years Among the Oldest Old», *Scandinavian Journal of Public Health*, vol. 45, n.º 4, pp. 411-418.

53. Ambos estudios citados en Hawkley et al., «Are US Older Adults Getting Lonelier?».

54. Clark, D. M. T., Loxton, N. J. y Tobin, S. J. (2015), «Declining Loneliness Over Time: Evidence from American colleges and high schools», *Personality and Social Psychology Bulletin*, vol. 41, n.º 1, pp. 78-89, https://journals. sagepub.com/doi/abs/10.1177/0146167214557007?journalCode=pspc (consultado el 1 de abril de 2021).

55. DiJulio, B., Hamel, L., Muñana, C. y Brodie, M., *Loneliness and Social Isolation in the United States, the United Kingdom, and Japan: An International Survey*, San Francisco, Kaiser Family Foundation, http://files. kff.org/attachment/Report-Loneliness-and-Social-Isolation-in-the-United-States-the-United-Kingdom-and-Japan-An-International-Survey (consultado el 1 de abril de 2021).

56. Fuente: Community Life Study (2014-2018).

57. Klinenberg, E. (2013), *Going Solo: The extraordinary rise and surprising appeal of living alone*, Londres, Penguin.

58. US Census Bureau, (14 de noviembre de 2018), «U.S. Census Bureau Releases 2018 Families and Living Arrangements Tables», https://www. census.gov/newsroom/press-releases/2018/families.html (consultado el 7 de abril de 2021).

59. Dubner, S. J. (26 de febrero de 2020), «Is There Really a "Loneliness Epidemic"?», (episodio 407), pódcast *Freakonomics*, https://freakonomics. com/podcast/loneliness/ (consultado el 1 de abril de 2021).

60. Lepore, J. (6 de abril de 2020), «The History of Loneliness», *The New Yorker*, https://www.newyorker.com/magazine/2020/04/06/the-history-of-loneliness (consultado el 1 de abril de 2021).

61. Scheimer, D. y Chakrabarti, M. (23 de marzo de 2020), «Former Surgeon General Vivek Murthy: Loneliness Is A Public Health Crisis», WBUR, https://www.wbur.org/onpoint/2020/03/23/vivek-murthy-loneliness (consultado el 1 de abril de 2021).

62. Holt-Lunstad, J., Smith, T. B., y Layton, J. B. (2010), «Social Relationships and Mortality Risk: A meta-analytic review», *PLoS Medicine*, vol. 7, n.º 7, e1000316, https://doi.org/10.1371/journal.pmed.1000316 (consultado el 1 de abril de 2021).

63. Chivers, T. (8 de mayo de 2019), «Is the "epidemic of loneliness" fake news?», UnHerd, extraído de https://unherd.com/2019/05/is-the-epidemic-of-loneliness-fake-news/ (consultado el 1 de abril de 2021).

64. Chivers, T. (4 de febrero de 2019), «Do we really have a "suicidal generation"?», UnHerd, https://unherd.com/2019/02/do-we-really-have-a-suicidal-generation/ (consultado el 1 de abril de 2021).

65. Office for National Statistics, suicidios en el Reino Unido, registro de 2018. Muertes registradas en el Reino Unido a causa del suicidio, analizadas según el sexo, la edad, el área, el domicilio habitual del fallecido y el método de suicidio, https://www.ons.gov.uk/peoplepopulationandcommunity/birthsdeathsandmarriages/deaths/bulletins/suicidesintheunitedkingdom/2018registrations (consultado el 1 de abril de 2021). Cuando la ONS estudia las tendencias, agrupa los datos en rangos de edad más amplios debido a la volatilidad propia de estos sucesos escasos, con el fin de evitar precisamente la sobreinterpretación que tan a menudo se ve en los medios de comunicación.

66. Office for National Statistics, (2019), «Middle-aged generation most likely to die by suicide and drug poisoning», https://www.ons.gov.uk/peoplepopulationandcommunity/healthandsocialcare/healthandwellbeing/articles/middleagedgenerationmostlikelytodiebysuicideanddrugpoisoning/2019-08-13 (consultado el 1 de abril de 2021).

67. Fuente: Office for National Statistics, National Records of Scotland and Northern Ireland Statistics and Research Agency (1981-2018).

68. *Ibídem.*

69. Dougall, N., Stark, C., Agnew, R., Henderson, R., Maxwell, M. y Lambert, P. (2017), «An Analysis of Suicide Trends in Scotland 1950-2014: Comparison with England & Wales», *BMC Public Health*, vol. 17, n.º 1, 970, https://www.ncbi.nlm.nih.gov/pmc/articles/PMC5738808/ (consultado el 1 de abril de 2021).

70. BBC News, (13 de agosto de 2019), «Deaths by Suicide and Drugs Highest Among Generation X», https://www.bbc.co.uk/news/health-49329595 (consultado el 1 de abril de 2021).

71. Emyr, J. y Butt, A. (2020), «Deaths related to drug poisoning by selected substances», datasets, https://www.ons.gov.uk/peoplepopulationandcommunity/birthsdeathsandmarriages/deaths/datasets/deathsrelatedtodrugpoisoningbyselectedsubstances (consultado el 1 de abril de 2021).

72. Case, A. y Deaton, A. (2020), *Deaths of Despair and the Future of Capitalism*, Princeton University Press.

73. Psychology Wiki, «Clustering illusion», s.f., https://psychology.wikia.org/wiki/Clustering_illusion (consultado el 1 de abril de 2021).

74. Wikipedia (s.f), «Correlation does not imply causation», https://en.wikipedia.org/wiki/Correlation_does_not_imply_causation (consultado el 1 de abril de 2021).

75. O´Boyle, C. G. (2014), *History of Psychology: A Cultural Perspective*, Psychology Press.

Capítulo 5

1. Case, A. y Deaton, A. (2020), *Deaths of Despair and the Future of Capitalism*, Princeton University Press.

2. *Ibídem.*

3. Roser, M. (2020), «The Spanish Flu (1918-1920): The global impact of the largest influenza pandemic in history», *OurWorldInData*, https://ourworldindata.org/spanish-flu-largest-influenza-pandemic-in-history (consultado el 1 de abril de 2021).

4. Morens, D. M., Taubenberger, J. K. y Fauci, A. S. (2008), «Predominant Role of Bacterial Pneumonia as a Cause of Death in Pandemic Influenza: Implications for pandemic influenza preparedness», *Journal of Infectious Diseases*, vol. 198, n.º 7, 962Y970, https://www.ncbi.nlm.nih.gov/pmc/articles/PMC2599911/ (consultado el 1 de abril de 2021).

5. Roser, «The Spanish Flu (1918-1920)».

6. Jha, P. (2009), «Avoidable Global Cancer Deaths and Total Deaths From Smoking», *Nature Reviews Cancer*, vol. 9, n.º 9, pp. 655-664, https://www.nature.com/articles/nrc2703 (consultado el 1 de abril de 2021).

7. Centers for Disease Control Prevention, (2016), «Current Cigarette Smoking Among Adults in the United States», https://www.cdc.gov/tobacco/data_statistics/fact_sheets/adult_data/cig_smoking/ (consultado el 1 de abril de 2021).

8. NHS, (2 de julio de 2019), «Around 1.8m Fewer Adult Smokers in England in 2018 Compared With Seven Years Ago», https://digital.nhs.uk/news-and-events/around-1.8m-fewer-adult-smokers-in-england-in-2018-compared-with-seven-years-ago (consultado el 1 de abril de 2021).

9. NHS, (27 de mayo de 2016), «Statistics on Smoking, England», https://digital.nhs.uk/data-and-information/publications/statistical/statistics-on-smoking/statistics-on-smoking-england-2016 (consultado el 1 de abril de 2021).

10. Centers for Disease Control Prevention, «Current Cigarette Smoking Among Adults in the United States».

11. The Tobacco Atlas, Consumption, (2020), https://tobaccoatlas.org/topic/consumption/ (consultado el 1 de abril de 2021).

12. Saad, L. (24 de julio de 2008), «U.S. Smoking Rate Still Coming Down», Gallup, https://news.gallup.com/poll/109048/us-smoking-rate-still-coming-down.aspx (consultado el 1 de abril de 2021).

13. Fuente: Health Survey for England (1999-2017).

14. Public Health England, (19 de agosto de 2015), «E-cigarettes Around 95% Less Harmful Than Tobacco Estimates Landmark Review», https://www.gov.uk/government/news/e-cigarettes-around-95-less-harmful-than-tobacco-estimates-landmark-review (consultado el 1 de abril de 2021).

15. Harris, R. y Wroth, C. (11 de septiembre de 2019), «FDA To Banish Flavored E-Cigarettes To Combat Youth Vaping», NPR, https://www.npr.org/sections/health-shots/2019/09/11/759851853/fda-to-banish-flavored-e-cigarettes-to-combat-youth-vaping?t=1588112377545&t=1588799163720 (consultado el 1 de abril de 2021).

16. Nilsen, E. (27 de diciembre de 2019), «The FDA Has Officially Raised the Age to Buy Tobacco Products to 21», Vox, https://www.vox.com/2019/12/27/21039149/fda-officially-raised-age-to-buy-tobacco-from-18-to-21 (consultado el 1 de abril de 2021).

17. Belluz, J. (2 de junio de 2016), «Cigarette Packs Are Being Stripped of Advertising Around The World. But Not in the US», Vox, https://www.vox.com/2016/6/2/11818692/plain-packaging-policy-us-australia (consultado el 1 de abril de 2021).

18. Fuente: Health Survey for England (1997-2017).

19. Duffy, B., Scrimpton, H. y Clemence, M. (2017), *Millennial Myths and Realities*, Londres, Ipsos MORI, https://www.ipsos.com/ipsos-mori/en-uk/millennial-myths-and-realities (consultado el 1 de abril de 2021).

20. Borrud, G. (4 de febrero de 2011), «German Teenagers Are Drinking Less Alcohol, But More Irresponsibly», DW, https://www.dw.com/en/german-teenagers-are-drinking-less-alcohol-but-more-irresponsibly/a-14818251 (consultado el 1 de abril de 2021). Livingston, M., Raninen, J., Slade, T., Swift, W., Lloyd, B. y Dietze, P. (2016), «Understanding Trends in Australian Alcohol Consumption—An Age-Period-Cohort Model», *Addiction*, vol. 111, n.º 9, pp. 1590-1598, https://onlinelibrary.wiley.com/doi/epdf/10.1111/add.13396 (consultado el 1 de abril de 2021).

21. Bhattacharya, A. (2016), *Youthful Abandon: Why are young people drinking less?*, Institute of Alcohol Studies, https://www.ias.org.uk/uploads/pdf/IAS%20Reports/RP22072016.pdf (consultado el 7 de abril de 2021).

22. Organización Mundial de la Salud, (2018), *Global Status Report on Alcohol And Health 2018*, Ginebra, WHO, https://www.who.int/publications/i/item/9789241565639 (consultado el 1 de abril de 2021).

23. Daly, M. (2 de febrero de 2017), «Gen Z Is Too Busy to Drink or Do Drugs», *Vice*, https://www.vice.com/en/article/wnzg3y/this-is-why-gen-z-takes-fewer-drugs-than-you (consultado el 7 de abril de 2021).

24. Johnston, L. D., Miech, R. A., O'Malley, P. M., Bachman, J. E., y Patrick, M. E. (2020), *Monitoring the Future National Survey Results on Drug Use, 1975-2019: Overview, Key Findings on Adolescent Drug Use*, Institute for Social Research, http://www.monitoringthefuture.org/pubs/monographs/mtf-overview2019.pdf (consultado el 1 de abril de 2021).

25. Fuente: General Social Survey de Estados Unidos (1975-2017).

26. Smith, R. A. (2020), «The Effects of Medical Marijuana Dispensaries on Adverse Opioid Outcomes», *Economic Inquiry*, vol. 58, n.º 2, pp. 569-588, https://onlinelibrary.wiley.com/doi/pdf/10.1111/ecin.12825 (consultado el 1 de abril de 2021). Grinspoon, P. (25 de junio de 2019), «Access to Medical Marijuana Reduces Opioid Prescriptions», Harvard Health Blog, https://www.health.harvard.edu/blog/access-to-medical-marijuana-reduces-opioid-prescriptions-2018050914509 (consultado el 1 de abril de 2021).

27. Duffy, B. *How Britain Became Socially Liberal*, The Policy Institute, King's College, Londres, https://www.kcl.ac.uk/policy-institute/research-analysis/moral-attitudes (consultado el 1 de abril de 2021).

28. Johnston et al., *Monitoring the Future National Survey Results on Drug Use*.

29. Ball, J. (20 de febrero de 2020), «Teen Use of Cannabis Has Dropped in New Zealand, But Legalisation Could Make Access Easier», The Conversation, https://theconversation.com/teen-use-of-cannabis-has-dropped-in-new-zealand-but-legalisation-could-make-access-easier-132165 (consultado el 1 de abril de 2021).

30. Fuente: Health Survey for England (1992-2017).

31. Menayang, A. (26 de marzo de 2017), «Millennials Are "The Most Health-Conscious Generation Ever," Says Report by The Halo Group», Food Navigator, extraído de https://www.foodnavigator-usa.com/Article/2017/03/27/Millennials-scrutinize-health-claims-more-than-other-generations (consultado el 1 de abril de 2021).

32. Goldman Sachs, (2020), «Millennials Coming of Age», www.goldmansachs.com/our-thinking/pages/millennials/ (consultado el 1 de abril de 2021).

33. Organización Mundial de la Salud, (2020), «Obesity and Overweight», hoja informativa, Ginebra, WHO, https://www.who.int/news-room/fact-sheets/detail/obesity-and-overweight (consultado el 1 de abril de 2021).

34. Organización Mundial de la Salud, (2018), «Commission on Ending Childhood Obesity», https://www.who.int/end-childhood-obesity/en/ (consultado el 1 de abril de 2021).

35. Bann, D., Johnson, W., Li, L., Kuh, D., y Hardy, R. (2017), «Socioeconomic Inequalities in Body Mass Index Across Adulthood: Coordinated analyses of individual participant data from three British birth cohort studies initiated in 1946, 1958 and 1970», *PLoS Medicine*, vol. 14, n.º 1, E1002214, doi:10.1371/journal.PMED.1002214.

36. Elgar, F. J., Pförtner, T. K., Moor, I., De Clercq, B., Stevens, G. W. y Currie, C. (2015), «Socioeconomic Inequalities in Adolescent Health 2002-2010: A time-series analysis of 34 countries participating in the Health Behaviour in School-aged Children study», *The Lancet*, vol. 385, n.º 9982, pp. 2088-2095, https://www.researchgate.net/publication/271207089_Socioeconomic_inequalities_in_adolescent_health_2002-2010_a_time-series_analysis_of_34_countries_participating_in_the_Health_Behaviour_in_School-aged_Children_study (consultado el 1 de abril de 2021).

37. Johnson, W., Li, L., Kuh, D., y Hardy, R. (2015), «How Has the Age-Related Process of Overweight or Obesity Development Changed Over Time? Co-ordinated analyses of individual participant data from five United Kingdom birth cohorts», *PLoS Medicine*, vol. 12, n.º 5, e1001828,

https://www.ncbi.nlm.nih.gov/pmc/articles/PMC4437909/ (consultado el 1 de abril de 2021).

38. Centers for Disease Prevention and Control, (noviembre de 2018), «Mortality in the United States, 2017», https://www.cdc.gov/nchs/products/databriefs/db328.htm (consultado el 1 de abril de 2021).

39. Office for National Statistics, (2020), «Life Expectancy at Birth and Selected Older Ages», https://www.ons.gov.uk/peoplepopulationandcommunity/birthsdeathsandmarriages/deaths/datasets/lifeexpectancyatbirthandselectedolderages (consultado el 1 de abril de 2021).

40. Marmot, M., Allen, J., Boyce, T., Goldblatt, P. y Morrison, J. (2020), *Health Equity in England: The Marmot Review 10 years on*, Institute of Health Equity, http://www.instituteofhealthequity.org/resources-reports/marmot-review-10-years-on/the-marmot-review-10-years-on-full-report.pdf (consultado el 1 de abril de 2021).

41. *Wired,* (12 de octubre de 2016), «Barack Obama: Now Is the Greatest Time to Be Alive», https://www.wired.com/2016/10/president-obama-guest-edits-wired-essay/ (consultado el 1 de abril de 2021).

42. Obama, B. (16 de noviembre de 2016), «Remarks by President Obama at Stavros Niarchos Foundation Cultural Center in Athens, Greece», https://obamawhitehouse.archives.gov/the-press-office/2016/11/16/remarks-president-obama-stavros-niarchos-foundation-cultural-center (consultado el 1 de abril de 2021).

43. Office for National Statistics, (1 de mayo de 2020), «Deaths involving COVID-19 by local area and socioeconomic deprivation: deaths occurring between 1 March and 17 April 2020», https://www.ons.gov.uk/peoplepopulationandcommunity/birthsdeathsandmarriages/deaths/bulletins/deathsinvolvingcovid19bylocalareasanddeprivation/deathsoccurringbetween1marchand17april (consultado el 1 de abril de 2021).

Capítulo 6

1. Stephens-Davidowitz, S. (2017), *Everybody Lies*, Harper Collins.

2. Cara, E. (15 de enero de 2018), «The Kids Are Boning Less», Gizmodo, https://gizmodo.com/the-kids-are-boning-less-1821823267 (consultado el 1 de abril de 2021).

3. Hirschlag, A. (6 de agosto de 2015), «Millennials Are Killing Relationships and We Should Be Concerned», SheKnows, https://www.sheknows.com/

health-and-wellness/articles/1091871/millennial-daters-too-casual/ (consultado el 1 de abril de 2021).

4. Ramachandran, S. (21 de abril de 2019), «Let's Watch Netflix: Three Words Guaranteed to Kill a Romantic Mood», *Wall Street Journal*, from https://www.wsj.com/articles/three-words-guaranteed-to-kill-a-romantic-mood-lets-watch-netflix-11555863428 (consultado el 1 de abril de 2021).

5. The Original Boggart Blog, (5 de octubre de 2010), «Silver Shaggers Risk STDs», https://originalboggartblog.wordpress.com/2010/10/05/silver-shaggers-risk-stds-9527525 (consultado el 1 de abril de 2021). Pereto, A. (16 de mayo de 2018), «Patients over 60? Screen for STIs», *Athena Health*, https://www.athenahealth.com/insight/over-60-stis-may-not-be-done-you (consultado el 1 de abril de 2021). Versión del Reino Unido: Forster, K. (8 de diciembre de 2016), «More Elderly People Being Diagnosed With STIs such as Chlamydia and Genital Warts», *Independent*, extraído de https://www.independent.co.uk/life-style/health-and-families/health-news/older-people-stis-sexually-transmitted-infections-50-to-70-chief-medical-officer-report-dame-sally-a7463861.html (consultado el 1 de abril de 2021).

6. Abgarian, A. (29 de mayo de 2019), «What's the Sexual Taboo That Will Define the Next Generation?», *Metro*, https://metro.co.uk/2019/05/29/sexual-taboo-will-define-next-generation-9689501/ (consultado el 1 de abril de 2021).

7. Coontz, S. (1992), *The Way We Never Were: American Families and the Nostalgia Trap*, Basic Books.

8. *Ibídem*.

9. Paul, K. (16 de febrero de 2018), «Millennials Are Killing Marriage — Here's Why That's A Good Thing», Market Watch, https://www.marketwatch.com/story/millennials-are-killing-marriage-heres-why-thats-a-good-thing-2018-02-08 (consultado el 7 de abril de 2021).

10. Mi análisis a partir de los datos de la encuesta: Centers for Disease Control and Prevention, *Youth Risk Behavior Survey Data Summary & Trends Report 2009-2019*, 2019, https://www.cdc.gov/healthyyouth/data/yrbs/yrbs_data_summary_and_trends.htm (consultado el 7 de abril de 2021).

11. Fearnow, B. (6 de mayo de 2018), «Study: Millennials Waiting Much Longer to Have Sex, 1-in-8 Virgins at 26», *Newsweek*, https://www.newsweek.com/millennial-virginity-sex-intimacy-university-college-london-next-steps-project-912283 (consultado el 1 de abril de 2021).

12. Zaba, B., Pisani, E., Slaymaker, E. y Boerma, J. T. (2004), «Age at First Sex: Understanding recent trends in African demographic surveys», *Sexually Transmitted Infections*, 80 (suplemento 2), ii28-ii35, https://sti.bmj.com/content/80/suppl_2/ii28.full (consultado el 1 de abril de 2021).

13. Fuente: General Social Survey de Estados Unidos (1988-2018).

14. Knapton, S. (3 de diciembre de 2016), «Couples Who Have Sex Just Once a Week Are Happiest», *The Telegraph*, https://www.telegraph.co.uk/science/2016/03/12/couples-who-have-sex-just-once-a-week-are-happiest/ (consultado el 1 de abril de 2021).

15. Fuente: General Social Survey de Estados Unidos (1988-2018).

16. Julian, K. (diciembre de 2018), «Why Are Young People Having So Little Sex?», *The Atlantic*, https://www.theatlantic.com/magazine/archive/2018/12/the-sex-recession/573949/ (consultado el 1 de abril de 2021).

17. Twenge, J. M., Sherman, R. A. y Wells, B. E. (2017), «Declines in Sexual Frequency Among American Adults, 1989-2014», *Archives of Sexual Behavior*, vol. 46, n.º 8, pp. 2389-2401, https://www.researchgate.net/publication/314273096_Declines_in_Sexual_Frequency_among_American_Adults_1989-2014 (consultado el 1 de abril de 2021).

18. Mitchell, K. R., Mercer, C. H., Ploubidis, G. B., Jones, K. G., Datta, J., Field, N., Copas, A. J., Tanton, C., Erens, C. y Sonnenberg, P. (2013), «Sexual Function in Britain: Findings from the third National Survey of Sexual Attitudes and Lifestyles (Natsal-3)», *The Lancet*, vol. 382, n.º 9907, pp. 1817-1829, https://www.thelancet.com/journals/lancet/article/PIIS0140-6736(13)62366-1/fulltext (consultado el 7 de abril de 2021).

19. The Local, (24 de mayo de 2013), «"Tired" Swedes Have Less Sex Than Ever: Study», https://www.thelocal.se/20130524/48104 (consultado el 1 de abril de 2021).

20. Jackson-Webb, F. (7 de noviembre de 2014), «Australians Are Having Sex Less Often Than a Decade Ago», The Conversation, https://theconversation.com/australians-are-having-sex-less-often-than-a-decade-ago-33935 (consultado el 1 de abril de 2021).

21. Schifter, J. (13 de enero de 2018), «The End of Sex: The frequency of sexual activity has decreased significantly in the West of the world», *Wall Street International Magazine*, https://wsimag.com/culture/35096-the-end-of-sex (consultado el 1 de abril de 2021).

22. Citado en la introducción de K. Wellings, M. J. Palmer, K. Machiyama y E. Slaymaker, (2019), «Changes in, and factors associated with, frequency of sex in Britain: evidence from three National Surveys of Sexual Attitudes and Lifestyles (Natsal)», *BMJ*, 365, https://www.bmj.com/content/365/bmj.l1525 (consultado el 1 de abril de 2021).

23. *Ibídem.*

24. Universidad de Tokio, «First National Estimates of Virginity Rates in Japan: One in ten adults in their 30s remains a virgin, heterosexual inexperience increasing», https://www.u-tokyo.ac.jp/focus/en/press/z0508_00035.html (consultado el 1 de abril de 2021).

25. OECD, (mayo de 2019), «SF2.3: Age of mothers at childbirth and age-specific fertility», París, OECD Publishing, https://www.oecd.org/els/soc/SF_2_3_Age_mothers_childbirth.pdf (consultado el 3 de abril de 2021).

26. Office for National Statistics, (18 de julio de 2017), «Marriage and divorce on the rise at 65 and over», https://www.ons.gov.uk/peoplepopulationandcommunity/birthsdeathsandmarriages/marriagecohabitationandcivilpartnerships/articles/marriageanddivorceontheriseat65andover/2017-07-18 (consultado el 7 de abril de 2021).

27. Campbell, M. (20 de agosto de 2016), «Forget Teen Pregnancies. Older Moms Are the New Normal», Maclean's, https://www.macleans.ca/society/health/forget-teen-pregnancies-older-moms-new-normal/ (consultado el 1 de abril de 2021).

28. Picchi, A. (2015), «Will Childless Millennials Turn America into Japan?», CBS News, https://www.cbsnews.com/news/will-childless-millennials-turn-america-into-japan/ (consultado el 1 de abril de 2021).

29. Roser, M. (2 de diciembre de 2017), «Fertility Rate», *OurWorldInData*, https://ourworldindata.org/fertility-rate (consultado el 1 de abril de 2021).

30. BBC News, (1 de agosto de 2019), «Birth Rate in England and Wales Hits Record Low», https://www.bbc.co.uk/news/health-49192445 (consultado el 1 de abril de 2021).

31. BBC News, (17 de mayo de 2018), «US Birth Rates Drop to Lowest Since 1987», https://www.bbc.co.uk/news/world-us-canada-44151642 (consultado el 1 de abril de 2021).

32. Office for National Statistics, (2019), «National population projections, fertility assumptions: 2018-Based», https://www.ons.gov.uk/peoplepopulationandcommunity/populationandmigration/

populationprojections/methodologies/
nationalpopulationprojectionsfertilityassumptions2018based (consultado el
1 de abril de 2021).

33. Mangan, D. (27 de abril de 2015), «Baby Bust! Millennials' Birth Rate
Drop May Signal Historic Shift», CNBC, https://www.cnbc.
com/2015/04/27/baby-bust-millenials-birth-rate-drop-may-signal-historic-
shift.html (consultado el 1 de abril de 2021).

34. Centro de Investigaciones Pew (2014), *Attitudes About Aging: A Global
Perspective*, https://www.pewresearch.org/global/2014/01/30/chapter-4-
population-change-in-the-u-s-and-the-world-from-1950-to-
2050/#text=The%20old%2Dage%20dependency%20
ratio,drop%2Doff%20in%20population%20growth (consultado el 1 de
abril de 2021).

35. Bakar, F. (31 de marzo de 2020), «Are We Going to See a Coronavirus
Baby Boom?», *Metro*, https://metro.co.uk/2020/03/31/going-see-
coronavirus-baby-boom-12484432/ (consultado el 1 de abril de 2021).

36. Udry, J. R. «The Effect of the Great Blackout of 1965 on Births in New
York City», *Demography*, vol. 7, n.º 3, pp. 325-327, https://www.jstor.org/
stable/2060151?seq=2#metadata_info_tab_contents (consultado el 1 de abril
de 2021).

37. Kearney, M. S. y Levine, P. B. (15 de junio de 2020), «Half a Million
Fewer Children? The coming COVID baby bust», Brookings, extraído de
https://www.brookings.edu/research/half-a-million-fewer-children-the-
coming-covid-baby-bust/ (consultado el 1 de abril de 2021).

38. *Ibídem.*

39. Fuente: General Social Survey de Estados Unidos (1974-2018).

40. Fuente: Encuesta British Social Attitudes (1984-2018).

41. Vilibert, D. (22 de abril de 2009), «Jessica Valenti Debunks the Purity
Myth», *Marie Claire*, https://www.marieclaire.com/sex-love/A2975/jessica-
valenti-purity-myth/ (consultado el 1 de abril de 2021).

42. Finer, L. B. (2007), «Trends in Premarital Sex in the United States, 1954-
2003», *Public Health Reports*, vol. 122, n.º 1, pp. 73-78, https://www.ncbi.
nlm.nih.gov/pmc/articles/PMC1802108/ (consultado el 1 de abril de 2021).

43. Duffy, B. *How Britain Became Socially Liberal*, The Policy Institute, King's
College, Londres, https://www.kcl.ac.uk/policy-institute/research-analysis/
moral-attitudes (consultado el 1 de abril de 2021).

44. United Nations Department of Economic and Social Affairs, Singulate Mean Age at Marriage, (2008), https://www.un.org/en/development/desa/population/publications/dataset/marriage/age-marriage.asp (consultado el 1 de abril de 2021).

45. Fuente: UN World Marriage Data, Singulate Mean Age at Marriage (2017).

46. Twenge, J. M. (2017), *iGen: Why Today's Super-Connected Kids Are Growing Up Less Rebellious, More Tolerant, Less Happy — and Completely Unprepared for Adulthood — and What That Means for the Rest of Us*, Nueva York, Atria Books.

47. Cherlin, A. (marzo de 2018), «Marriage Has Become a Trophy», *The Atlantic*, https://www.theatlantic.com/family/archive/2018/03/incredible-everlasting-institution-marriage/555320/ (consultado el 1 de abril de 2021).

48. Fuente: Encuesta British Social Attitudes (1983-2017).

49. Hymowitz, K. S. (primavera de 2019), «Alone — The decline of the family has unleashed an epidemic of loneliness», *City Journal*, https://www.city-journal.org/decline-of-family-loneliness-epidemic (consultado el 1 de abril de 2021).

50. Wikipedia, «Rights and responsibilities of marriages in the United States», s.f., https://en.wikipedia.org/wiki/Rights_and_responsibilities_of_marriages_in_the_United_States (consultado el 1 de abril de 2021).

51. Cloud, J. (1 de marzo de 2004), «1,138 Reasons Marriage Is Cool», *Time*, http://content.time.com/time/magazine/article/0,9171,596123,00.html (consultado el 1 de abril de 2021).

52. Putnam, R. D. (2016), *Our Kids: The American Dream in Crisis*, Nueva York, Simon and Schuster.

53. Fuente: General Social Survey de Estados Unidos (1988-2018).

54. Brooks, D. (10 de febrero de 2020), «Was the Nuclear Family a Mistake?», Medium.com, https://medium.com/the-atlantic/was-the-nuclear-family-a-mistake-f9fdddf8bde (consultado el 1 de abril de 2021).

55. Musick, K. y Meier, A. (2010), «Are Both Parents Always Better Than One? Parental conflict and young adult well-being», *Social Science Research*, vol. 39, n.º 5, pp. 814-830, https://www.ncbi.nlm.nih.gov/pmc/articles/PMC2930824/ (consultado el 1 de abril de 2021).

56. Jeffreys, B. (5 de febrero de 2019), «Do Children in Two-Parent Families Do Better?», BBC News, https://www.bbc.co.uk/news/education-47057787 (consultado el 1 de abril de 2021).

57. Reeves, R. V. y Krause, E. (5 de abril de 2017), «Cohabiting Parents Differ From Married Ones in Three Big Ways», Brookings, https://www. brookings.edu/research/cohabiting-parents-differ-from-married-ones-in-three-big-ways/ (consultado el 1 de abril de 2021).

58. Harkness, S., Gregg, P. y Salgado, M. (2016), «The Rise in Lone Mother Families and Children's Cognitive Development: Evidence from the 1958, 1970 and 2000 British Birth Cohorts», Centre for Analysis of Social Policy, Universidad de Bath, https://editorialexpress.com/cgi-bin/conference/download. cgi?db_name=SAEE2018&Paper_id=127 (consultado el 1 de abril de 2021).

59. Cherlin, A. J. (2010), *The Marriage-Go-Round: The State of Marriage and the Family in America Today*, Vintage.

60. Wilcox, W. B. y DeRose, L. (14 de febrero de 2017), «Ties That Bind Childrearing in the Age of Cohabitation», *Foreign Affairs*, https://www. foreignaffairs.com/articles/2017-02-14/ties-bind (consultado el 1 de abril de 2021).

61. Office of National Statistics, (2017), «Divorces in England and Wales: 2015», https://www.ons.gov.uk/peoplepopulationandcommunity/ birthsdeathsandmarriages/divorce/bulletins/divorcesinenglandandwales/2015 (consultado el 7 de abril de 2021).

62. McCathie, A. (2017), «Marriages Prove Enduring in Germany as Divorce Rate Falls», https://www.dpa-international.com/topic/marriages-prove-enduring-germany-divorce-rate-falls-urn%3Anewsml%3Adpa.com%3A2009 0101%3A170711-99-199835 (consultado el 7 de abril de 2021).

63. Olito, F. (30 de enero de 2019), «How the Divorce Rate Has Changed Over the Last 150 Years», Insider, https://www.insider.com/divorce-rate-changes-over-time-2019-1 (consultado el 1 de abril de 2021).

64. Wood, J. (5 de octubre de 2018), «The United States Divorce Rate Is Dropping, Thanks to Millennials», World Economic Forum, https://www. weforum.org/agenda/2018/10/divorce-united-states-dropping-because-millennials/ (consultado el 1 de abril de 2021).

65. Pinsker, J. (septiembre de 2018), «The Not-So-Great Reason Divorce Rates Are Declining», *The Atlantic*, https://www.theatlantic.com/family/ archive/2018/09/millennials-divorce-baby-boomers/571282/ (consultado el 1 de abril de 2021).

66. Boyd, H. (15 de junio de 2014), «Silver Splicers Make Sixty the New Sexy», *The Times*, https://www.thetimes.co.uk/article/silver-splicers-make-sixty-the-new-sexy-lh87snwhtxp (consultado el 1 de abril de 2021).

67. Office for National Statistics, (2017), «Marriage and divorce on the rise at 65 and over», extraído de https://www.ons.gov.uk/peoplepopulationandcommunity/birthsdeathsandmarriages/marriagecohabitationandcivilpartnerships/articles/marriageanddivorceontheriseat65andover/2017-07-18 (consultado el 1 de abril de 2021).

68. *Ibídem.*

69. Allred, C. (2019), «Age Variation in the Divorce Rate, 1990 & 2017», Universidad Estatal de Bowling Green, https://www.bgsu.edu/ncfmr/resources/data/family-profiles/allred-age-variation-div-rate-fp-19-13.html (consultado el 1 de abril de 2021).

70. Guardian Pass Notes, (24 de noviembre de 2015), «Meet the Silver Separators: Why Over-50s Top the Divorce Charts», *The Guardian*, https://www.theguardian.com/lifeandstyle/shortcuts/2015/nov/24/silver-separators-over-50s-divorce-splitting-up-children (consultado el 1 de abril de 2021).

71. Race, M. (13 de septiembre de 2020), «"Divorce boom" forecast as lockdown sees advice queries rise», BBC News, https://www.bbc.co.uk/news/uk-england-54117821 (consultado el 1 de abril de 2021).

72. Eckholm, E. (28 de septiembre de 2010), «Saying No to "I Do," With the Economy in Mind», *The New York Times*, https://www.nytimes.com/2010/09/29/us/29marriage.html?_r=2 (consultado el 1 de abril de 2021).

73. Wolfers, J. (13 de octubre de 2010), «How Marriage Survives», *The New York Times*, https://www.nytimes.com/2010/10/13/opinion/13wolfers.html (consultado el 1 de abril de 2021).

74. Fuente: General Social Survey de Estados Unidos (1975-2018).

75. Mr. Skin, (2019), «Game of Nudes: 7 Seasons of nudity from the HBO series "Game of Thrones"», https://www.mrskin.com/infographic/game-of-thrones-nudity-statistics (consultado el 1 de abril de 2021).

76. Hald, G. M., Kuyper, L., Adam, P. C. y de Wit, J. B. (2013), «Does Viewing Explain Doing? Assessing the Association Between Sexually Explicit Materials Use and Sexual Behaviors in a Large Sample of Dutch Adolescents and Young Adults», *Journal of Sexual Medicine*, vol. 10, n.º 12, pp. 2986-2995, https://www.jsm.jsexmed.org/article/S1743-6095(15)30225-3/fulltext (consultado el 1 de abril de 2021).

77. Universidad de Montreal, (1 de diciembre de 2009), «Are the Effects of Pornography Negligible?», *Science Daily*, https://www.sciencedaily.com/releases/2009/12/091201111202.htm (consultado el 1 de abril de 2021).

78. Alexa (fabricante), «Top Sites in GB», (2020), https://www.alexa.com/ topsites/countries/GB (consultado el 1 de abril de 2021).

79. Duffy, B., Shrimpton, H., y Clemence, M. (2017), *Millennial Myths and Realities*, Londres, Ipsos MORI, https://www.ipsos.com/ipsos-mori/en-uk/ millennial-myths-and-realities (consultado el 1 de abril de 2021).

80. Stephens-Davidowitz, *Everybody Lies*.

81. Dubner, S. (12 de septiembre de 2008), «How to Think About Sex?», A Freakonomics Quorum, https://freakonomics.com/2008/09/12/how-to-think-about-sex-a-freakonomics-quorum/ (consultado el 1 de abril de 2021).

82. Kushner, D. (9 de abril de 2019), «A Brief History of Porn on the Internet», *Wired*, https://www.wired.com/story/brief-history-porn-internet/ (consultado el 1 de abril de 2021).

83. Fisher, W. A. y Kohut, T. «Pornography Viewing: Keep Calm and Carry On», *Journal of Sexual Medicine*, vol. 14, n.º 3, pp. 320-322, https:// pubmed.ncbi.nlm.nih.gov/28262103/ (consultado el 7 de abril de 2021).

84. Department for Digital Culture, Media and Sport, Age Verification for pornographic material online: Impact Assessment, 13 de junio de 2018, https://assets.publishing.service.gov.uk/government/uploads/system/uploads/ attachment_data/file/747187/Impact_Assessment_Age_Verification_ FINAL_20181009.pdf (consultado el 1 de abril de 2021).

85. Bricker, D. y Ibbitson, J. (2019), *Empty Planet: The Shock of Global Population Decline, Robinson.*

86. Coontz, S. (29 de marzo de 2016), «The Way We Never Were: For much of the century, traditional "family values" have been more myth than reality», *The New Republic*, https://newrepublic.com/article/132001/way-never (consultado el 1 de abril de 2021).

87. Putnam, *Our Kids.*

Capítulo 7

1. Bush, J. (2 de octubre de 2018), [@JebBush], «Not Cool, University of Manchester. Not Cool», Twitter, https://twitter.com/JebBush/ status/1047234246916677633 (consultado el 1 de abril de 2021).

2. CNN, (4 de febrero de 2016), «Jeb Bush to Audience: "Please Clap"», https://www.youtube.com/watch?v=OUXvrWeQU0g (consultado el 1 de abril de 2021).

3. Furedi, F. (27 de octubre de 2019), «Ban Applause? What Utter Claptrap!», *Daily Mail*, https://www.dailymail.co.uk/debate/article-7619941/Professor-lashes-Oxford-latest-university-insist-jazz-hands-student-events.html (consultado el 1 de abril de 2021).

4. Bacharach, J. (12 de agosto de 2019), «Sometimes inclusion is going to be a bit embarrassing, But disability — invisible or otherwise — is a working-class issue that the left and right must take seriously», The Outline, https://theoutline.com/post/7800/dsa-conferencE-2019-invisible-disability?zd=1&zi=dw23p6wl (consultado el 1 de abril de 2021).

5. Newshub, (julio de 2016), «Sydney School Disputes "Clapping Ban"», https://www.newshub.co.nz/home/world/2016/07/sydney-school-disputes-clapping-ban.html (consultado el 1 de abril de 2021).

6. Weale, S. y Perraudin, F. (5 de octubre de 2018), «Jazz Hands at Manchester University: The Calm behind the Storm», *The Guardian*, https://www.theguardian.com/society/2018/oct/05/jazz-hands-at-manchester-university-the-calm-behind-the-storm#maincontent (consultado el 1 de abril de 2021).

7. Haidt, J. (26 de octubre de 2019), [@JonHaidt], «If Oxford Students Replace Clapping With "Jazz Hands" to Protect Some From Anxiety, Then Those Students Will Find Clapping Even More Traumatizing After They Leave Oxford. Safetyism Backfires in the Long Run», Twitter, https://twitter.com/jonhaidt/status/1188090469164765184?s=11 (consultado el 1 de abril de 2021).

8. Ryder, N. B. «The Cohort as a Concept in the Study of Social Change», en: *Cohort Analysis in Social Research*, Springer, pp. 9-44, https://link.springer.com/chapter/10.1007/978-1-4613-8536-3_2 (consultado el 1 de abril de 2021).

9. *Ibídem.*

10. Cision PR Newswire, (18 de junio de 2020), «New Report Reveals Demographics of Black Lives Matter Protesters Shows Vast Majority Are White, Marched Within Their Own Cities», https://www.prnewswire.com/news-releases/new-report-reveals-demographics-of-lack-lives-matter-protesters-shows-vast-majority-are-white-marched-within-their-own-cities-301079234.html (consultado el 1 de abril de 2021).

11. Pauley, G. E. (2010), «"Speech at the March on Washington" by John Lewis (28 August 1963)», *Voices of Democracy*, vol. 5, pp. 18-36, https://voicesofdemocracy.umd.edu/lewis-speech-at-the-march-on-washington-speech-text/ (consultado el 1 de abril de 2021).

12. Lewis, J. (30 de julio de 2020), «Together, You Can Redeem the Soul», *The New York Times*, https://www.nytimes.com/2020/07/30/opinion/john-lewis-civil-rights-america.html (consultado el 1 de abril de 2021).

13. Chivers, T. (14 de diciembre de 2018), «How Racist Is Britain?», UnHerd, https://unherd.com/2018/12/how-racist-is-britain/ (consultado el 1 de abril de 2021).

14. Singal, J. (enero de 2017), «Psychology's Favorite Tool for Measuring Racism Isn't Up to the Job», The Cut, https://www.thecut.com/2017/01/psychologys-racism-measuring-tool-isnt-up-to-the-job.html (consultado el 1 de abril de 2021).

15. Kelley, N., Khan, O. y Sharrock, S., *Racial Prejudice in Britain Today*, Londres, NatCen Social Research y Runnymede Trust, http://natcen.ac.uk/media/1488132/racial-prejudice-report_v4.pdf (consultado el 1 de abril de 2021).

16. Fuente: Encuesta British Social Attitudes (1983-2013).

17. Fuente: General Social Survey de Estados Unidos (1990-2018).

18. Livingston, G. y Brown, A. (18 de mayo de 2017), «Trends and Patterns in Intermarriage», Centro de Investigaciones Pew, https://www.pewsocialtrends.org/2017/05/18/1-trends-and-patterns-in-intermarriage/ (consultado el 1 de abril de 2021).

19. Quillian, L., Pager, D., Hexel, O. y Midtboen, A. H. (2017), , «Meta-Analysis of Field Experiments Shows No Change in Racial Discrimination in Hiring Over Time», *Proceedings of the National Academy of Sciences*, vol. 114, n.º 41, pp. 10870-10875, https://www.pnas.org/content/early/2017/09/11/1706255114 (consultado el 1 de abril de 2021).

20. Putnam, R. D. (2020), *The Upswing: How America Came Together a Century Ago and How We Can Do It Again*, Simon & Schuster.

21. Young, C., Ziemer, K., y Jackson, C. (2019), «Explaining Trump's Popular Support: Validation of a Nativism Index», *Social Science Quarterly*, vol. 100, n.º 2, pp. 412-418, https://onlinelibrary.wiley.com/doi/abs/10.1111/ssqu.12593 (consultado el 1 de abril de 2021).

22. Goodwin, M. y Milazzo, C. (2017), «Taking Back Control? Investigating the Role of Immigration in the 2016 Vote for Brexit», *The British Journal of Politics and International Relations*, vol. 19, n.º 3, pp. 450-464, https://nottingham-repository.worktribe.com/preview/865063/Taking%20Back%20Control%20FINAL%20SUBMISSION%2028%20April%202017.pdf (consultado el 1 de abril de 2021).

23. Davis, L. y Deole, S. S. (2017), «Immigration and the Rise of Far-Right Parties in Europe», *ifo DICE Report*, vol. 15, n.º 4,pp. 10-15, https://www.ifo.de/DocDL/dice-report-2017-4-davis-deole-december.pdf (consultado el 1 de abril de 2021).

24. Fuente: Ipsos MORI Issues Index (1997-2018).

25. Cliffe, J. (2015), *Britain's Cosmopolitan Future. How the Country is Changing and Why its Politicians Must Respond*, Londres, Policy Network, http://policynetwork.org/wp-content/uploads/2017/08/Britains-cosmopolitan-future.pdf (consultado el 1 de abril de 2021).

26. Sosnik, D. (29 de marzo de 2015), «America's Hinge Moment: Presidential Politics in 2016 Will Reflect the Shifting Reality of America», Politico, https://www.politico.com/magazine/story/2015/03/2016-predictions-americas-sosnik-clinton-116480 (consultado el 1 de abril de 2021).

27. Ipsos MORI (2017), *Shifting Ground: 8 Key Findings from a Longitudinal Study on Attitudes Towards Immigration and Brexit*, https://www.ipsos.com/ipsos-mori/en-uk/shifting-ground-attitudes-towards-immigration-and-brexit (consultado el 1 de abril de 2021).

28. Fuente: Ipsos MORI Issues Index (1997-2018).

29. Chiripanhura, B. y Wolf, N. (2019), «Long-Term Trends in UK Employment: 1861 to 2018», Office for National Statistics, https://www.ons.gov.uk/economy/nationalaccounts/uksectoraccounts/compendium/economicreview/april2019/longtermtrendsinukemployment1861to2018#womens-labour-market-participation (consultado el 1 de abril de 2021).

30. Goldin, C. (2014), «A Grand Gender Convergence: Its Last Chapter», *American Economic Review*, vol. 104, n.º 4, pp. 1091-1119, https://scholar.harvard.edu/files/goldin/files/goldin_aeapress_2014_1.pdf (consultado el 1 de abril de 2021).

31. Faludi, S. (octubre de 2010), «American Electra: Feminism's Ritual Matricide», *Harper's*, https://harpers.org/archive/2010/10/american-electra/ (consultado el 1 de abril de 2021).

32. Fuente: General Social Survey de Estados Unidos (1977-2018).

33. Eaves, K. L. *Moms in the Middle: Parenting Magazines, Motherhood Texts and the 'Mommy Wars'*, MA thesis, Wichita State University. https://pdfs.semanticscholar.org/03df/007b8788ce3376096234e1e55f8d9a8e3317.pdf (consultado el 1 de abril de 2021).

34. Fuente: General Social Survey de Estados Unidos (1974-2018).

35. Duffy, B., Hewlett, K., McCrae, J. y Hall, J. (2019), *Divided Britain? Polarisation and Fragmentation Trends in the UK*, Policy Institute, King's College, Londres, https://www.kcl.ac.uk/policy-institute/assets/divided-britain.pdf (consultado el 1 de abril de 2021).

36. Kliff, S. (8 de abril de 2018), «What Americans Think of Abortion», Vox, https://www.vox.com/2018/2/2/16965240/abortion-decision-statistics-opinions (consultado el 1 de abril de 2021).

37. Fuente: Encuesta British Social Attitudes (1983-2018).

38. Fuente: General Social Survey de Estados Unidos (1974-2018).

39. Centro de Investigaciones Pew, (4 de junio de 2013), «The Global Divide on Homosexuality. Greater Acceptance in More Secular and Affluent Countries», https://www.pewresearch.org/global/2013/06/04/the-global-divide-on-homosexuality/ (consultado el 1 de abril de 2021).

40. GSS Data Explorer, Sexual Orientation, NORC at University of Chicago, (2020), https://gssdataexplorer.norc.org/trends/Gender%20&%20 Marriage?measure=sexornt (consultado el 1 de abril de 2021).

41. Dahlgreen, W. y Shakespeare, A. E. (16 de agosto de 2015), «1 in 2 Young People Say They Are Not 100 % Heterosexual», YouGov, https://yougov.co.uk/topics/lifestyle/articles-reports/2015/08/16/half-young-not-heterosexual (consultado el 1 de abril de 2021).

42. Spencer, B. (28 de febrero de 2021), «Only Half of Young Attracted Exclusively to Opposite Sex», *The Times*, https://www.thetimes.co.uk/article/only-half-of-young-attracted-exclusively-to-opposite-sex-zbt9ckxwt (consultado el 1 de abril de 2021).

43. Tsjeng, Z. (10 de marzo de 2016), «Teens These Days Are Queer AF, New Study Says», *Vice*, https://www.vice.com/en_us/article/kb4dvz/teens-these-days-are-queer-af-new-study-says (consultado el 1 de abril de 2021).

44. Kinsey, A. C. y Pomeroy, W. B. (1948), C. E. Martin y P. H. Gebhard, *Sexual Behavior in the Human Male*, W. B. Saunders & Co.

45. Mitchell, K. R., Mercer, C. H., Ploubidis, G. B., Jones, K. G., Datta, J., Field, N., Copas, A. J., Tanton, C., Erens, C. y Sonnenberg, P. (2013), «Sexual Function in Britain: Findings from the third National Survey of Sexual Attitudes and Lifestyles (Natsal-3)», *The Lancet*, vol. 382, n.º 9907, pp. 1817-1829, https://www.thelancet.com/journals/lancet/article/PIIS0140-6736(13)62366-1/fulltext (consultado el 7 de abril de 2021).

46. Hinsliff, G. (14 de febrero de 2019), «The Pansexual Revolution: How Sexual Fluidity Became Mainstream», *The Guardian*, https://www. theguardian.com/society/2019/feb/14/the-pansexual-revolution-how-sexual-fluidity-became-mainstream (consultado el 1 de abril de 2021).

47. Steinmetz, K. (29 de mayo de 2014), «The Transgender Tipping Point», *Time*, https://time.com/135480/transgender-tipping-point/ (consultado el 1 de abril de 2021).

48. Marsh, S. (23 de marzo de 2016), «The Gender-Fluid Generation: Young People on Being Male, Female or Non-Binary», *The Guardian*, https://www. theguardian.com/commentisfree/2016/mar/23/gender-fluid-generation-young-people-male-female-trans (consultado el 1 de abril de 2021).

49. Centro de Investigaciones Pew, (2019), *Generation Z Looks a Lot Like Millennials on Key Social and Political Issues*, https://www.pewsocialtrends. org/wp-content/uploads/sites/3/2019/01/Generations-full-report_ FINAL_1.18.pdf (consultado el 7 de abril de 2021).

50. Shrimpton, H. (15 de julio de 2020), [@h_shrimpton], «Could in part be driven by differences in familiarity: 7 in 10 Baby Boomers have never met or encountered someone who uses gender neutral terms but 3 in 10 Gen Z has someone in their social circle who uses gender neutral terms», Twitter, https://twitter.com/h_shrimpton/status/1283394380850696192 (consultado el 1 de abril de 2021).

51. YouGov, YouGov/PinkNews Survey Results: «Do you think a person should or should not be able to self-identify as a gender different to the one they were born in?», 2020, https://docs.cdn.yougov.com/ogu5gtx9us/ PinkNewsResULTS_200629_Education_Selfidentity.pdf (consultado el 1 de abril de 2021).

52. Ipsos, (7 de enero de 2020), «The Future of Gender is Increasingly Nonbinary: New Report Explores Public Opinion, Marketing and Business in the Gender Spectrum», nota de prensa, https://www.ipsos.com/sites/ default/files/ct/news/documents/2020-01/final_what_the_future_gender_ pr.pdf (consultado el 1 de abril de 2021).

53. Brown, A. (8 de noviembre de 2017), «Republicans, Democrats Have Starkly Different Views on Transgender Issues», Centro de Investigaciones Pew, https://www.pewresearch.org/fact-tank/2017/11/08/transgender-issues-divide-republicans-and-democrats/ (consultado el 1 de abril de 2021).

54. Stanley, T. (13 de noviembre de 2017), «The Gender Fad Will Pass, What's Important Is Getting Through it Without Permanent Damage», *The*

Telegraph, https://www.telegraph.co.uk/news/2017/11/13/gender-fad-will-pass-important-getting-without-permanent-damage/ (consultado el 1 de abril de 2021).

55. Neale, R. (1967), «Working-Class Women and Women's Suffrage», *Labour History*, vol. 12, pp. 16-34, https://www.jstor.org/stable/27507859?seq=1 (consultado el 1 de abril de 2021).

56. Allen, S. (24 de enero de 2019), «Over a Third of Generation Z Knows a Non-Binary Person», Daily Beast, https://www.thedailybeast.com/over-a-third-of-generation-z-knows-a-non-binary-person (consultado el 1 de abril de 2021).

57. Fuente: Encuesta British Social Attitudes (1984-2017).

58. Davie, G. (2 de mayo de 2012), «What Are the Main Trends in Religion and Values in Britain?», Westminster Debates, https://www.reonline.org.uk/resources/westminster-faith-debate-what-are-the-main-trends-in-religion-and-values-in-britain/ (consultado el 7 de abril de 2021).

59. Fuente: General Social Survey de Estados Unidos (1974-2018).

60. Welby, J. «Good News for Everyone? Evangelism and Other Faiths», conferencia del 13 de marzo de 2019, https://www.archbishopofcanterbury.org/speaking-and-writing/speeches/archbishop-justin-welbys-deo-gloria-trust-lecture-evangelism-and (consultado el 7 de abril de 2021).

61. Centro de Investigaciones Pew, (2015), «The Future of World Religions: Population Growth Projections 2010-2050», https://www.pewforum.org/2015/04/02/religious-projections-2010-2050/ (consultado el 7 de abril de 2021).

62. Lippmann, W. (2015), *Drift and Mastery: An Attempt to Diagnose the Current Unrest*, University of Wisconsin Press.

63. Murray, D. (2019), *The Madness of Crowds: Gender, Race and Identity*, Londres, Bloomsbury Publishing.

64. Obama, B. (2020), *A Promised Land*, Penguin Books.

Capítulo 8

1. La realidad es que Macmillan no pronunció esas palabras, y su respuesta verdadera y más torpe fue que lo que más temía era «la oposición de los acontecimientos». La reelaboración no solo hizo que el dicho fuera más elegante, sino que la pintoresca frase eduardiana ha contribuido sin duda a su popularidad, pues ha transmitido la idea de que el impacto que tiene lo

imprevisto es una constante histórica en la política. «Book Reveals the Famous One-Liners They Never Said», *Evening Standard*, 25 de octubre de 2006, https://www.standard.co.uk/showbiz/book-reveals-the-famous-one-liners-they-never-said-7086553.html (consultado el 7 de abril de 2021).

2. Bochenski, N. (28 de diciembre de 2012), «Lying is Easy: Turnbull Calls for Less Spin», *Sydney Morning Herald*, https://www.smh.com.au/politics/federal/lying-is-easy-turnbull-calls-for-less-spin-20121228-2bybw.html (consultado el 7 de abril de 2021).

3. Grasso, M. T., Farrall, S., Gray, E., Hay, C. y Jennings, W. (2019), «Thatcher's Children, Blair's Babies, Political Socialisation And Trickle-Down Value-Change: An age, period and cohort analysis», *British Journal of Political Science*, vol. 49, n.º 1, pp. 17-36, https://eprints.soton.ac.uk/390558/ (consultado el 7 de abril de 2021).

4. Desilver, D. (9 de julio de 2014), «The Politics of American Generations: How age affects attitudes and voting behavior», Centro de Investigaciones Pew, https://www.pewresearch.org/fact-tank/2014/07/09/the-politics-of-american-generations-how-age-affects-attitudes-and-voting-behavior/ (consultado el 7 de abril de 2021).

5. Thompson, D. (10 de diciembre de 2019), «The Millennials-Versus-Boomers Fight Divides the Democratic Party», *The Atlantic*, https://www.theatlantic.com/ideas/archive/2019/12/young-left-third-party/603232/ (consultado el 7 de abril de 2021).

6. OECD, (s.f), *Youth Stocktaking Report*, París, OECD Publishing, http://www.oecd.org/gov/youth-stocktaking-report.pdf (consultado el 7 de abril de 2021).

7. Philbrick, I. P. (16 de julio de 2020), «Why Does America Have Old Leaders?», *The New York Times*, https://www.nytimes.com/2020/07/16/opinion/america-presidents-old-age.html (consultado el 7 de abril de 2021).

8. Matheson, A. (5 de enero de 2019), «There Are Almost Five Times as Many Millennials in the House Than Last Session», *Boston Globe*, https://www.bostonglobe.com/news/politics/2019/01/05/there-are-almost-five-times-many-millennials-house-than-last-session/un75ohNKZSQHEQGCHHw7dI/story.html (consultado el 7 de abril de 2021).

9. Filipovic, J. (11 de diciembre de 2020), «Why Is Congress So Old?», Medium.com, https://gen.medium.com/why-is-congress-so-old-64f014a9d819 (consultado el 7 de abril de 2021).

10. Joe Biden en un discurso que dio en Miami el 6 de octubre de 2020.

11. Van Bavel, J., Reher, D. S. (2013), «The Baby Boom and Its Causes: What We Know and What We Need to Know», *Population and Development Review*, vol. 39, n.º 2, pp. 257-288, https://onlinelibrary.wiley.com/doi/epdf/10.1111/j.1728-4457.2013.00591.x?saml_referrer# (consultado el 7 de abril de 2021).

12. Berry, C. (2012), *The Rise of Gerontocracy? Addressing the Intergenerational Democratic Deficit*, Intergenerational Foundation, http://www.if.org.uk/wp-content/uploads/2012/04/IF_Democratic_Deficit_final.pdf (consultado el 7 de abril de 2021).

13. Fuente: European Social Survey y General Social Survey de Estados Unidos, 2018.

14. Gardiner, L. (2016), *Votey McVoteface: Understanding the Growing Turnout Gap Between the Generations*, Londres, Resolution Foundation, https://www.resolutionfoundation.org/publications/votey-mcvoteface-understanding-the-growing-turnout-gap-between-the-generations/ (consultado el 7 de abril de 2021).

15. Hay que tener en cuenta que esto se basa en la participación declarada, en la cual la gente manifiesta si ha votado o no. Sabemos que exagera la participación real, porque las personas que responden a este tipo de encuestas están más interesadas en la política que la población en general, o bien porque no se acuerdan de si votaron, ya sea a posta para que las veas con mejores ojos o sin querer. No existe un registro oficial del porcentaje de cada grupo de edad que vota de verdad, pero algunos estudios de encuestas inspeccionan el registro electoral con el fin de comprobar si las personas que declararon haber votado lo hicieron realmente, y estos muestran que los jóvenes tienden a presentar *más* declaraciones excesivas que las personas mayores. Así, pues, a nuestros efectos, esto confirma que las diferencias generacionales en la participación son reales y, en todo caso, lo más seguro es que a su vez sean mayores de lo que se indica aquí.

16. London School of Economics, (6 de diciembre de 2018), «Why 2017 May Have Witnessed a Youthquake After All», blog de LSE British Politics and Policy, https://blogs.lse.ac.uk/politicsandpolicy/was-there-a-youthquake-after-all/ (consultado el 7 de abril de 2021).

17. «Millennials Across the Rich World Are Failing to Vote», *The Economist*, (4 de febrero de 2017), https://www.economist.com/international/2017/02/04/millennials-across-the-rich-world-are-failing-to-vote (consultado el 7 de abril de 2021).

18. Burns, K. (18 de marzo de 2020), «Democrats Are Coalescing around Biden — Except for Young Voters», Vox, https://www.vox.com/policy-and-politics/2020/3/18/21184884/democrats-biden-young-voters-turnout-sanders (consultado el 7 de abril de 2021).

19. Vinopal, C. (11 de marzo de 2020), «Sanders Banked on Young Voters. Here's How the Numbers Have Played Out», PBS, https://www.pbs.org/newshour/politics/sanders-banked-on-young-voters-heres-how-the-numbers-have-played-out (consultado el 7 de abril de 2021).

20. Broockman, D. y Kalla, J. (25 de febrero de 2020), «Bernie Sanders Looks Electable in Surveys — But It Could Be a Mirage», Vox, https://www.vox.com/policy-and-politics/2020/2/25/21152538/bernie-sanders-electability-president-moderates-data (consultado el 7 de abril de 2021).

21. Fuente: General Social Survey de Estados Unidos (1974-2018).

22. Fuente: General Social Survey de Estados Unidos (1974-2018).

23. Walczak, A., Van der Brug, W., De Vries, C. E. (junio de 2012), «Long-and Short-Term Determinants of Party Preferences: Inter-generational differences in Western and East Central Europe», *Electoral Studies*, vol. 31, n.º 2, pp. 273-284, https://www.sciencedirect.com/science/article/abs/pii/S0261379411001399?via%3Dihub (consultado el 7 de abril de 2021).

24. Fuente: Encuesta British Social Attitudes (1984-2017).

25. «Millennials across the Rich World Are Failing to Vote», *The Economist*.

26. Fuente: Encuesta British Social Attitudes (1983-2017).

27. Fuente: Ipsos MORI Political Monitor (1996-2017).

28. Tilley, J. y Evans, C. (marzo de 2014), «Ageing and Generational Effects on Vote Choice: Combining Cross-Sectional and Panel Data to Estimate APC Effects», *Electoral Studies*, vol. 33, pp. 19-27, https://www.sciencedirect.com/science/article/abs/pii/S0261379413000875 (consultado el 7 de abril de 2021).

29. Ambinder, M. (28 de abril de 2008), «The GOP Generational Time Bomb», *The Atlantic*, https://www.theatlantic.com/politics/archive/2008/04/the-gop-generational-time-bomb/52869/ (consultado el 7 de abril de 2021).

30. Siegfried, E. (26 de junio de 2017), «Hey, GOP, Here's Why Millennials Hate Us», Daily Beast, https://www.thedailybeast.com/hey-gop-heres-why-millennials-hate-us (consultado el 7 de abril de 2021).

31. Larimore, R. (25 de enero de 2019), «Darwin Is Coming for the GOP», The Bulwark, https://thebulwark.com/darwin-is-coming-for-the-gop/ (consultado el 7 de abril de 2021).

32. Ferguson, N. y Freymann, E. (6 de mayo de 2019), «The Coming Generation War», *The Atlantic*, https://www.theatlantic.com/ideas/archive/2019/05/coming-generation-war/588670/ (consultado el 7 de abril de 2021).

33. «Exit poll results and analysis for the 2020 presidential election», *The Washington Post*, (14 de diciembre de 2020), https://www.washingtonpost.com/elections/interactive/2020/exit-polls/presidential-election-exit-polls/ (consultado el 7 de abril de 2021).

34. «How the 2020 Presidential Election Divided Voters», *Wall Street Journal*, 4 de noviembre de 2020, https://www.wsj.com/articles/how-the-2020-presidential-election-divided-voters-11604521705 (consultado el 7 de abril de 2021).

35. Fuente: General Social Survey de Estados Unidos (1974-2018).

36. Muller, D., (2019), *The 2019 Australian Election Study*, https://www.aph.gov.au/About_Parliament/Parliamentary_Departments/Parliamentary_Library/FlagPost/2019/December/The_2019_Australian_Election_Study (consultado el 7 de abril de 2021).

37. Chan, G. (11 de abril de 2019), «From Tax to Climate: Five Factors that Could Swing 2019 Federal Election», *The Guardian*, https://www.theguardian.com/australia-news/2019/apr/11/from-tax-to-climate-five-factors-that-could-swing-2019-federal-election (consultado el 7 de abril de 2021).

38. Edelman, (19 de enero de 2014), «Trust in Government Plunges to Historic Low», https://www.edelman.com/news-awards/trust-government-plunges-historic-low (consultado el 7 de abril de 2021).

39. Edelman, (2017), «2017 Edelman Trust Barometer Reveals Global Implosion of Trust», https://www.edelman.com/news-awards/2017-edelman-trust-barometer-reveals-global-implosion (consultado el 7 de abril de 2021).

40. Edelman, (22 de enero de 2018), «2018 Edelman Trust Barometer Reveals Record-Breaking Drop in Trust in the U.S.», https://www.edelman.com/news-awards/2018-edelman-trust-barometer-reveals-record-breaking-drop-trust-in-the-us (consultado el 7 de abril de 2021).

41. Prokop, A. (5 de mayo de 2014), «Millennials Have Stopped Trusting the Government», Vox, https://www.vox.com/2014/5/5/5683176/millennials-have-stopped-trusting-the-government (consultado el 7 de abril de 2021).

42. O´Neill, O. (25 de septiembre de 2013), «How to Trust Intelligently», TED Blog, https://blog.ted.com/how-to-trust-intelligently/#text=Onora%20 O'Neill%3A%20What%20we,sensible%20simply%20wants%20more%20 trust.&text=they%20want%20well%2Ddirected%20trust,and%20 honest%20%e2%8-0%94%20so%2c%20trustworthy (consultado el 7 de abril de 2021).

43. Clarke, N., Jennings, W., Moss, J. y Stoker, G. (2018), *The Good Politician: Folk Theories, Political Interaction, and the Rise of Anti-Politics*, Cambridge, Cambridge University Press.

44. Fuente: General Social Survey de Estados Unidos (1974-2018).

45. Taub, A. (29 de noviembre de 2016), «How Stable Are Democracies? Warning Signs Are Flashing Red», *The New York Times*, https://www. nytimes.com/2016/11/29/world/americas/western-liberal-democracy.html (consultado el 7 de abril de 2021).

46. «Global Democracy Has Another Bad Year», *The Economist*, 22 de enero de 2020, https://www.economist.com/graphic-detail/2020/01/22/global-democracy-has-another-bad-year?gclsrc=aw.ds&gclid=EAIaIQobChMIy6erl vux6wIVFO3tCh1e6Q_XEAAYASAAEgJ0RPD_BwE&gclsrc=aw.ds (consultado el 7 de abril de 2021).

47. Saul, S. (19 de agosto de 2020), «Watch Obama's Full Speech at the Democratic National Convention», *The New York Times*, https://www. nytimes.com/2020/08/19/us/politics/obama-speech.html (consultado el 7 de abril de 2021).

48. Mounk, Y., Foa, R. S. (29 de enero de 2020), «This Is How Democracy Dies», *The Atlantic*, https://www.theatlantic.com/ideas/archive/2020/01/ confidence-democracy-lowest-point-record/605686/ (consultado el 7 de abril de 2021).

49. Fuente: Eurobarómetro (1975-2018).

50. Crozier, M., Huntington, S. P. y Watanuki, J. (1975), *The Crisis of Democracy: Report on the Governability of Democracies to the Trilateral Commission*, New York University Press.

51. Strauss, W. y Howe, N. (1997), *The Fourth Turning: What the Cycles of History Tell Us About America's Next Rendezvous with Destiny*, Bantam Press.

52. Ferguson y Freymann, «The Coming Generation War».

53. Gardiner, L. y Bell, T. (2019), *My Generation, Baby: The Politics of Age in Brexit Britain*, Londres, Resolution Foundation, https://www.

resolutionfoundation.org/comment/my-generation-baby-the-politics-of-age-in-brexit-britain/ (consultado el 7 de abril de 2021).

Capítulo 9

1. Rahim, Z. (22 de enero de 2019), «Davos 2019: David Attenborough issues stark warning about future of civilisation as he demands "practical solutions" to combat climate change», *The Independent*, https://www.independent.co.uk/environment/david-attenborough-davos-2019-climate-change-switzerland-world-economic-forum-a8739656.html (consultado el 7 de abril de 2021).

2. Krznaric, R. (2020), *The Good Ancestor: How to Think Long-Term in a Short-Term World*, Londres, Random House.

3. Gilbert, D. (2009), *Stumbling on Happiness*, Vintage Canadá.

4. Krznaric, R., *The Good Ancestor*.

5. Skidelsky, R. (1992), *John Maynard Keynes: The Economist as Saviour 1920-1937*, Macmillan.

6. Citado en Willetts, D. (2010), *The Pinch: How the baby boomers took their children's future — and why they should give it back*, Londres, Atlantic Books.

7. «Extinction Rebellion: Climate protesters "making a difference"», BBC News, 21 de abril de 2019, https://www.bbc.co.uk/news/uk-england-london-48003955 (consultado el 7 de abril de 2021).

8. NASA (2019), «Global Temperature», 2019, https://climate.nasa.gov/vital-signs/global-temperature/ (consultado el 7 de abril de 2021).

9. «Consensus on Consensus: A Synthesis of Consensus Estimates on Human-Caused Global Warming», Environmental Science Letters, vol. 11, n.º 4, https://iopscience.iop.org/article/10.1088/1748-9326/11/4/048002/meta (consultado el 7 de abril de 2021).

10. Fuente: General Social Survey de Estados Unidos (1993-2018).

11. Fuente: Ipsos MORI Issues Index (1997-2018).

12. Kennedy, B. y Johnson, C. (28 de febrero de 2020), «More Americans See Climate Change as a Priority, But Democrats Are Much More Concerned than Republicans», https://www.pewresearch.org/fact-tank/2020/02/28/more-americans-see-climate-change-as-a-priority-but-democrats-are-much-more-concerned-than-republicans/ (consultado el 7 de abril de 2021).

13. Fuente: General Social Survey de Estados Unidos (1974-2018).

14. Cohen, S. (4 de febrero de 2019), «The Age Gap in Environmental Politics», blog State of the Planet, https://blogs.ei.columbia.edu/2019/02/04/age-gap-environmental-politics/ (consultado el 7 de abril de 2021).

15. Becker, D. y Gerstenzang, J. (19 de junio de 2013), «Millennials Reject Car Culture», *USA Today*, https://eu.usatoday.com/story/opinion/2013/06/19/millenials-car-culture-column/2435173/ (consultado el 7 de abril de 2021).

16. Wynes, S. y Nicholas, K. (2017), «The Climate Mitigation Gap: Education and Government Recommendations Miss the Most Effective Individual Actions», *Environmental Research Letters*, vol. 12, n.º 7, https://iopscience.iop.org/article/10.1088/1748-9326/aa7541 (consultado el 7 de abril de 2021).

17. Thompson, D. y Weissmann, J. (septiembre de 2012), «The Cheapest Generation», *The Atlantic*, https://www.theatlantic.com/magazine/archive/2012/09/the-cheapest-generation/309060/ (consultado el 7 de abril de 2021).

18. «The End of Car Culture», *The New York Times*, 29 de junio de 2013, https://www.nytimes.com/2013/06/30/sunday-review/the-end-of-car-culture.html (consultado el 7 de abril de 2021).

19. Delbosc, A. y Ralph, K. (2017), «A Tale of Two Millennials», *Journal of Transport and Land Use*, vol. 10, n.º 1, pp. 903-910.

20. Thompson y Weissmann, (24 de agosto de 2012), «The Cheapest Generation»; D. Thompson, «Cars? Not For Us: The Cheapest Generation Explains "The Freedom of Not Owning"», *The Atlantic*, https://www.theatlantic.com/business/archive/2012/08/cars-not-for-us-the-cheapest-generation-explains-the-freedom-of-not-owning/261516/ (consultado el 7 de abril de 2021).

21. Knittel, C. R. y Murphy, E. (2019), *Generational Trends in Vehicle Ownership and Use: Are Millennials Any Different?*, National Bureau of Economic Research, Working Paper n.º 25674, https://www.nber.org/papers/W25674 (consultado el 7 de abril de 2021).

22. Oakil, A. T. M., Manting, D. y Nijland, H. (2016), «Determinants of Car Ownership among Young Households in the Netherlands: The Role of Urbanization and Demographic and Economic Characteristics», *Journal of Transport Geography*, vol. 51, pp. 229-335, https://pure.uva.nl/ws/files/2734560/177530_JTRG_Manuscript.pdf (consultado el 7 de abril de 2021).

23. Vitale, J., Bowman, K. y Robinson, R. (13 de julio de 2020), «How the Pandemic Is Changing the Future of Automotive», Deloitte, https://www2. deloitte.com/us/en/insights/industry/retail-distribution/consumer-behavior-trends-state-of-the-consumer-tracker/future-of-automotive-industry-pandemic.html?id=us:2el:3pr:4di6831:5awa:6di:071420:&pkid=1007226 (consultado el 7 de abril de 2021).

24. Fuente: Eurobarómetro (2005-2018).

25. Campbell, P., Miller, J., Bushey, C. y Inagaki, K. (20 de mayo de 2020), «Time to Buy a Car? Industry Hopes for Coronavirus Silver Lining», *Financial Times*, https://www.ft.com/content/488d5886-c6af-4e80-a479-36acA26edd1d (consultado el 7 de abril de 2021).

26. «Why Ethical Brands Must Engage More: Millennials», (6 de octubre de 2015), *Fortune*.

27. «Green Generation: Millennials Say Sustainability Is A Shopping Priority», (2015), Nielsen.

28. Duffy, B., Thomas, F., Shrimpton, H., Whyte-Smith, H., Clemence, M. y Abboud, T. (2018), *Beyond Binary: The Lives and Choices of Generation Z*, Londres, Ipsos MORI, https://www.ipsos.com/ipsos-mori/en-uk/ipsos-thinks-beyond-binary-lives-and-choices-generation-z (consultado el 7 de abril de 2021).

29. Ipsos MORI, Key Influencer Tracking, (s.f.) www.ipsos-mori.com/researchspecialisms/reputationresearch/whatwedo/kit/sustainablebusinessmonitor.aspx (consultado el 7 de abril de 2021).

30. Fuente: European Social Survey (2002-2018).

31. Kusek, K. (2016), «The Death of Brand Loyalty: Cultural Shifts Mean It's Gone Forever», *Forbes*, https://www.forbes.com/sites/kathleenkusek/2016/07/25/the-death-of-brand-loyalty-cultural-shifts-mean-its-gone-forever/?sh=667137234dde (consultado el 7 de abril de 2021).

32. Retail Customer Experience, (2016), «Study: Brand Loyalty Not Such a Biggie for Millennials», www.retailcustomerexperience.com/news/study-brand-loyalty-not-such-a-biggie-for-millennials/ (consultado el 7 de abril de 2021).

33. Workplace Intelligence, (2015), «The Millennial Consumer Study», http://workplaceintelligence.com/millennial-consumer-study/ (consultado el 7 de abril de 2021).

34. Bazaar Voice, (2012), *Talking to Strangers: Millennials Trust People over Brands*, media2.bazaarvoice.com/documents/Bazaarvoice_WP_Talking-to-Strangers.pdf (consultado el 7 de abril de 2021).

35. Yahoo Small Business, (s.f.) https://smallbusiness.yahoo.com/advisor/resource-center/millennials-changing-face-retail-shopping-025220847/ (consultado el 7 de abril de 2021).

36. Barnes, N. G. (10 de abril de 2015), «Millennials Adept at Filtering Out Ads», eMarketer, www.emarketer.com/Article/Millennials-Adept-Filtering-Ads/1012335 (consultado el 7 de abril de 2021).

37. Damais, J. F. y Sant, R. (2016), *Healing the Pain: Responding to Bad Experiences to Boost Customer Loyalty*, Ipsos, https://www.ipsos.com/sites/default/files/publication/1970-01/Ipsos-Loyalty-Healing-the-Pain.pdf (consultado el 7 de abril de 2021).

38. Gore, A. (2013), *The Future*, WH Allen.

39. Monbiot, G. (15 de febrero de 2019), «My Generation Trashed the Planet. So I Salute the Children Striking Back», *The Guardian*, https://www.theguardian.com/commentisfree/2019/feb/15/planet-children-protest-climate-change-speech (consultado el 7 de abril de 2021).

40. Karpf, A. (18 de enero de 2020), «Don't Let Prejudice Against Older People Contaminate the Climate Movement», *The Guardian*, https://www.theguardian.com/commentisfree/2020/jan/18/ageism-climate-movement-generation-stereotypes (consultado el 7 de abril de 2021).

41. Hunter, E. G. y Rowles, G. D. (2005), «Leaving a Legacy: Toward a Typology», *Journal of Aging Studies*, vol. 19, n.º 3, pp. 327-347.

42. McGrath, M. (9 de septiembre de 2020), «UN Report: Covid Crisis Does Little to Slow Climate Change», BBC News, https://www.bbc.co.uk/news/science-environment-54074733 (consultado el 7 de abril de 2021).

43. Gates, B. (4 de agosto de 2020), «COVID-19 Is Awful. Climate Change Could Be Worse», Gates Notes, https://www.gatesnotes.com/Energy/Climate-and-COVID-19 (consultado el 7 de abril de 2021).

44. Davies, P. y Green, M. (29 de mayo de 2020), «The EU Recovery Fund: "Building Back Better" in a Post-COVID-19 World», Environment, Land and Resources, https://www.globalelr.com/2020/05/the-eu-recovery-fund-building-back-better-in-a-post-covid-19-world/ (consultado el 7 de abril de 2021).

45. «Covid-19 and the Generational Divide», (2020), *Financial Times,* https://www.ft.com/content/6a880416-6<16fa-11ea-800d-da70cff6e4d3 (consultado el 7 de abril de 2021).

Capítulo 10

1. Massis citado en Hentea, M. (2013), «The Problem of Literary Generations: Origins and Limitations», *Comparative Literature Studies*, vol. 50, n.º 4, pp. 567-588.

2. Dylan Thomas, cita extraída de la biografía de Wilfred Owen, The Wilfred Owen Association, http://www.wilfredowen.org.uk/wilfred-owen/biography#text=Wilfred%20Owen'S%20Draft%20Preface&text=Nor%20is%20it%20about%20deeds,Poetry%20is%20in%20the%20pity (consultado el 7 de abril de 2021).

3. *Ibídem.*

4. Hentea, «The Problem of Literary Generations».

5. Turner, B. S. (1998), «Ageing and Generational Conflicts: A Reply to Sarah Irwin», *British Journal of Sociology*, pp. 299-304.

6. Citado en Bristow, J. (2019), *Stop Mugging Grandma: The 'Generation Wars' and Why Boomer Blaming Won't Solve Anything*, Yale University Press.

7. Centro de Investigaciones Pew, (3 de septiembre de 2015), «Most Millennials Resist the "Millennial" Label», https://www.pewresearch.org/politics/2015/09/03/most-millennials-resist-the-millennial-label/ (consultado el 7 de abril de 2021).

8. Ipsos MORI, BBC Identity Polling, (2014), https://www.ipsos.com/sites/default/files/migrations/en-uk/files/Assets/Docs/Polls/ipsos-mori-bbc-identity-poll-2014-tables.pdf (consultado el 7 de abril de 2021).

9. Fuente: Encuesta Ipsos Global Trends (2019).

10. Ipsos, (2019), «Ok, Boomer! Baby Boomers and the Consumption of the Future», https://www.ipsos.com/en-us/knowledge/overview/ok-boomer (consultado el 7 de abril de 2021).

11. Fuente: Encuesta Ipsos Global Trends (2017 y 2019).

12. Lloyd Jones, J. (7 de mayo de 1969), «The Worst-Raised Generation in History», *Muscatine Journal* (IA).

13. Martin, C. (25 de julio de 2018), «One In 10 Millennials Would Rather Lose A Finger Than Give Up Their Smartphone: Survey», AI&IOT Daily, https://www.mediapost.com/publications/article/322677/one-in-10-millennials-would-rather-lose-a-finger-t.html (consultado el 7 de abril de 2021).

14. Cooper, G. F. (23 de septiembre de 2020), «Fur Real: 40 Percent of People Would Give Up Dog to Keep Smartphone», https://www.cnet.com/news/

survey-says-40-percent-of-people-would-give-up-dog-to-keep-smartphone/ (consultado el 7 de abril de 2021).

15. Chansanchai, A. (4 de agosto de 2011), «Survey: One-third would rather give up sex than phone», NBC News, 4 de agosto de 2011, https://www.nbcnews.com/news/world/survey-one-third-would-rather-give-sex-phone-flna121757 (consultado el 7 de abril de 2021).

16. «Survey Finds One-Third of Americans More Willing to Give Up Sex Than Their Mobile Phones», Telenav, 3 de agosto de 2011, http://investor.telenav.com/news-releases/news-release-details/survey-finds-one-third-americans-more-willing-give-sex-their (consultado el 7 de abril de 2021). Bates, D. (19 de diciembre de 2013), «Truth about women's relationship with technology: Half would rather go without sex than give up a smart phone», MailOnline, https://www.dailymail.co.uk/news/article-2521626/Half-women-sex-smart-phone.html (consultado el 7 de abril de 2021).

17. Ballard, J. (25 de junio de 2018), «Over Half of Millennials Say They Waste Too Much Time on Smartphones», https://today.yougov.com/topics/technology/articles-reports/2018/06/25/smartphone-habits-millennials-boomers-gen-x (consultado el 7 de abril de 2021).

18. Fuente: Ipsos MORI Tech Tracker (2010-2019).

19. Fuente: Eurobarómetro (2010-2017).

20. Digital Day Research, (2016), http://www.digitaldayresearch.co.uk/ (consultado el 7 de abril de 2021).

21. Comunello, F., Fernández Ardevol, M., Mulargia, S., y Belotti, F. (2016), «Women, Youth, and Everything Else. Age-Based and Gendered Stereotypes in Relation to Digital Technology Among Elderly Italian Mobile Phone Users», *Media, Culture & Society*, vol. 39, n.º 6 pp. 798-815, https://doi.org/10.1177/0163443716674363 (consultado el 7 de abril de 2021).

22. Sweney, M. (12 de febrero de 2018), «Is Facebook for Old People? Over-55s Flock in as the Young Leave», *The Guardian*, https://www.theguardian.com/technology/2018/feb/12/is-facebook-for-old-people-over-55s-flock-in-as-the-young-leave (consultado el 7 de abril de 2021).

23. Cuthbertson, A. (12 de febrero de 2018), «Facebook Is Officially for Old People», *Newsweek*, https://www.newsweek.com/facebook-officially-old-people-803196 (consultado el 7 de abril de 2021).

24. Fuente: Ipsos MORI Tech Tracker (2019).

25. «A Group Where we all Pretend to be Boomers», Facebook, https://www.facebook.com/groups/1288197298014311/?ref=group_header (consultado el 7 de abril de 2021).

26. Whalen, A. (13 de marzo de 2020), «What Is "Boomer Remover" and Why Is It Making People So Angry?», *Newsweek*, https://www.newsweek.com/boomer-remover-meme-trends-virus-coronavirus-social-media-covid-19-baby-boomers-1492190 (consultado el 7 de abril de 2021).

27. The Irish Times [@IrishTimes], «More than half of young people who worked before pandemic now claiming support» [Twitter], 4 de mayo de 2020, https://twitter.com/irishtimes/status/1257320516144074752?S=21 (consultado el 7 de abril de 2021).

28. «"Generation Covid" Hit Hard by the Pandemic, Research Reveals», BBC News, 26 de octubre de 2020, https://www.bbc.co.uk/news/uk-54662485 (consultado el 7 de abril de 2021).

29. Robertson, H. (3 de julio de 2020), «Young People Face Economic "Scarring" from Covid, Says Top Think Tank», City AM, https://www.cityam.com/young-people-face-economic-scarring-from-covid-says-top-think-tank (consultado el 7 de abril de 2021).

30. Ball, J. [@jamesrbuk], «Millennials and Gen Z are supportive of lockdown largely to protect others» [Twitter], 18 de mayo de 2020, https://twitter.com/jamesrbuk/status/1262325042525941762?S=12 (consultado el 7 de abril de 2021).

31. Byrne, D. (31 de marzo de 2020), «As an Isolated Older Person, I've Been Deeply Moved by the Sacrifices of Others», *The Guardian*, https://www.theguardian.com/commentisfree/2020/mar/31/isolated-older-person-underlying-conditions-coronavirus-crisis (consultado el 7 de abril de 2021).

32. Evans, A. (31 de marzo de 2020), «COVID-19 and the Intergenerational Covenant», Global Dashboard, https://www.globaldashboard.org/2020/03/31/covid19-and-the-intergenerational-covenant/ (consultado el 7 de abril de 2021).

33. Rudolph, C. W. y Zacher, H. (2020), «"The COVID-19 Generation": A Cautionary Note. Work, Aging and Retirement», https://www.ncbi.nlm.nih.gov/pmc/articles/PMC7184414/ (consultado el 7 de abril de 2021).

34. Goff, N. [@nickgoff79], «I would open pubs for 35-45 year olds exclusively first» [Twitter], 28 de abril de 2020, https://twitter.com/nickgoff79/status/1255103061841842177?S=21 (consultado el 7 de abril de 2021).

35. Gray, P. (2011), «The Special Value of Children's Age-Mixed Play», *American Journal of Play*, vol. 3, n.º 4, pp. 500-522, https://www. psychologytoday.com/files/attachments/1195/ajp-age-mixing-published.pdf (consultado el 7 de abril de 2021).

36. McLeod, S. (2018), «Erik Erikson's Stages of Psychosocial Development», *Simply Psychology*, https://www.simplypsychology.org/Erik-Erikson.html (consultado el 7 de abril de 2021).

37. Brooks, D. (11 de abril de 2015), «The Moral Bucket List», *The New York Times*, , https://www.nytimes.com/2015/04/12/opinion/sunday/david-brooks-the-moral-bucket-list.html (consultado el 7 de abril de 2021).

38. Nesterly, https://www.nesterly.io/ (consultado el 7 de abril de 2021).

39. Hentea, «The Problem of Literary Generations».

40. Bristow, J. (2016), *The Sociology of Generations: New Directions and Challenges*, Palgrave Macmillan.

41. Annan, N. (3 de abril de 1980), «Grand Disillusions», *The New York Review*, https://www.nybooks.com/articles/1980/04/03/grand-disillusions/?lp_txn_id=991894 (consultado el 7 de abril de 2021).

42. Lambert, T. A. (1972), «Generations and Change: Toward a Theory of Generations as a Force in Historical Process», *Youth & Society*, vol. 4, n.º 1, pp. 21-45, https://journals.sagepub.com/doi/pdf/10.1177/0044118X7200400103 (consultado el 7 de abril de 2021).

43. Vaillant, G. E. (s.f.), «Happiness is Love: Full Stop», Harvard Medical School y Brigham and Women's Hospital, https://www.duodecim.fi/xmedia/duo/pilli/duo99210x.pdf (consultado el 7 de abril de 2021).

44. Delaney, K. (2017), «The Robot that Takes Your Job Should Pay Taxes, says Bill Gates», *Quartz*, https://qz.com/911968/bill-gates-the-robot-that-takes-your-job-should-pay-taxes/ (consultado el 7 de abril de 2021).

Capítulo 11

1. Naciones Unidas, Ending Poverty, (s.f.), https://www.un.org/en/global-issues/ending-poverty (consultado el 7 de abril de 2021).

2. «Queen's broadcast to the UK and the Commonwealth», (5 de abril de 2020), https://www.royal.uk/queens-broadcast-uk-and-commonwealth (consultado el 7 de abril de 2021).

3. Comte, A. (1869), *Cours de philosophie positive*, 3ª ed., 6 volúmenes, París, J. B. Baillière, 4:450-51.

4. «I Feel Young in My Singapore: Action Plan for Successful Ageing», The Singapore Ministerial Committee on Ageing, 2016, https://sustainabledevelopment.un.org/content/documents/1525Action_Plan_for_Successful_Aging.pdf (consultado el 7 de abril de 2021).

5. «Discussion between Professor Sakura Osamu and Professor Saijo Tatsuyoshi», Discuss Japan, 9 de enero de 2019, https://www.japanpolicyforum.jp/society/PT20190109210522.html (consultado el 7 de abril de 2021).

6. Mulgan, G. (12 de mayo de 2020), «Social Sciences and Social Imagination», *Campaign for Social Science.*

7. Mazzucato, M. (2021), *Mission Economy: A Moonshot Guide to Changing Capitalism*, Allen Lane.

8. Encyclical Letter, (24 de mayo de 2015), «Laudato Si Of The Holy Father Francis On Care For Our Common Home, the Vatican...», http://www.vatican.va/content/francesco/en/encyclicals/documents/papa-francesco_20150524_enciclica-laudato-si.html (consultado el 7 de abril de 2021).

9. Fisher, R. (10 de enero de 2019), «The Perils of Short-Termism: Civilisation's Greatest Threat», BBC News, https://www.bbc.com/future/article/20190109-the-perils-of-short-termism-civilisations-greatest-threat (consultado el 7 de abril de 2021).

10. Davidson, J. (2020), *#Futuregen: Lessons from a Small Country*, Londres, Chelsea Green Publishing Co.

Ecosistema digital

Floqq
Complementa tu lectura con un curso o webinar y sigue aprendiendo.
Floqq.com

Amabook
Accede a la compra de todas nuestras novedades en diferentes formatos: papel, digital, audiolibro y/o suscripción.
www.amabook.com

Redes sociales
Sigue toda nuestra actividad. Facebook, Twitter, YouTube, Instagram.

EDICIONES URANO